Wセミナー
WASEDA

第5版

面白いほど理解できる

民　法

民法研究会

早稲田経営出版
TAC PUBLISHING Group

はじめに

（1）本書の特徴

本書は、法律の入門書シリーズとして、各種資格試験向けの民法の学習や、大学における民法講義の理解を助けることをコンセプトとしました。そのために、普段から法律初学者を対象に「民法」講義を担当している資格試験受験専門校の講師によって執筆された「民法入門」の本です。

（2）大学の授業の予習用に

大学の授業は、予習をすることでその効果を一層高めることができます。

授業を受ける側が知識ゼロの状態で聴くだけだと、内容が難しくて理解できない箇所が多くなり、理解できなければ面白くないから出席しなくなり、その結果、期末試験前だけ苦労したり最悪単位がとれなかったりという悪循環に陥りがちです。

しかし、ある程度の前知識があって、今、何の話をしているのかをきちんと把握できれば、大学の授業の面白さは飛躍的に向上しますし、面白ければ、授業に出るのが苦ではなくなるはずです。

そこで、本書を１冊手元に置いておき、通学の電車内や喫茶店などで軽く次回の予習をしてから授業に臨むことをお勧めします。

（3）各種試験対策に

本書は、法科大学院入試、新司法試験、司法試験予備試験、司法書士試験、行政書士試験、宅建試験、公務員試験など、民法を出題科目としている各種資格試験対策としても有用です。

それぞれの試験対策用の専門教材がありますが、最初は、その本を読み進めること自体に苦戦するのではないかと思います。

そこで、本書を利用して、まずは民法の大枠をざっととらえてしまうことをお勧めします。その上で、各種専門教材を読み進めれば、効率ＵＰにつながるはずです。

（4）総　括

各種資格試験用の専門教材、大学の講義で使用する基本書などは、それぞれ内容的には素晴らしいものが多いですから、それらを読みこなすための最初の一歩となるような入門書を執筆いたしました。

本書を手に取って学習される皆さまの理解の一助になれば幸いです。

本書の使い方

1テーマ見開き2ページのスッキリ構成だから見やすい！

物権

038 取得時効と登記

対抗問題と似ていますが…

取り上げるテーマについて冒頭にQ＆Aが示されています。

Q 本来の場面以外にも177条が使われるの？

A 取得時効で使われるよ。

時効完成前の第三者

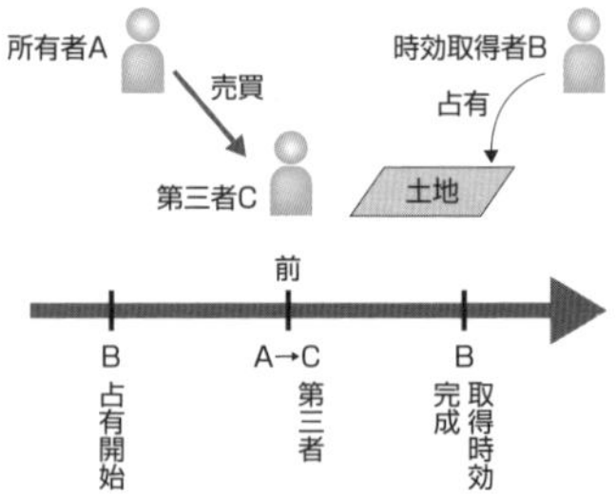

本文では理由や趣旨も平易に説明！

土地の所有者はAですが、Bがその土地を時効取得します。

まず、時効完成の前に原権利者Aが、この土地をCに売却していたという場合です。第三者Cが時効完成前に登場する場合です。**時効完成前の第三者**の問題です。

所有権の動きを考えます。まず、最初のB占有開始時点ではAの所有物です。次に、AがCに売ったことで、Cの所有物になります。さらに、時効完成によってBの所有物になります。A→C→Bという流れです。つまり、時効完成によって、今までCのものだった土地が、譲渡したわけではないが、Bのものになりました。このCとBの関係は、形式的には通常の売買、つまりCがBに売ったのと変わりません。そこで、判例は、このCとBの関係を当事者と同視できると考えます。Cを通常の売買の売主と同視します。当事者に対して登記は不要です。このように時効完成前に登場したCは当事者と同視できるという理由から、Bは登記なしにCに所有権を対抗できます。土地はBのものです。

この結論は、価値判断的にも妥当です。時効完成前の第三者Cは負けてもしかたないからです。なぜなら、Cは時効完成前に登場した以上、本来、B

76

タイトルは本文のキーワードとリンク！

に対して土地の明渡請求ができたはずです。にもかかわらず、漫然とBの時効を完成させてしまったのだから、負けてもしかたないからです。

時効完成後の第三者

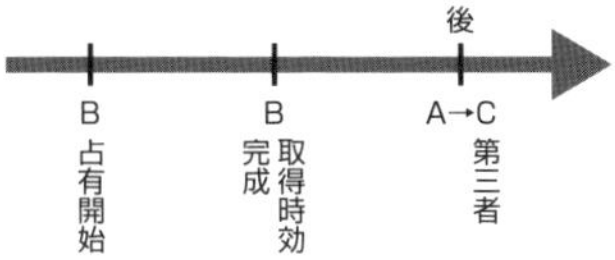

時効完成の後、原権利者AがCにこの土地を売ったという、第三者Cが時効完成後に登場する時効完成後の第三者の問題です。この場合、判例は、二重譲渡と理論構成し、177条、つまり登記で決めます。

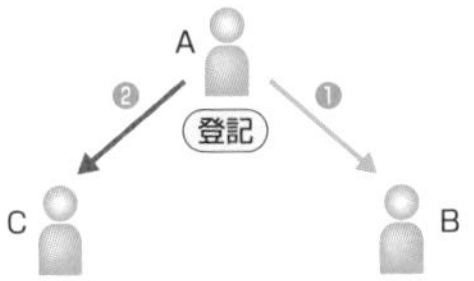

Aの土地について、①Bの時効が完成します。時効によって、Bが土地の所有権を取得したことを、譲渡したわけではないが、判例は、第一譲渡とみなすのです。時効完成によって、Aの土地がBの土地になるので、これを第一譲渡と考えてしまうのです。次に、②AはCに売ります。これが第二譲渡になります。つまり、Aを基点としたA→B、A→Cという二重譲渡と理論構成できます。よって、BとCの優劣は登記で決する、先に登記した方が勝ちです。

価値判断的にも妥当です。Cは時効完成後に登場しています。だとすると、Bは、時効完成の時点で登記所に行って登記ができたわけです。それをしなかった場合に、先に登記をしたCに負けてもしかたがないからです。

ポイント

時効完成前の第三者	時効完成後の第三者
第三者は保護されない	177条の対抗問題として処理する

図表で整理することで、難解な条文構造も把握しやすく！

ミニテスト

1　時効完成後の第三者は、登記があれば保護される。

解答　1 ○

最後に1問1答型ミニテストで知識を確認！

CONTENTS

第1編 総則

第2編 物権

第3編 担保物権

第4編 債権総論

第5編 債権各論

第6編 親族

第7編 相続

※本書は、令和5年4月1日時点で施行されている法律を基準としています。

面白いほど理解できる
民　法

001 民法の基本用語

普通、善意はgood、悪意はbadの意味ですが、民法では…

Q 善意って良いこと(人)？　悪意って悪いこと(人)？

A 違うよ。専門用語だから、日常生活とはまったく違う意味で使うんだ。慣れることが大事だよ！

善意・悪意

法律用語としての**善意・悪意**には、日常私たちの使うような、良いこと、悪いこと、といった倫理的な意味はありません。善意とは、単にある一定の事実を知らないことを意味し、悪意とは、ある一定の事実を知っていることを意味します。

例えば、貴方（今、この本を読んでいる貴方のことです！）の経歴について、A君が知らない場合には、Aは貴方の経歴について善意であるといい、Bさんが知っている場合には、Bは貴方の経歴について悪意である、と表現します。AやBが良い人、悪い人という意味ではないですね。

これは、法律学のイロハ、ABCといわれる言葉です。

過　失

過失とは、注意を怠った、という注意義務違反のことです。簡単にいえば、不注意のことです。したがって、過失の意味自体は日常用語とほぼ同じです。

法律用語として厳密に使用するのは、その種類・分類です。すなわち、過失は、注意を著しく怠った重大な過失（**重過失**）と、それ以外の普通の過失である**軽過失**の２つに分かれるのです。重過失があるか否か、という分類なので、いわゆる中間過失という概念はありません。

なお、過失がないことを**無過失**といい、同様に、重過失がないことを**無重過失**といいます。

対　抗

法律用語としての「**対抗**する」とは、すでに成立している法律関係を当事者以外の者に対して「主張する」ことをいいます。日常私たちの使うような、対立拮抗することではありません。

したがって、AがBに～を対抗することができる（できない）、というのは、AがBに～を主張することができる（できない）、という意味になります。

自然人・法人

自然人とは、権利義務の主体である個人、つまり人間のことです。自然な意味での人というニュアンスです。これに対して、法人とは、自然人以外のもので、権利義務の主体となることが法律によって認められたものをいいます。法律が認めた人というニュアンスです。例えば、会社、大学、社団法人、財団法人などです。

条文・判例・通説

条文とは、法律などに書かれた文章のことです。例えば、民法１条１項は、「私権は、公共の福祉に適合しなければならない。」と書かれています。

判例とは、最も簡単にいえば、最高裁判所の判断のことです。

通説とは、ある論点についての「通」常の学「説」、つまり、圧倒的な多数学説のことです。反対に少数の学説は、少数説といいます。

判例・通説の考え方は、法律学の理解にとって、最も基本となる非常に大切なものです。

ポイント

善意・悪意

善意→不知（知らないこと）　**悪意**→知（知っていること）

過　失

重過失→重大な不注意　**軽過失**→普通の不注意

対　抗

対抗する→主張する

自然人・法人

自然人→人間　**法人**→法が認めた人

ミニテスト

1　善意とは、ある一定の事実を知っていることを意味する。
2　悪意とは、ある一定の事実を知らないことを意味する。
3　過失とは、注意義務違反を意味する。
4　過失は、注意を著しく怠った重大な過失（重過失）と、それ以外の普通の過失である軽過失に分かれる。
5　「対抗する」とは、すでに成立している法律関係を当事者以外の者に対して「主張する」ことをいう。

解答　1・2×　逆です。　3 ○　4 ○　5 ○

002 民法の原則

日本国憲法に三大原則（国民主権、基本的人権の尊重、平和主義）があるように、民法にも三大原則があります

Q 民法の三大原則って何？

A ①所有権絶対の原則、②契約自由の原則、③過失責任の原則だよ。

民法の三大原則

民法には明文では書いていませんが、三大原則といわれるものがあります。

まず、①**所有権絶対の原則**です。所有権は絶対であり、国家権力といえども侵害は許されないという原則です。

次に、②**契約自由の原則**、ないしは、より広く**私的自治の原則**ともいわれる原則です。民法の法律関係の中心である契約を例にして考えると、契約は、結ぶのかどうか、誰と結ぶのか、どういう内容にするか等、いずれも自由にできるという原則名（契約自由の原則）になります。例えば、皆さんが買い物に行ったとしましょう。皆さんは買いたいモノだけを買います。欲しくないモノは買いません。なぜならば、契約は自由だからです。そして、これをもっと広く考えると、自分の生活関係を自分の自由な意思で律することができるという、私的自治の原則という名称が使われます。自分の生活ですから、自分の自由な意思でいろいろ決めてよいということです。

最後に、③**過失責任の原則**です。過失がなければ損害賠償責任を負わなくてよいという原則です。

民法１条の原則

民法１条は、権利の行使について、重要な２つの原則を定めています。

第１に、**信義誠実の原則**です。１条２項は「権利の行使及び義務の履行は、信義に従い誠実にこれを行わなければならない。」と規定します。

信義誠実の原則（略して、信義則という）を簡単にいうと、相手方の信頼を裏切ってはダメだという原則です。例えば、お金を借りた人が貸した人の住所で返済をすることになっている場合に、借りた人が他の場所に金銭を持って返済に行ったとしても、貸した人に不利益がなく受け取ることができるのであれば、受取を拒むことは信義則に反します。

第２に、**権利濫用の禁止の原則**です。１条３項は「権利の濫用は、これを許さない。」と規定しています。

すなわち、形式的には権利の行使の

ように見えても、実質的にそれを濫用するのはダメだという原則です。

有名な**宇奈月温泉事件**を例に説明します。

宇奈月温泉では温泉を、いわゆる湯元、つまりお湯が出てくる場所から山奥の急斜面を温泉街までパイプで引いていました。ところが、そのパイプの一部が、勝手に他人の土地の下を通っていたのです。これに目をつけたAが、この土地を買います。そして、宇奈月温泉側に、勝手に自分の土地の下に温泉のパイプが通っているから、パイプを撤去してくれという請求をしました。

判例（大審院判決昭和10.10.5：大審院とは、今の最高裁判所にあたる旧憲法下の裁判所）は、「所有権の侵害による損失が軽微で、しかも侵害の除去が著しく困難で多大な費用を要する場合に、土地所有者が不当な利益を得る目的で、その除去を求めることは、権利の濫用にあたり許されない」と判示しました。

もしそのパイプを撤去するとなると、地形の問題から、迂回工事が必要になって、多額のお金がかかるという状況です。これに対し、土地の下を通っているだけですから、Aに実損害はありません。この土地を買ったAの真の目的は、紛争の解決に際して、お金をせびることです。すると、形式的に考えれば、Aの土地の下にパイプを勝手に通しているわけですから、撤去の請求が認められるように思えます。しかし、これは明らかに権利の濫用です。したがって、本件のようなAの請求、つまり権利の行使は、権利の濫用となり許されません。権利のように見えても、濫用はダメだということですね。

ポイント

民法の三大原則

❶所有権絶対の原則
❷契約自由の原則（私的自治の原則）
❸過失責任の原則

民法１条の原則

❶信義則（２項）
❷権利濫用禁止の原則（３項）

ミニテスト

1　民法の三大原則とは、所有権絶対の原則、過失責任の原則のほか、何か。
2　民法１条２項に規定されている原則とは、何か。

解答　1　契約自由の原則（私的自治の原則）　2　信義誠実の原則（信義則）

003 無効・取消し

無効も取消しも、効力を消滅させることですが…

Q 無効と取消しって違うの？
A 違うよ。

無　効

例えば、殺人契約をした場合、どうなるでしょう。常識的に考えても、そんな契約はまったく認められませんね。このように、**無効**とは、法律行為の効力が当初からまったく生じないものとして取り扱うことをいいます。

当初からまったく生じないので、何人でも主張することができ、主張期間にも制限がないのが原則です。世界中の誰でも、いつまででも、主張できるというのが無効です。

取消し

例えば、騙されてモノを買わされた場合、どうでしょう。このような場合が、取消しの問題になります。すなわち、**取消し**とはいったん有効に成立した法律行為の効力を、後から法律行為時にさかのぼって消滅させる取扱いをいいます。さかのぼる効力のことを、**遡及効**（そきゅうこう）といいます。

取消しは、騙されたり、おどかされたりした者などに限りできます。また、取消しをする権利は、追認（後述します）できる時から５年間行使しないと、原則として消滅します。

無効と違って、取消しは、一定の取消権者が、一定の期間内に限り、主張できるものです。

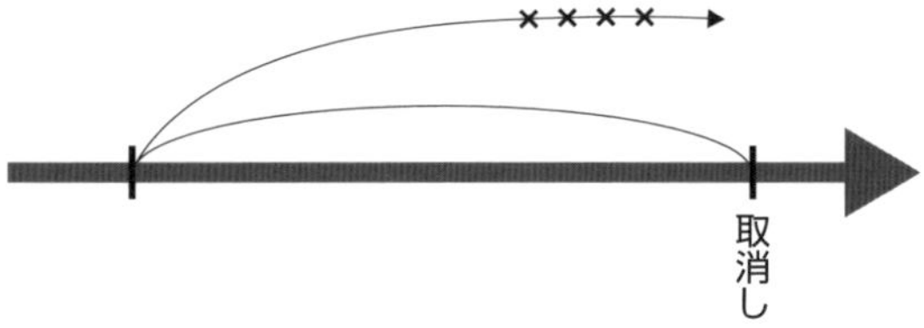

追　認

追認とは、法律行為を有効なものとして確定させることです。追って認める、という意味です。

ここで、取り消すことができる行為の追認を例に考えます。

取り消すことができる行為は、必ず取り消さなければならないわけでなく、追認することで有効な行為として確定させることもできます。追認すれば、以後、取り消すことができなくなります。追認は、取消権者がすることができます。取消権の放棄だからです。

ただし、追認は、取消しの原因となっていた状況が消滅した後でなければできません。例えば、騙されていたことに気づくなどです。

ポイント

無　効

→法律行為の効力が当初からまったく生じないものとして取り扱うこと

取消し

→いったん有効に成立した法律行為の効力を、後から法律行為時にさかのぼって消滅させること

追　認

→法律行為を有効なものとして確定させること

ミニテスト

1　無効とは、いったん有効に成立した法律行為の効力を、後から法律行為時にさかのぼって消滅させる取扱いをいう。

2　取消しとは、法律行為の効力が当初からまったく生じないものとして取り扱うことをいう。

3　取消しとは、有効に成立した法律行為の効力を、後に、将来に向かって消滅させる取扱いをいう。

4　追認とは、法律行為を有効なものとして確定させることをいう。

5　無効は、取消しとは異なり、一定の者が、一定の期間内に限り、主張できる。

解答　1・2　×　無効と取消しの説明が逆です。

3　×　これは、取消ではなく「撤回」の説明です。撤回は、過去にさかのぼるのではなく、将来に向かって消滅させるものです。取消しとは、逆向きの手続きになります。

4　○

5　×　無効と取消しの内容が逆です。

004 権利能力

民法では、～能力という言葉が、いろいろ出てきますが…

Q 権利能力って何？

A モノの持ち主になれるなど、権利の主体となりうる力だよ。

意義

権利能力とは、権利や義務の主体となりうる能力をいいます。すなわち、その名において権利を持ったり、義務を負ったり、例えば、その名において、モノを売ったり、買ったりとか、お金を貸したり、借りたりとかができるという能力のことを権利能力といいます。

民法は３条１項で、権利の「享有は、出生に始まる」と規定しています。つまり、権利能力の始めは出生から、としています。逆に終わりは、死亡のみです。したがって、人間であれば、権利能力を平等に持ちます。生まれたばかりの赤ちゃんでも、権利能力は持ちます。時間の流れでいうと、次のようになります。権利能力は出生から死亡までということになります。

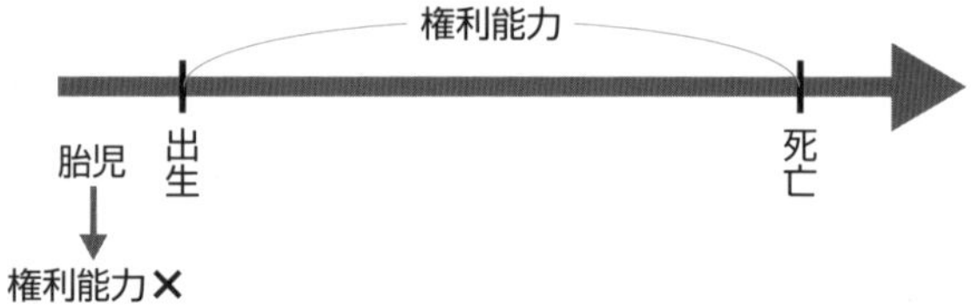

胎児

したがって、出生前、まだお母さんのお腹の中にいる**胎児**には権利能力がないことになります。

しかし、この原則を貫くと不都合が生じるので、**胎児の例外**の規定が３つあります。比較的わかりやすい相続の場合を例に考えます。つまり、胎児中に胎児の親が死亡したら相続はどうなるのか、ということです。次の場合を比べてみましょう。仮に、ＡＢ夫婦に子供Ｃがいるとします。この段階で、父Ａが1000万円残して死亡したら残された妻Ｂと子どもＣは、Ａの財産を半々で分けます。よって、妻Ｂは500万円、子どもＣは500万を相続することになります。これに対して、ＡＢ夫婦で妻Ｂが妊娠中です。胎児がいるという状況です。胎児がまだ生まれる前の段階でＡが1000万円残して死亡したらどうなるでしょうか。原則通り当てはめると、胎児はまだ出生していないので、権利能力がありません。結果、妻Bが1000万円全額を相続することになります。極端な場合で考えると、生まれる1秒前なら0円。生まれた時なら500万円です。このように、場合によってはわずかな時の前後によって、重大なアンバランスが生じます。

そこで民法は以下の3つのケースについて、アンバランスを避けるために、例外として、胎児もすでに生まれたものと扱っています。胎児にも例外的に権利能力を認めたのです。わかりやすい相続の例で理解して、その他の不法行為に基づく損害賠償や遺贈も知っておきましょう。アンバランスを避けるという趣旨は同じです。

なお、この胎児の例外に関しては論点があります。条文にいう「既に生まれたものとみなす」の意味についての争いです。判例は、生きて生まれるとさかのぼって権利能力を取得するのであり、胎児の間は、胎児に権利能力はないとする見解をとっています。つまり、生きて生まれることが、例外が適用される条件です。

生きて生まれると、さかのぼって権利能力を取得

↓

胎児の間は、権利能力はない

ポイント

胎児の例外

❶不法行為に基づく損害賠償請求権（721条）
❷相続を受ける権利（886条）
❸遺贈を受ける権利（965条）

ミニテスト

1 民法721条などが規定する胎児に関する例外に関して、学説上、争いがあるが、条文にいう「既に生まれたものとみなす」の意味について、判例は、生きて生まれるとさかのぼって[　　　]を取得するのであり、胎児の間は、胎児に[　　　]はないとする見解をとっている。したがって、生きて生まれることが、例外が適用される条件となる。

解答 1 空欄には、権利能力が入る。

005 意思能力

民法では、～能力という言葉が、いろいろ出てきますが…

Q 意思能力って何？
A 簡単にいうと、正常な判断能力のことだよ。

意思能力

意思能力とは、行為の結果を弁識することができる能力です。簡単にいえば、正常な判断能力のことです。逆に、それがない場合は、意思無能力、そういう者を意思無能力者といいます。

例えば、赤ちゃんがおもちゃを手渡してくれたとします。また、高度の精神障害の人が、土地をあげると言ったとします。しかし、これらの場合は、私たちの常識から、有効な贈与契約だとはいえないと思われます。

権利能力は生まれさえすれば誰にでもありますが、赤ちゃんや、高度の精神障害の人には、契約はできないはずです。なぜなら、これらの者には意思能力がないからです。つまり、正常な判断能力がないから有効な契約ができないのです。このように乳幼児や高度の精神障害者は、正常な判断能力がないので、意思無能力者です。民法は、法律行為の当事者が意思表示をした時に意思能力を有しなかったときは、その行為は無効であるとしています。つまり、意思無能力の状態でした契約は無効なのです。上記の贈与契約も無効になります。意思能力は、概ね６～７歳程度で備わるとされています。

以上から、有効に契約などの法律行為をするためには、権利能力のほかに、さらに意思能力も必要になることがわかります。

行為能力

行為能力とは、単独で完全に有効な法律行為ができる能力のことです。行為ができるので、行為能力という言葉になります。例えば、独りで、土地を売ったり、買ったりする売買契約などの法律行為ができるということです。

意思能力さえあれば、完全に有効に行為ができるかといえば、まだ疑問です。複雑な取引社会において、７歳程度の知能である意思能力だけでは不十分だと考えられます。

すなわち、実際の複雑な取引社会においては、意思無能力者以外にも法の保護を必要とする人たちがいると考えられます。そこで、さらに民法は、行為能力を要求しました。行為能力者とは、精神障害の場合を除いて簡単にいえば、成人（18歳以上）ということです。

以上から、自然人が、完全に有効な法律行為をするためには、権利能力は当然として、次に意思能力、さらに行為能力も必要となります。3つそろって、初めて完全に有効な法律行為ができるのです。

行為能力
意思能力
権利能力

制限行為能力者

行為能力が制限されている者は4者です。民法は、未成年者、成年被後見人、被保佐人、被補助人の4者を**制限行為能力者**と定めています。

したがって、これらの4者は、単独では完全に有効な法律行為を行うことができない者ということになります。そのため、民法は、それぞれに保護者をつけています。また、制限行為能力者が独りで勝手に売買契約などをした場合には、後で**取り消す**ことができるとしています。

ポイント

権利能力

→権利や義務の主体となることができる能力

意思能力

→行為の結果を弁識することができる能力（正常な判断能力）
意思無能力者の行為は、無効

行為能力

→単独で完全に有効な法律行為ができる能力
制限行為能力者の行為は、取消し

ミニテスト

1 意思能力とは、権利や義務の主体となりうる能力をいう。
2 意思無能力者の行為は、取り消すことができる。
3 行為能力とは、行為の結果を弁識することができる能力をいう。
4 制限行為能力者の行為は、無効となる。

解答
1 × これは、意思能力ではなく権利能力の説明です。
2 × 意思無能力者の行為は、無効です。
3 × これは、行為能力ではなく意思能力の説明です。
4 × 制限行為能力者の行為は、取り消すことができる。

006 未成年者

18歳以上は成年者ですが、お酒やタバコは…

Q 未成年者は、独りでは何もできないの？

A 独りでも、できることがあるよ！

意　義

未成年者とは、18歳未満の人をいいます。以前は20歳未満でしたが、令和4年4月1日に改正されました。

同時に女性の婚姻可能年齢が16歳から18歳に引き上げられ、男女とも18歳になりました。つまり、成人年齢・婚姻可能年齢は、男女とも18歳に統一されたのです。

なお、民法とは別の法律で、20歳未満の者の飲酒・喫煙が禁止されています。成年者でも20歳になるまでは、お酒やタバコは駄目なのです。

未成年者の保護

複雑な取引社会において未成年者を保護するために、民法は未成年者を**制限行為能力者**と定めました。つまり、単独で完全には法律行為ができない、保護を要する者としたのです。

保護者・法律行為

保護の方法として、まず、保護者をつけます。第一次的には、**親権者**、これは父母の意味です。親権者がいない場合には、**未成年後見人**という人が保護者になりますが、以下、原則的な親権者で考えます。

未成年者が法律行為をする場合の法律関係は、次のようになります。

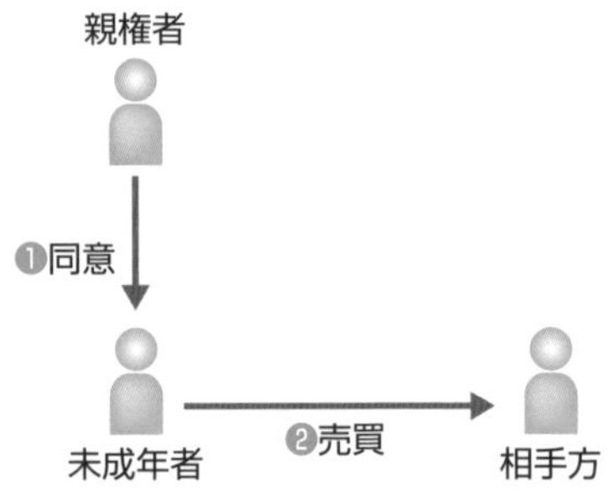

例えば、未成年者が自分の土地を売りたい場合には、まず、親権者の同意を必要としています。つまり、この同意をもらって、初めて土地を売れるということです。同意がないと、売りたくても土地は売れないのです。

それでは、同意がなかったらどうなるのか。未成年が勝手に売ってしまったとしても、この場合には、後で未成年者または親権者が、この売買契約を**取り消す**ことができます。取り消されると、売ったはずの土地が未成年者に戻ってきます。取消権を与えることによって未成年者の財産が戻るように保護しているのです。以上が民法の原則です。

次にこの例外を見ます。例外として、同意なしに、つまり未成年者が単独でできるものを3つ認めています。

第1に、**単に権利を得、または義務を免れる行為**です。例えば、単に権利を得るとは、プレゼントをもらうことです。義務を免れるとは、借金をまけてもらうことです。これらはプラスにしかならないので、未成年者を保護する必要がありません。したがって、未成年者が単独でできます。

第2に、**処分を許された財産を処分**することです。典型例はお小遣いです。お小遣いを使うことは自由です。事前に同意があると考えられるからです。なお、親権者が目的を定めて処分を許した場合には、目的の範囲内でしか自由に処分できません。例えば、未成年の子に、学費として振り込めとしてお金を渡した場合、そのお金は学費としてしか使えません。

第3に、親権者から**営業の許可を得た場合の、その営業に関する行為**です。例えば、親が何件かお店を経営していて、そのうちの1軒を未成年の子どもに任せるとします。任されたお店についての営業ができます。これも事前に同意があると考えられるからです。

ポイント

意　義	18歳未満の者。
保護者	一次的には親権者、親権者がいないときは未成年後見人。
法律行為	原則：親権者などの同意を要し、同意を得ないでした行為は取り消すことができる（5条1項本文・2項）。 例外：❶単に権利を得、または義務を免れる行為（5条1項ただし書）。 ❷処分を許された財産の処分（5条3項）。 ❸営業の許可を得た場合の、その営業に関する行為（6条1項）は、単独でできる。

ミニテスト

1　未成年者が、単に権利を得、または義務を免れる行為をする場合には、親権者の同意が必要である。

2　未成年者が、親権者から処分を許された財産を処分する場合には、親権者の同意は不要である。

3　未成年者が、親権者から営業の許可を得た場合に、その営業に関する行為をする場合には、親権者の同意は不要である。

解答　1 × 不要です。　2 ○　3 ○

007 成年被後見人

精神障害のグループの最初は…

Q 成年被後見人は、独りでは何もできないの？
A 独りでも、できることがあるよ！

意　義

精神障害によって、事理弁識能力、つまり物事を判断する能力が不十分であると考えられる者を、民法は、精神障害の程度によって３類型に分けています。このうち、最も程度の重い、重度の精神障害を前提にした者が**成年被後見人**です（最も軽度の者が被補助人、その中間の者が被保佐人）。

まず、重度の精神障害を前提にするので、精神上の障害により、事理を弁識する能力を「欠く常況」にある者です。ここで、欠く常況とは、物事を判断する能力が無いのが普通な状況という意味です。

そして、この欠く常況にある者が、この一定の者の請求により、家庭裁判所の後見開始の審判を受けた場合に、その者を成年被後見人と呼びます。一定の者には、本人、配偶者、４親等内の親族などがいます。

保護者・法律行為

保護の方法として、まず、保護者をつけます。**成年後見人**という人が保護者になります。「被」がとれる名称です。例えば、夫婦の片方が成年被後見人になったら、他方が成年後見人になる場合がその例です。

成年被後見人が法律行為をする場合の法律関係は、次のようになります。

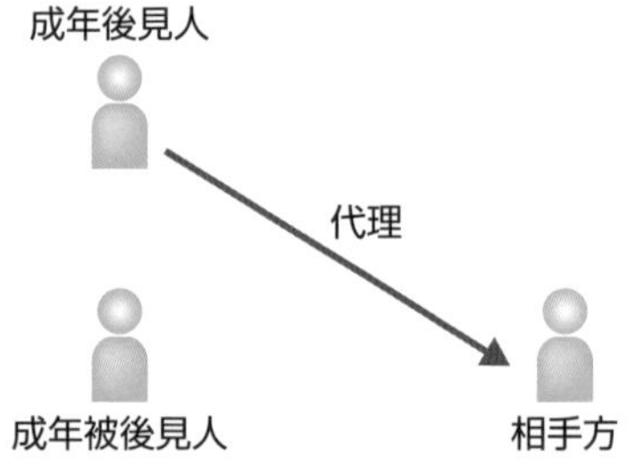

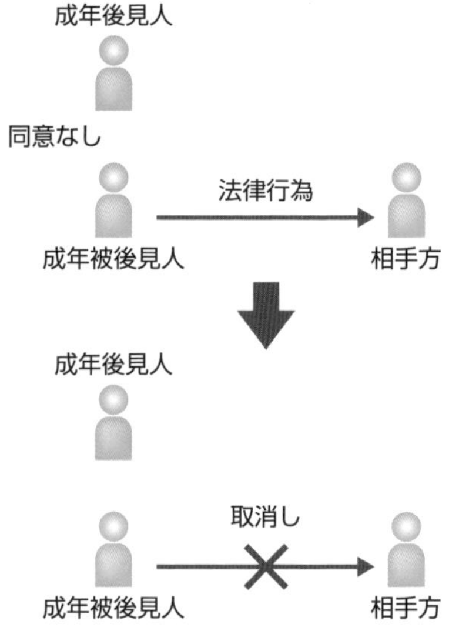

例えば、成年被後見人の土地を売る場合に、もし成年被後見人が単独で勝手に売ってしまったら、**取り消す**ことができます。成年被後見人は何もわからないのが普通だからです。原則的に、本人には何もさせません。

したがって、土地の売却などは、結局、成年後見人が代わりに行います。すなわち、**代理**という形式で行います。これが原則です。

ただし、例外があります。**日用品の購入その他の日常生活に関する行為**については、取り消すことはできません。つまり、成年被後見人が、単独でできるということになります。例えば、スーパーに行って米1キロを買うような行為です。

なお、成年後見人には同意権がありません。注意しましょう。仮に同意をもらって契約をしたとしても、取り消すことができます。なぜなら、成年被後見人ですから、同意通りに行動する保証がないからです。

ポイント

意　義	精神上の障害により事理弁識能力を欠く常況にある者で、かつ、一定の者の請求により家庭裁判所の後見開始の審判を受けた者（7条）。
保護者	成年後見人（8条）。
法律行為	原則：成年被後見人の法律行為は取り消すことができる（9条本文）。 例外：日用品の購入その他の日常生活に関する行為は、単独でできる（9条ただし書）。

ミニテスト

1　成年被後見人とは、精神上の障害により事理弁識能力を欠く常況にある者のことである。

2　成年被後見人が行った法律行為は、常に取り消すことができる。

3　成年後見人には、同意権がある。

解答

1　×　かつ、一定の者の請求により家庭裁判所の後見開始の審判を受けた者のことです。

2　×　日用品の購入その他の日常生活に関する行為は、取り消すことができません。

3　×　同意権はありません。

008 被保佐人

精神障害のグループの２番目は…

Q 被保佐人が、独りでできないことって何？

A 条文に書かれているよ！

意　義

被保佐人とは、精神上の障害により、事理を弁識する能力が、「著しく不十分」な者です。成年被後見人は事理弁識能力を欠く常況なので、比べれば状況は良くなりますが、しかし著しく不十分ということです。

かつ、一定の者の請求により、家庭裁判所の保佐開始の審判を受けた者です。

保護者・法律行為

保護者は**保佐人**です。「被」がとれる名称です。例えば、夫婦の片方が被保佐人になったら、他方が保佐人になる場合がその例です。

そして、被保佐人は、成年被後見人と比べると病状が良くなるので、民法13条１項で規定した一定の行為、つまり重要な行為についてのみ、保佐人の同意を必要とするとしています。同意なしに行ったら、後で**取り消す**ことができます。もちろん成年被後見人でさえできる日常生活に関する行為は単独でできます。

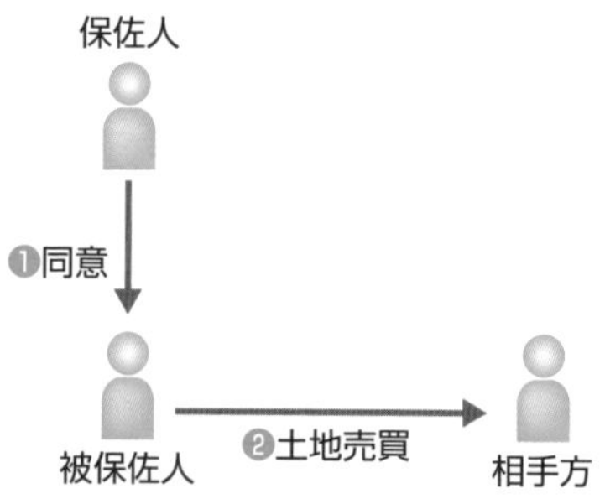

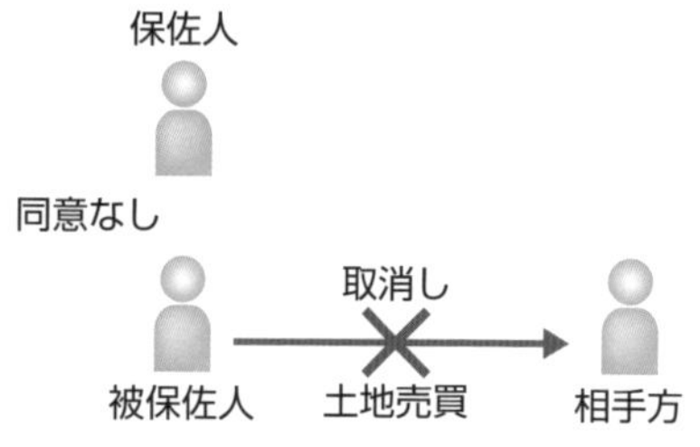

例えば、民法13条１項の例の１つに土地の売却のようなものがあります。被保佐人が土地を売りたい場合、まず、保佐人の同意をもらう必要があります。同意がなければ取り消せるのです。

13条１項各号の列挙を次に示します。

1　元本を領収・利用すること。
2　借財または保証をすること。
3　不動産その他重要な財産に関する権利の得喪を目的とする行為をすること。
4　訴訟行為をすること。
5　贈与・和解・仲裁合意をすること。
6　相続の承認・放棄または遺産分割をすること。
7　贈与・遺贈の拒絶・放棄または負担付きの贈与・遺贈の承諾・承認をすること。
8　新築・改築・増築または大修繕をすること。
9　602条（短期賃貸借）で定める期間を超える賃貸借をすること。
10　1～9に掲げる行為を制限行為能力者の法定代理人としてすること。

とくに重要なものを説明します。

まず、1の**元本の領収**です。これは100万円貸した場合に、その100万円自体を返してもらうことです。

次に3の**不動産に関する権利の得喪を目的とする行為**です。前述の説明で使った例がこれです。不動産のうちの土地の売却、つまり権利を失う方になります。

さらに5です。**贈与をする**こと。すなわち、自分があげる方です。逆に、贈与を受けることは含まれません。注意しましょう。

ポイント

意　義	精神上の障害により事理弁識能力が著しく不十分な者で、かつ、一定の者の請求により家庭裁判所の保佐開始の審判を受けた者（11条）。
保護者	保佐人（12条）。
法律行為	13条1項の法律行為には、保佐人の同意を必要とし、同意がなければ取り消すことができる（13条4項）。

ミニテスト

1　被保佐人が元本を領収する場合は、保佐人の同意が必要となる。
2　被保佐人が土地を売却する場合は、保佐人の同意が必要となる。
3　被保佐人が贈与を受ける場合は、保佐人の同意が必要となる。

解答　1 ○
2 ○
3 × 贈与を受ける場合であれば、同意は不要です。

009 被補助人

精神障害のグループの最後は…

Q 被補助人と被保佐人は、何が違うの？
A 障害の程度が違うよ！

意　義

被補助人とは、精神上の障害により、事理を弁識する能力が「不十分」な者で、かつ、一定の者の請求により、家庭裁判所の補助開始の審判を受けた者です。3者の中で、最も障害の程度が軽くなります。

保護者・法律行為

保護者は**補助人**です。「被」がとれる名称です。例えば、夫婦の片方が被補助人になったら、他方が補助人になる場合がその例です。

法律行為については、家庭裁判所は、一定の者の請求により、被補助人が、**特定の法律行為**をするには、補助人の同意を得なければならないとすることができます。その場合には同意が必要です。特定の法律行為とは、被保佐人で前述した民法13条1項に規定する行為の**一部**に限ります。例えば、不動産に関する権利の得喪を目的とする行為などです。一部に限るのは、全部を同じにしたら、被保佐人、被補助人の2つに分ける意味なくなるからです。

同意がなければ**取り消す**ことができます。

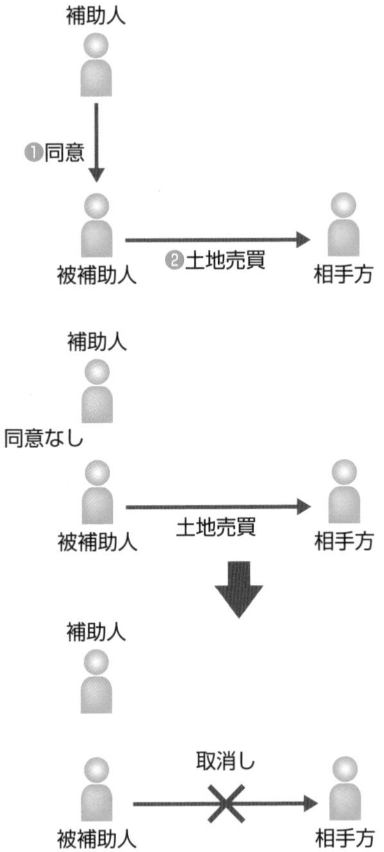

ポイント

意　義	精神上の障害により事理弁識能力が不十分な者で、かつ、一定の者の請求により家庭裁判所の補助開始の審判を受けた者（15条）。
保護者	補助人（16条）。
法律行為	家庭裁判所により補助人の同意を必要とされた特定の法律行為は、同意がなければ取り消すことができる（17条4項）。

3者のまとめ

	成年被後見人	被保佐人	被補助人
判断能力	欠く常況	著しく不十分	不十分
保護者	成年後見人	保佐人	補助人
行為能力が制限される場合	日常生活に関する行為以外	日常生活に関する行為以外で、13条1項規定の行為	13条1項規定の行為の一部で、家庭裁判所により同意を必要とされた行為

プラス未成年者

	未成年者
保護者	一次的には親権者 （親権者がいないときは）未成年後見人
行為能力が制限される場合	❶単に権利を得または義務を免れる行為 ❷処分を許された財産の処分 ❸営業を許可された場合のその営業に関する行為 以外

ミニテスト

1　被補助人とは、精神上の障害により、事理を弁識する能力が著しく不十分な者で、かつ、一定の者の請求により、家庭裁判所の補助開始の審判を受けた者をいう。

2　被補助人が、民法13条1項で規定したすべての法律行為を行うには、補助人の同意を必要とする。

3　家庭裁判所によって補助人の同意を必要とされた法律行為を、補助人の同意なく行った場合には、取り消すことができる。

解答　1 ×「著しく不十分」ではなく、単に「不十分」な者です。

2 × すべてではなく、一部に限られます。

3 ○

010 制限行為能力者の相手方保護

制限行為能力者の相手方も、保護されることがあります

Q 相手方は、まったく保護されないの？
A 催告権と詐術による取消権の否定によって、保護されるよ。

催告権

相手方は、１か月以上の期間を定めて、追認するかどうかを催告することができます。これを**催告権**といいます。

追認とは、法律行為を有効として確定させることです。追認されれば確定的に有効になります。しかし、それまでは一応有効ではあるが、取り消されれば、行為時にさかのぼって効力がなくなってしまいます。このような不安定な相手方を保護するために、追認するのかどうか確答してくれ、というように促すことができるのです。

そして、この催告に対して確答がない場合は、次の２つに分かれます。例えば、未成年者が成年者になったら、本人に催告します。そして、催告を無視しても追認と扱います。このように相手方を保護しています。

催告の相手先	催告に対して確答がなかった場合
制限能力者が行為能力者となった後は、本人に対して催告する。 制限行為能力者が行為能力者とならない間は、親権者、後見人、保佐人、補助人に対して催告する。	制限行為能力者の行った行為は、追認したものとみなされる。
被保佐人・被補助人に対しては、保佐人・補助人の追認を得るように、催告することもできる。 （未成年者・成年被後見人には、催告できない）	被保佐人・被補助人の行った行為は、取り消したものとみなされる。

詐術による取消権の否定

制限行為能力者が行為能力者であると相手方に信じさせるために**詐術**を用いたときは、その法律行為を取り消すことができなくなります。制限行為能力者なのに行為能力者であると、相手方を誤解させた場合です。例えば、戸籍を偽造して、未成年なのに成年者だと偽った場合が典型です。

詐術のような悪いことをした者は保護されません。詐術を用いた場合には、取り消しができなくなる、つまり、取り消されることがなくなるので、相手方は保護されます。

詐術の意味については争いがありますが、判例は、制限行為能力者であることを黙秘していた場合でも、それが制限行為能力者の他の言動などと相まって、相手方を誤信させ、または誤信を強めたと認められるときは、詐術にあたる、としています。

制限行為能力者の行動は、①単なる黙秘→②**黙秘＋他の言動**→③積極的術策、のように順次考えることができます。このうち、判例は、①では足りないが、③までは要らないとして、結局、②の立場を採用しているのです。

ポイント

催告権

→相手方は、１か月以上の期間を定めて、追認するかどうかを催告することができる（20条）。

詐術による取消権の否定

→制限行為能力者が行為能力者であると相手方に信じさせるために詐術を用いたときは、その法律行為を取り消すことができなくなる（21条）。
詐術＝黙秘＋他の言動（判例）

ミニテスト

1　相手方は、制限能力者が行為能力者となった後は本人に対して催告するが、催告に対して確答がなかった場合には、制限行為能力者の行った行為は取り消したものとみなされる。
2　相手方は、被保佐人・被補助人に対しては、保佐人・補助人の追認を得るように催告することができるが、催告に対して確答がなかった場合には、被保佐人・被補助人の行った行為は追認したものとみなされる。
3　制限行為能力者が、行為能力者であると相手方に信じさせるために詐術を用いたときは、その法律行為を取り消すことができなくなる。
4　制限行為能力者が、制限行為能力者であることを黙秘していた場合には、黙秘のみで詐術にあたるとするのが判例である。
5　制限行為能力者が、行為能力者であるような積極的術策を用いた場合は、詐術にあたる。

解答　1　×　追認したものとみなされます。
2　×　取り消したものとみなされます。
3　○
4　×　判例は、黙秘＋他の言動によって詐術にあたるとしています。
5　○

011 失踪宣告

家族が行方不明になったら…

Q 通常の死亡以外に、法律上、死亡と扱われることがあるの？
A 失踪宣告という制度があるよ。

意　義

自然人については、死亡のみが権利能力の消滅原因ですが、死亡に関する特殊な制度として、失踪宣告という制度があります。

不在者が生死不明となり、しかも死亡の可能性が高いにもかかわらず、その者の財産上・身分上の法律関係が不確定なままで長く放置されることは、その家族などの利害関係人にとって大変迷惑です。

そこで、民法は、一定の要件の下に裁判所が失踪宣告をすることで、その者を死亡したものとみなして、従来の住所地における法律関係に決着をつけることにしました。

要　件

失踪宣告は、配偶者、相続人などの利害関係人の請求により、家庭裁判所が次の２つの場合に行います。

①普通失踪

普通にいなくなった場合です。不在者の生死が、生存を確認した最後の時から７年間不明のとき。

②特別失踪

死亡している可能性が高い特別な場合です。すなわち、戦地に臨んだ者、沈没した船舶中にいた者その他死亡の原因となるべき危難に遭遇した者の生死が、その危難の去った後１年間不明なとき。

効　果

死亡したものとみなされます。

①の普通失踪の場合は、７年間の期間満了時。

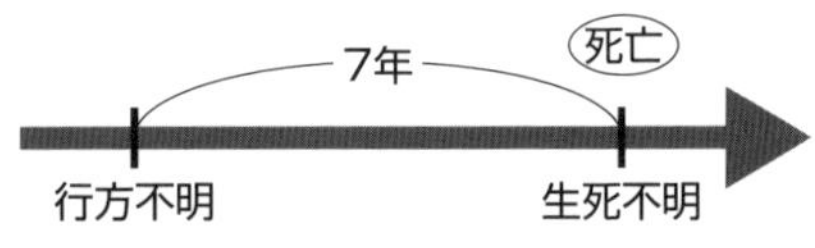

②の特別失踪の場合は、危難の去った時。

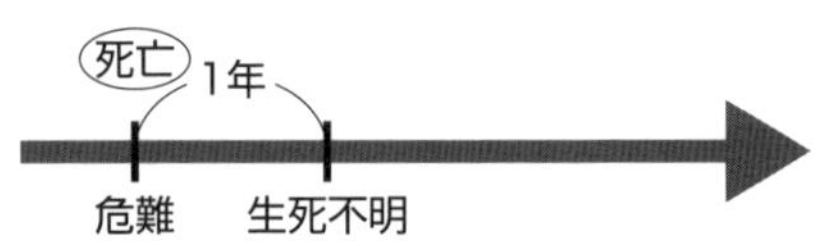

②は１年後というわけではなくて、危難の去った時点で死亡したと扱いま

す。例えば、沈没した船舶中で、海底で１年間生存していると考えるのは、あまりに不自然だからです。

なお、失踪宣告の制度は、失踪した場所を中心とする法律関係について死亡したと扱うだけで、失踪者の権利能力そのものを奪うものではありません。実は、別の場所で生きていて、そこで契約などの法律行為をしていることもあるからです。法律行為は、権利能力がなければできませんね。注意しましょう。

宣告の取消し

前述のように失踪者が実は生きていた場合、および死亡とみなされた時とは異なる時期に死亡したことが判明した場合には、家庭裁判所は、本人または利害関係人の請求により、失踪宣告を取り消さなければなりません。

宣告の取消しは、失踪宣告後その取消し前に善意でした行為（契約など）の効力に影響を及ぼしません。

失踪宣告により直接財産を得た者は、宣告の取消しにより権利を失います。

ポイント

	普通失踪	特別失踪
要件（30条）	最終の生存確認時から７年間の生死不明	危難が去った後１年間の生死不明
効果（31条）	７年間の期間満了時に死亡したものとみなされる	危難の去った時に死亡したものとみなされる

ミニテスト

1　特別失踪は、戦地に臨んだ者、沈没した船舶中にいた者その他死亡の原因となるべき危難に遭遇した者の生死が、その危難の去った後７年間不明なときに行われる。
2　特別失踪の場合には、１年間の期間満了時に死亡したものとみなされる。
3　失踪宣告は、失踪者を死亡したとみなすものであるから、失踪宣告は、失踪者の権利能力を奪う制度である。
4　失踪者が生きていた場合および死亡とみなされた時とは異なる時期に死亡したことが判明した場合には、家庭裁判所は、本人または利害関係人の請求により、失踪宣告を取り消さなければならない。

解答　1　×　７年ではなく１年です。
2　×　期間満了時ではなく、危難の去った時です。
3　×　権利能力は奪いません。
4　○

012 法人

会社、学校、宗教など、法人にはいろいろあります

Q 民法にも法人についての規定があるの？
A わずか数か条だけあるよ。

意義

法人とは、自然人以外のもので、法律上、権利・義務の主体となり得る者をいいます。法律が認めた人です。

具体例としては、会社法の会社が最もわかりやすい例です。例えば、○○株式会社です。会社はその名において、権利を持ったり、義務を負ったりします。自然人ではありませんが、その名において、権利を持つ、義務を負うことが、法律によって認められている者を、法による人というニュアンスで、法人といいます。

会社のような団体を、自然人と同じように、法律上の単位として扱って、その名において取引させたりする法技術が、法人という制度です。

種類

法人は、次の２つの視点で分類できます。

①構成要素による分類

何によって、その法人ができているのかという構成要素によって、大きく２つに分かれます。まず、人の集まりです。これを**社団法人**といいます。次は財産の集まりです。これを**財団法人**といいます。

ここで注意しなければならないのが、社団法人でいう「人」の意味です。ここでいう人、つまり出資者である構成員のことを、法律用語では「社員」といいます。日常用語とまったく違う意味になります。

社団法人	一定の目的のもとに結合した人の団体である法人
財団法人	一定の目的のために捧げられた財産の集合である法人

なお、社団・財団であっても法人ではないものを**権利能力のない社団・財団**と呼びます。例えば、同窓会、同級会、商店会などです。

②目的による分類

法人の目的が何かという目的によって、大きく２つに分かれます。**営利法人**と**非営利法人**の２つです。簡単にいうと、お金儲けという営利の目的か、そうではない目的かです。

営利法人	営利事業を営むことを目的とする法人
非営利法人	営利事業を営むことを目的としない法人

民法上の法人

①法人の成立等

法人は、民法その他の法律の規定によらなければ、成立しません。また、法人の設立、組織、運営および管理については、民法その他の法律の定めるところによります。その他の法律には、「一般社団法人及び一般財団法人に関する法律」などがあります。

②法人の能力

法人は、法令の規定に従い、**定款**（ていかん）（根本規則のこと）その他の基本約款で定められた目的の範囲内において、権利を有し、義務を負います。つまり、定められた目的の範囲内で権利能力を有する、逆にいえば、その目的によって権利能力が制限されます。

③登記

法人は、民法その他の法令の定めるところにより、**登記**をするものとします。登記とは、登記所という公の機関で、登記簿という名簿に名称を書いたりすることです。当該法人を設立したことを書くことになります。

ポイント

成立	法人は、民法その他の法律の規定によらなければ成立しない（33条1項）。法人の設立、組織、運営および管理については、民法その他の法律の定めるところによる（同条2項）。
能力	法人は、法令の規定に従い、定款その他の基本約款で定められた目的の範囲内において、権利を有し義務を負う（34条）。
登記	法人は、民法その他の法令の定めるところにより、登記をする（36条）。

ミニテスト

1 法人とは、自然人以外のもので、法律上、権利・義務の主体となり得る者をいう。
2 法人は、構成要素によって社団法人と財団法人に分かれ、また、目的によって営利法人と非営利法人に分かれる。
3 法人は、民法その他の法律の規定によらなくても、成立させることができる。
4 法人は、法令の規定に従い、定款その他の基本約款で定められた目的の範囲内において、権利を有し義務を負う。
5 法人は、民法その他の法令の定めるところによって、登記をする必要はない。

解答
1 ○
2 ○
3 × 法律の規定によらなければ、成立しません。
4 ○
5 × 登記をします。

013 物

不動産と動産以外の分類が大切です

Q 果実って「くだもの」のこと？
A「くだもの」だけではないよ！

定　義

民法は、**物**とは、有体物をいうと定義しています。有体物とは、固体、液体、気体の３つです。

分　類

物は、次の３つの視点で分類できます。

①不動産と動産

土地およびその定着物を不動産といいます。土地については日常と同じ意味です。定着物の具体例は建物です。民法は、土地とその上に建っている建物を別個の不動産と扱っているので、土地は自分に残して建物だけ売るといったこともできます。

不動産以外の物はすべて動産です。具体例は無限になります。

②主物と従物

物（これを**主物**という）の所有者が、その物の通常の利用を助けるため、自己の所有する他の物（これを**従物**という）を、これに付属させた場合です。

例えば、家屋とその中にある畳、エアコンなどが典型例です。Aが建物を所有していて、その中に畳があれば、こういう関係の場合に建物の方を主物といい、畳の方を従というニュアンスで従物といいます。

民法は、従物は主物の処分に従うとしています。例えば、AがBに主物である家屋を売却した場合に、畳だけをAの手元に残すことは通常考えられませんので、家が売られたら、家の中にあった畳も当然売られたことになるとする規定です。

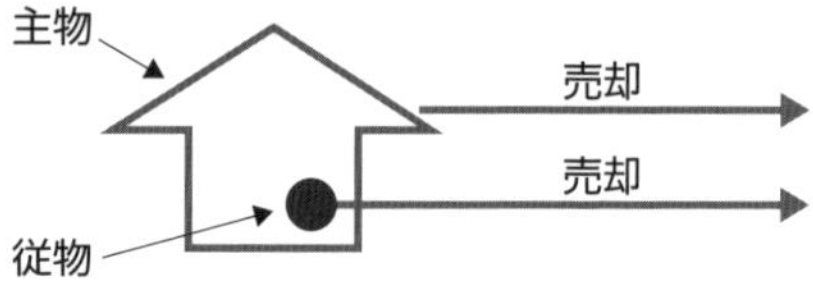

③元物と果実

物から生じる経済的収益を**果実**といい、果実を生じる物を**元物**（げんぶつ）といいます。

そして、果実は次の２つに分かれます。

まず、物（元物）の用法に従って自然に産出される物のことを**天然果実**といいます。具体例は、ミカンの木から採れるミカン、乳牛から採れるミルク、鉱山から採れる鉱物などです。天然果実は、元物から分離する時に、これを収取する権利を有する者のものです。

次に、物（元物）の使用の対価として受ける金銭その他の物のことを法定果実といいます。具体例は、土地を貸した場合の地代、家屋を貸した場合の家賃などです。

ポイント

不動産と動産	土地およびその定着物が不動産で、不動産以外の物はすべて動産（86条1項、2項）。
主物と従物	主物の所有者が、その物の通常の利用を助けるため、自己の所有する従物を付属させる場合（87条1項）。
天然果実と法定果実	元物の用法に従って自然に産出される物を天然果実という（88条1項）。果物、牛乳など 元物の使用の対価として受ける金銭その他の物を法定果実という（同条2項）。地代、家賃など

ミニテスト

1　民法は、土地およびその定着物を不動産としている。定着物の具体例は建物である。
2　不動産以外の物はすべて動産であり、机、鉛筆、自動車などは、すべて動産である。
3　物の所有者が、その物の通常の利用を助けるため、自己の所有する他の物を、これに付属させた場合、その付属させた物を主物という。
4　物から生じる経済的収益のことを果実といい、その果実を生じる物のことを元物という。
5　物の用法に従って産出される物を法定果実といい、物の使用の対価として受ける金銭などを天然果実という。

解答　1 ○
2 ○
3 ×　その付属させた物を従物といいます。
4 ○
5 ×　法定果実と天然果実が逆になっています。

014 法律行為

法律行為と意思表示を理解しましょう

Q 法律行為って、言葉通り、法律的な行為のこと？

A いいえ、専門用語だよ。

意　義

法律行為とは、人が法律効果を発生させようとする行為をいいます。この法律行為は、**意思表示**を要素として成立します。難しくわかりづらい概念ですが、法律行為は、民法で最も大切な中心となる行為です。

法律要件 → **法律効果**
法律行為
（意思表示）

法律学には大切な約束事があります。それは、法律要件（法的に必要な条件）、法律効果（法的な結果としての効力）という構造です。一定の法律要件を満たせば、一定の法律効果が生ずるということです。例えば、物を売ったり買ったりする「売買契約」という法律要件に該当すれば、売主から買主に「所有権が移転」するなどの法律効果が生ずるということです。

そして、民法上の法律要件の中心を占めるのが、法律行為と呼ばれる行為なのです。法律行為は必ず意思表示というものをその要素、内容としています。以上から、法律行為ないし意思表示は民法の中心を占める概念ということがわかります。なお、意思表示は、次に説明します。

種　類

意思表示の説明の前に、ここで法律行為の種類について見ておきます。次の３つに分類できます。

①単独行為

単一の意思表示により構成される法律行為です。例えば、取消しです。

②契約

相対立する２つ以上の意思表示の合致により成立する法律行為です。例えば、売買契約です。契約が民法の中心となる最も大切な法律行為です。

③合同行為

同一目的に向けられた２つ以上の意思表示の合致により成立する法律行為です。例えば、社団法人の設立です。

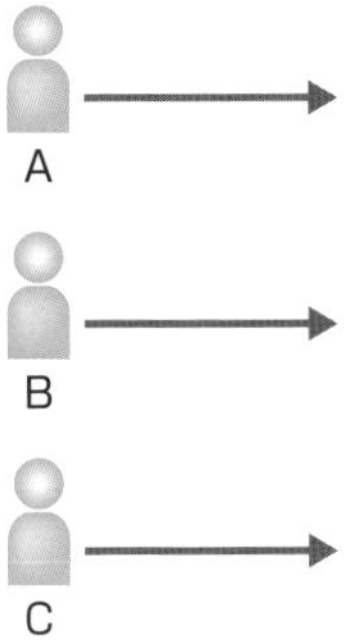

社団法人を作ろう

公序良俗

民法90条は、「公の秩序又は善良の風俗に反する法律行為は、無効とする。」と規定しています。公の秩序または善良の風俗のことを略して**公序良俗**といい、社会的妥当性という意味です。したがって、社会的に妥当でない行為を無効とするのが90条です。公序良俗違反の行為の具体例としては、殺人契約、賭博契約、愛人契約などがあります。

ポイント

単独行為	単一の意思表示により構成される法律行為。例、取消し
契　約	相対立する2つ以上の意思表示の合致により成立する法律行為。例、売買契約
合同行為	同一目的に向けられた2つ以上の意思表示の合致により成立する法律行為。例、社団法人の設立

ミニテスト

1 法律行為とは、人が法律効果を発生させようとする行為をいい、意思表示を要素として成立する。
2 法律行為の種類は、単独行為、売買などの契約、および共同行為の3つに分類できる。
3 法律行為のうち、取消しのように、単一の意思表示により構成されるものを単独行為という。
4 法律行為のうち、相対立する2つ以上の意思表示の合致により成立するものを契約という。
5 民法は、公序良俗に反する法律行為は取り消すことができる、と規定している。

解答
1 ○
2 × 共同行為ではなく合同行為です。
3 ○
4 ○
5 × 取消しではなく無効です。

015 意思表示

法律行為と意思表示を理解しましょう

Q 意思表示って、意思を表示すること？
A 簡単に言えば、その通りだよ。

意義

法律行為は、意思表示を要素とします。法律行為は、意思表示が要素となっている行為なので、意思表示が理解できれば、法律行為も理解できたことになります。

意思表示とは、当事者が法律効果を欲し、かつ、そのことを発表する行為を意味します。すなわち、意思表示は、**効果意思**と**表示行為**から成り立っているのです。結局、意思表示とは、効果意思から表示行為に至る過程なのです。効果意思とは、法律効果の発生を欲する意思をいい、表示行為とは、効果意思を外部に発表する行為をいいます。

以上を、具体例でマスターしましょう。ここではＡＢ間の土地の売買契約を例に、ＡがＢに土地を売って（Ｂが買って）、という例を通して意思表示の理論を説明します。

例えば、Ａが土地を所有していて、それをＢに売ります。Ｂから見ると買うということです。日常生活では読者の皆さんは買主になることが多いので、Ｂを例にとります。意思表示とは、結局、このＢの内心の思いと、それが外に発表される、といったプロセスを見た言葉にすぎません。

すなわち、まずＢは土地を買うのだから、心の中で、土地が欲しいと思います。土地を買いたいと思います。このことを効果意思といいます。志すのではなく、思うので、意「思」という文字を使います。

そして、Ａに「土地を売ってください」と言います。心の中の思いが外部に発表されます。このことを表示行為といいます。

意思表示という用語は、いわゆる合

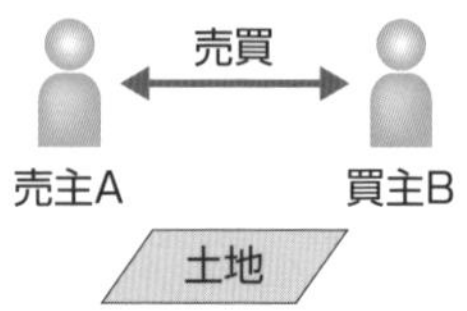

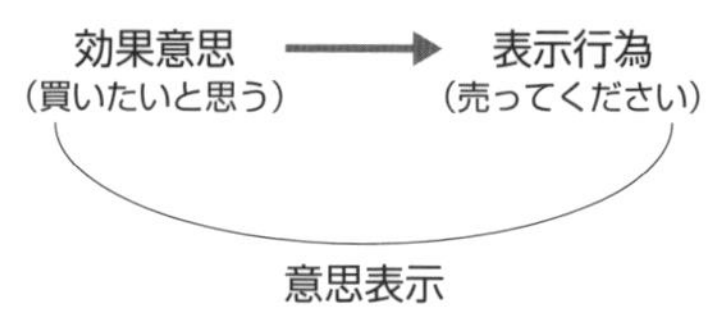

成語です。つまり、効果意思の「意思」という語句と、表示行為の「表示」という語句をくっつけた用語にすぎません。効果意思と表示行為を合わせて意思表示と呼ぶのです。意思表示とは、意思と表示、つまり心の中で思って、それを外部に表すことです。具体例で考えると、Bが、心の中で買いたいと思って、売ってくださいと言うことです。

意思の不存在と瑕疵ある意思表示

前記の意思表示の体系図のどこにも問題がなければ何ら問題は生じません。問題がない場合については、民法は特に規定していません。意思表示が完全に有効に行われたということです。

しかし、もし表示行為に対応した効果意思が存在しない場合や、そもそも効果意思の形成段階に**瑕疵**（かし）（欠陥のこと）があった場合にも、表示行為通りの法律効果を生じさせてもよいのでしょうか。

現実の社会では、次のようなことがありえます。まず嘘をつく人がいます。次に、2人で戯れる人たちがいます。さらに、勘違いする人もいます。また、他人を騙す人や、おどかす人もいます。以上の5つ、嘘つき、戯れ、勘違い、と詐欺、強迫、この5つについては前記の意思表示の体系図のどこかに問題があります。したがって、完全に有効とはいえません。よって無効にする、取り消しできる、という法的処理を、民法93条から96条までの4か条に規定しています。

ポイント

効果意思
→法律効果の発生を欲する意思

表示行為
→効果意思を外部に発表する行為

ミニテスト

1　意思表示とは、当事者が法律効果を欲し、かつ、そのことを発表する行為を意味する。すなわち、意思表示は、［　　］と表示行為から成り立っている。ここで［　　］とは、法律効果の発生を欲する意思をいい、表示行為とは、それを外部に発表する行為をいう。

解答　1　空欄には、［効果意思］が入る。

016 心裡留保

効果意思がない場合の１つ目は…

Q 心裡留保って具体的には何のこと？
A ウソ、冗談のことだよ。

意思の不存在

いわゆる嘘つき、戯れ、この２つの場合には効果意思がありません。内心の意思がないのです。そこで**意思の不存在**といわれるグループになります。学問上は、**意思と表示の不一致**とも呼びます。

効果意思なし	→	表示行為
効果意思	≠	表示行為

意　義

心裡留保とは、表意者が真意でないことを知りながら行った意思表示をいいます。いわゆる嘘や冗談がその具体例です。心の内に真意を留めるという意味なので「裡」という漢字を使います。

Ｂを主体と考えて、Ｂが嘘をつく、冗談を言うという例で考えます。この場合のＢのことを、心裡留保の意思表示を表示する者なので、「表意者」といいます。Ａはその相手ですから、「相手方」といいます。

例えば、Ｂは心の中では買うつもりがなく、買おうとは思っていません。それにもかかわらず嘘をつく、冗談で、売ってくださいと言った場合です。つまり、Ｂの内心の効果意思は、買うつもりなしです。しかし表示行為は売ってください、と言っています。

したがって、意思と表示が一致していません。表示に対応する意思がありません。そこで意思の不存在といわれるグループの１つになります。

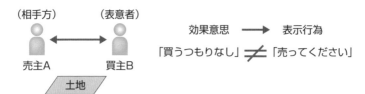

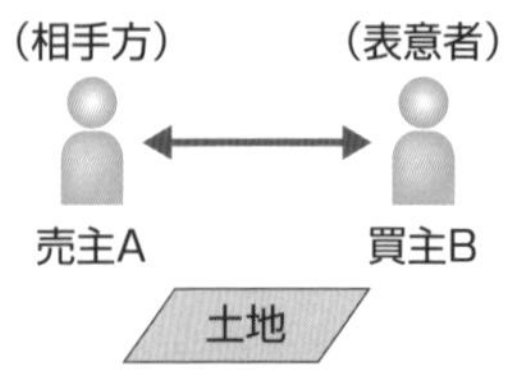

効果意思 → 表示行為
「買うつもりなし」≠「売ってください」

効　果

心裡留保について、民法93条１項は次のように考えています。

ＡとＢでは、嘘つきのＢが悪い。したがって、もしＡがその嘘を信じた場合には、Ａを守るべきだ。よって民法は、心裡留保は、原則として、表示通り、つまり**有効**としました（93条１項本文）。Ｂが買うと言った以上、買うことになります。

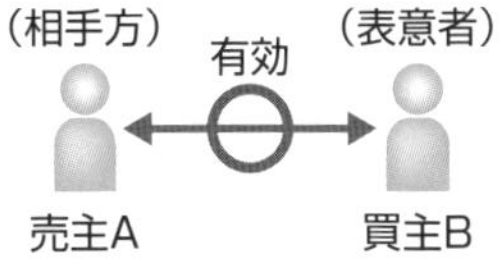

ただし、次の場合はどうでしょうか。Ａが、Ｂは嘘をついていることを知っていた。知っていることを**悪意**といいます。あるいは注意すればわかったという不注意があった。不注意のことを**過失**といいます。このように相手方が悪意、または相手方に過失があった場合はどうでしょう。悪意の場合で考えましょう。Ｂは買うつもりがありませんが、Ａもそれを知っていた場合です。そんな場合にまで効力を認める必要はないので、民法は、例外として**無効**としました（93条１項ただし書）。

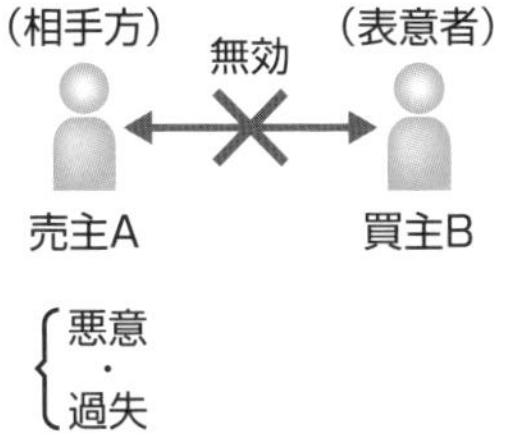

以上から、心裡留保は、原則として有効だが、例外として、相手方が悪意または相手方に過失があったときは無効となります。

なお、心裡留保によって無効となる場合でも、その無効は善意の第三者には対抗できません（93条２項）。この点は、次の虚偽表示の場合と同様なので、そちらで説明します。

ポイント

心裡留保（93条）

原則→有効
例外→相手方が悪意・過失のときは無効。ただし、善意の第三者には無効を対抗できない。

ミニテスト

1　表意者が真意でないことを知りながら行った意思表示は、原則として無効となる。
2　心裡留保は、相手方が悪意、または相手方に重大な過失があったときに限って、無効となる。

解答　1 × 原則は、有効です。注意です！
2 × 相手方に「重過失」ではなく「過失」があったときです。

017 虚偽表示

効果意思がない場合の２つ目は…

Q 虚偽表示って具体的には何のこと？

A 戯れ、グルのことだよ。

意義

虚偽表示（きょぎひょうじ）とは、相手方と通じて行った虚偽の意思表示をいいます。通じてはかりごとをするので、通謀虚偽表示ともいいます。簡単にいえば戯れの意思表示ですが、具体的には、ＡとＢがグルになって、売買契約を仮装する場合です。実際に、Ａの財産隠しなどの目的で行われています。Ａが土地を持っていると借金のカタに取られてしまう場合に、友人Ｂに頼んで売買を仮装して、土地をＢの所有にしてもらうような例です。

Ａは、売るつもりがないにもかかわらず売ると言います。Ｂも、買うつもりがないにもかかわらず買うと言います。つまり、表示に対応する意思がありません。心裡留保と同様、意思の不存在です。

効果

まず原則となる94条１項の規定です。原則は、登場するのがＡ、Ｂの虚偽表示の当事者２人だけの場合です。ＡとＢは仮装売買という悪いことしています。ＡもＢも売買をするつもりがないのだから、民法は効力を認めません。したがって、Ａ、Ｂという当事者間では**無効**となります（94条１項）。

これに対して、Ａ、Ｂ以外の他人が登場すると例外が生じる場合があります。次は例外となる94条２項の規定です。例えば、ＢがＡを裏切って、当該土地をＣに売却したという場合です。Ｃは当事者Ａ、Ｂ以外の他人であり、条文では「第三者」と規定しています。しかも、ＣがＡＢ間の虚偽表示の事実を知らない善意の場合です。善意の第三者が登場したらどうなるのでしょうか。つまり、当該土地が、本当は売っていないＡのものなのか、それとも何も知らないで買ったＣのものになるのかということです。民法は、当然、善意の第三者Ｃを保護します。Ａは虚偽表示という悪いことをしたからです。以上から、民法は、無効を**善意の第三者に対抗することができない**と規定しています（94条２項）。Ａは虚偽表示の無効を、Ｃには主張できないとしています。したがって、土地はＣのものになります。

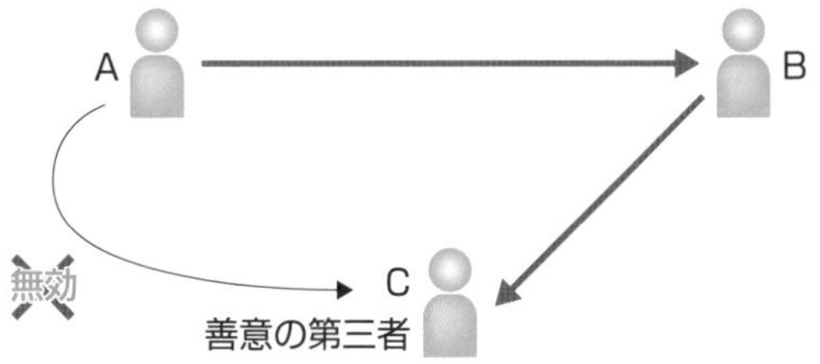

以上から、虚偽表示は、原則として無効だが、例外として、善意の第三者には対抗できないことになります。

94条2項の類推適用

ここで応用テーマを簡単に解説します。**94条2項の類推適用**というテーマです。類推適用とは、ある問題点（A）につき条文がない場合に、それと似ている条文（B）がほかにあるとき、Bという条文で問題点Aを解決することです。

例えば、虚偽ではあるが通謀が行われなかった場合でも、虚偽の登記といった外形があるときは、本来の権利者は、その外形を信頼して取引をした善意の第三者に対しては、自己の権利を主張することができなくなるのです。

判例は、不動産の真実の所有者Aが、Bの承諾なしに勝手にB名義の不実の登記を行い、その後、当該不動産がBから善意のCに譲渡された場合には、Cは、Aとの関係で善意の第三者として保護され、当該不動産の所有権を取得する、としています。

94条2項に直接書かれているのは、AB間が虚偽表示の場合です。本件については、書かれていません。が、似ています。Cを守るべきですね。このために、判例は、94条2項を類推適用したのです。

ポイント

虚偽表示（94条）

原則→無効
例外→善意の第三者には対抗できない

ミニテスト

1　相手方と通じて行った虚偽の意思表示は無効であるから、その無効は、善意の第三者に対しても対抗することができる。

解答　1　×　善意の第三者には対抗できません。

018 錯誤

錯誤は大きく分けて２種類あります

Q 錯誤って具体的には何のこと？

A 勘違い、言い間違いのことだよ。

意　義

錯誤とは、勘違い、言い間違いなどのことですが、大きく分けると、①表示に対応する意思が欠ける場合と、②動機に錯誤がある場合とに分かれます。

①は、たとえば甲土地を買おうと思っていたのに、間違って「乙土地を買う」と言ったような場合です。「乙土地を買う」という表示に対応する意思がないわけです。

意思 ──→ 表示

不一致

②は、「甲土地の近くに新駅ができるから甲土地を買おう」と思って「甲土地を買う」と言ったが、実は新駅の計画はなかったような場合です。この場合、「甲土地を買う」意思で、そのような表示をしています。したがって、意思と表示には不一致はありません。しかし、「甲土地を買おう」と思った動機のところに勘違いがあります。

動機 ──→ 意思 ──→ 表示

錯誤あり

効　果

錯誤による意思表示は、取り消すことができます（95条１項）。無効ではなく取消しとされているのは、表意者を保護する制度だからです。無効は原則として誰でも主張できますが、取消しは表意者本人や代理人など一定の人に限りすることができ、相手方はすることができません。錯誤の場合、表意者側からだけ効力を否定できればよいので、取消しとされているのです。

ただし、些細な勘違いの場合まで取消しを認める必要はありません。例えば、表意者が心の中では１億円で買おうと思っていたのに、計算間違いをして１億１円で買うといったとします。このような小さな間違いであれば、契約を有効なままにしても表意者にとって酷とはいえません。そこで、契約目的や一般常識から判断して重要な勘違いの場合にだけ取り消すことができるとされています（95条１項）。

また、②の動機の錯誤では、動機が相手方に表示されたことも取消しの要件になっています（95条１項２号）。

以上のように、重要な錯誤（＋動機の表示）があれば取り消すことができます。しかし、表意者がほんのちょっと注意すれば勘違いを防げたような場合には、表意者を保護する必要がありません。そこで、錯誤が表意者の重大な過失によるものであった場合は取り消すことができないとされています(95条3項)。たとえば、弁護士がろくに内容を見ないで書類にサインした場合が考えられます。プロとしてあまりに不注意だからです。ただし、①相手方が表意者に錯誤があることを知り、または重大な過失によって知らなかったとき、②相手方が表意者と同一の錯誤に陥っていたときは、表意者は重過失があっても取り消すことができます。①は、相手方が悪意等なので、表意者の保護を優先してかまわないからです。②は、相手方も新駅ができると勘違いしていたような場合です。相手方も勘違いして契約しているので、契約を有効なままにしておく必要性が低いのです。

では、第三者が登場した場合はどうでしょうか。民法は、錯誤による取消しは、善意で過失のない（＝善意無過失）第三者に対抗することができないとしています（95条4項）。心裡留保や虚偽表示の場合と違うのは、第三者に無過失まで要求している点です。心裡留保や虚偽表示の場合には嘘を言った表意者が悪いので、第三者は広く保護されます。これに対し、錯誤の場合には、表意者は勘違いしただけで、それほど悪くはないので、第三者の保護範囲を絞って、表意者と第三者とのバランスをとっているのです。

ポイント

錯誤（95条）

原則→①意思表示に対応する意思を欠く錯誤、または、②表意者が法律行為の基礎とした事情についてのその認識が真実に反する錯誤（動機の錯誤）で、その錯誤が法律行為の目的および取引上の社会通念に照らして重要なものでるときは、取り消すことができる。②の場合は、その事情が法律行為の基礎とされていることが表示（動機の表示）されていることも必要である。

例外→表意者に重過失がある場合、次の①②のときを除き、取り消すことができない。
①相手方が悪意または善意重過失
②相手方も同一の錯誤に陥っている

ミニテスト

1 意思表示に対応する意思を欠く錯誤があり、その法律行為の目的等に照らして錯誤が重要なものであるときは、その意思表示は、原則として無効である。

2 錯誤による取消しは、善意の第三者に対抗することができない。

解答 1 × 無効ではなく取消しです。
2 × 善意ではなく善意無過失です。善意でも過失のある第三者には対抗することができます。

019 詐欺

瑕疵ある意思表示の１つ目は…

Q 騙されたら、どうすればいいの？
A 取り消せばいいんだよ。

瑕疵ある意思表示

他人の詐欺・強迫によって行われた意思表示のことです。例えば、Bに騙されたAが土地を売る場合です。Aの内心は、騙されたにしても売ろうと思っています。表示に対応する意思はあるので、意思の不存在とは別のグループです。ただし、完全に有効とは考えないのは、効果意思を形成する過程に瑕疵、キズがあるからです。完全に自由な意思決定ではなく、騙されて売ろうと思ったということです。そこで、**瑕疵ある意思表示**と呼びます。

> ➡ 効果意思＝表示行為
> 瑕疵あり

意　義

詐欺とは、他人を欺いて錯誤に陥れることをいいます。例えば、BがAを騙して、土地を安く買い取るような場合です。詐欺による意思表示です。

効　果

まず原則となる96条１項です。民法は詐欺の被害者であるAを保護します。Aは、**取り消す**ことができます（96条１項）。

次は例外です。96条２項と３項の２つの例外があります。

２項は、**第三者による詐欺**の場合です。第三者による詐欺は、騙すのが相手方B以外の場合です。例えば、第三者DがAを騙して、騙されたAが相手方Bに土地を売るという場合です。Bの立場に立って考えるとわかりやすい内容です。後から、実はDに騙されていたから取り消すといわれたらたまりません。そこで、民法は、**相手方がその事実を知っていたか、知ることができたときに限り、取り消すことができる**としました（96条２項）。逆に、相手方が善意無過失であれば取り消せません。

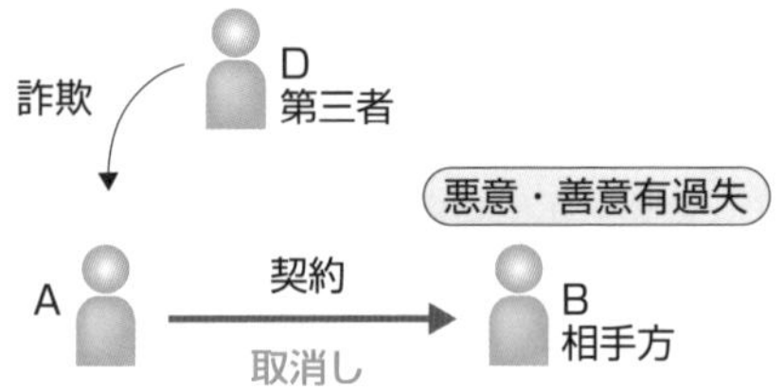

３項は、**善意無過失の第三者**が登場する場合です。BがAを騙して土地を

買い、それをCに転売したが、CがAB間の詐欺の事実を過失なく知らない（善意無過失）の場合です。土地をめぐる争いは、虚偽表示の場合とは違って、詐欺の被害者であるAを守るのか、それとも何も知らないで買ったCを守るのかという、非常にデリケートなバランシングになります。この点、確かにAは被害者ですが、詐欺の被害者には騙されて迂闊であるという落ち度があります。これに対し、Cは何も知らないで買っている以上、全く落ち度がありません。そこで、民法はCを保護しました。詐欺による取消しは、**善意無過失の第三者に対抗することができない**としたのです（96条3項）。

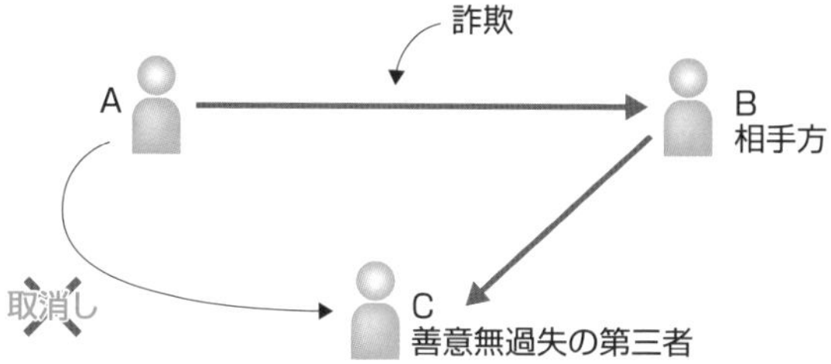

以上から、詐欺による意思表示は、原則として取消しできるが、例外として、まず、第三者による詐欺の場合には、相手方が悪意または善意有過失のときに限って取り消しができる。次に、取消しを善意無過失の第三者には対抗できないことになります。

ポイント

詐欺（96条）

原則→取消しできる
例外→第三者の詐欺の場合、相手方が悪意または善意有過失のときのみ取消しできる
→善意無過失の第三者には対抗できない

ミニテスト

1 相手方に対する意思表示について第三者が詐欺を行った場合においては、相手方がその事実を知っていたときに限り、その意思表示を取り消すことができる。
2 善意の第三者が登場した場合、詐欺による取消しは、善意無過失の第三者にも対抗することができる。

解答 1 × 相手方が知ることができたときも、取消し可能です。
2 × 詐欺取消しは、善意無過失の第三者には対抗できません。次の強迫との違いに注意です。

020 強迫

瑕疵ある意思表示の２つ目は…

Q **おどかされたら、どうすればいいの？**

A 取り消せばいいんだよ。

意　義

強迫とは、他人に害意を示して恐怖の念を生じさせることをいいます。例えば、BがAをおどかして、土地を安く買い取るような場合です。「強」という漢字に注意が必要です。刑法の脅迫罪の「脅」とは違います。

Aは、おどかされてはいても売ろうと思っています。表示に対応する意思はあります。しかし、完全に自由な意思決定ではなく、おどかされて売ろうと思ったので、詐欺と同様、瑕疵ある意思表示です。

効　果

強迫による意思表示は、**取り消す**ことができます。

強迫には、詐欺の場合のような例外はありません。なぜなら、瑕疵ある意思表示に関する民法96条は、次のように規定しているからです。

> １項　詐欺又は強迫による意思表示は、取り消すことができる。
>
> ２項　相手方に対する意思表示について第三者が詐欺を行った場合においては、相手方がその事実を知り、または知ることができたときに限り、その意思表示を取り消すことができる。
>
> ３項　前２項の規定による詐欺による意思表示の取消しは、善意でかつ過失がない第三者に対抗することができない。

つまり、強迫については、１項にしか規定がないのです。そこで、２項と３項を反対に解釈して、この２つの例外はないと考えるのです。

したがって、まず、**第三者による強迫**の場合にも、相手方の善意・悪意を問わずに、取り消すことができます。

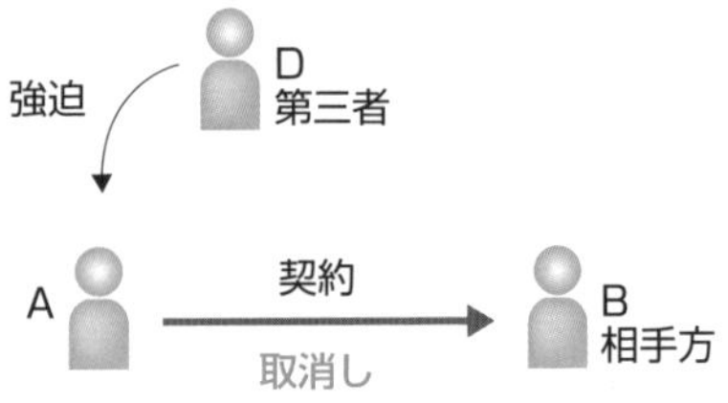

次に、**善意無過失の第三者**が登場した場合でも、善意無過失の第三者に取

消しを対抗することができます。

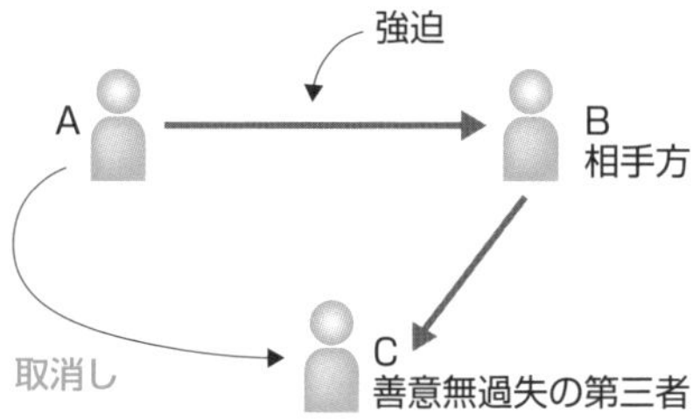

このように民法は、騙された者よりも、おどかされた者を強く保護しているのです。騙されたAは迂闊だという落ち度があるが、おどかされたAはとてもかわいそうなので、例外なく取消しをさせてあげようと考えたのです。

ポイント

強迫（96条）
→取消しできる

93条～96条のまとめ

心裡留保（93条）	原則：有効 例外：相手方が悪意・過失の場合は無効→善意の第三者には無効対抗×
虚偽表示（94条）	原則：無効 例外：善意の第三者には無効対抗×
錯誤（95条）	原則：重要な錯誤（＋動機の表示）取消し可 例外：❶重過失ある表意者は原則として取消し× ❷善意無過失の第三者には取消対抗×
詐欺（96条）	原則：取消し可 例外：❶第三者の詐欺の場合、悪意・善意有過失の相手方にのみ取消し可 ❷善意無過失の第三者には取消し対抗×
強迫	取消し可

ミニテスト

1　強迫による意思表示は、無効となる。
2　相手方に対する意思表示について第三者が強迫を行った場合においては、相手方がその事実を知っていたか、知ることができたときに限り、その意思表示を取り消すことができる。
3　強迫による意思表示の取消しは、善意無過失の第三者に対抗することができない。
4　強迫による意思表示は、取り消すことができる。

解答
1 × 無効ではなく、取消しです。
2 × 第三者の強迫では、相手方の善意・悪意を問いません。
3 × 善意無過失の第三者にも対抗できます。
4 ○

021 代理

代理は、他人が代わりに行動することです

Q 代理には種類があるの？
A 法定代理と任意代理の２種類あるよ。

代理制度

代理とは、代理人が本人のためにすることを示して、相手方に対して意思表示をすることによってその法律効果を直接本人に帰属させる制度です。本人の代わりに他人に仕事をさせて、その結果を本人が受けるものです。

例えば、不動産を買いたい者が、不動産業務に詳しい友人に頼んで代わりに買ってもらうように、社会取引関係が複雑になり、その規模や範囲が拡大、発展してくると専門的知識、技術を有する者の助力、協力が必要となります。

ほかにも、例えば、成年被後見人の代わりに成年後見人が売買契約をするように、行為能力が不十分な者のために後見人などが代わって行為をしてやる必要があります。

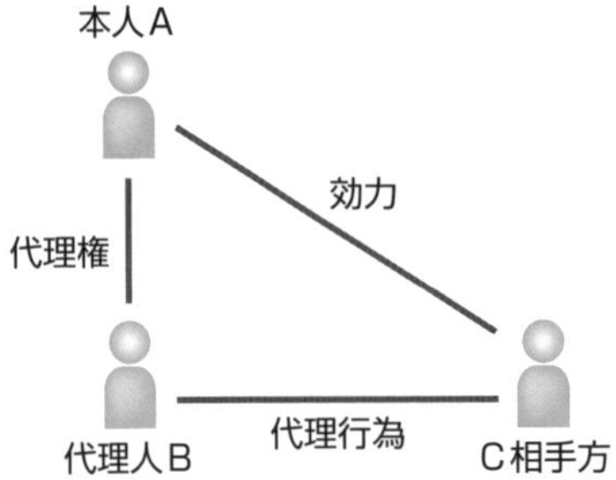

登場人物は、本人A、代理人B、相手方Cという３人になります。例えば、家を買いたい本人A、その代理人となるB、家の売主となる相手方Cです。

代理では、このように本人、代理人、相手方の３人が登場しますので、「本人と代理人」「代理人と相手方」「本人と相手方」の三面関係が成立することになります。

法定代理と任意代理

代理は、その発生原因、つまり代理権の与えられ方によって、２種類に分かれます。

まず、法定代理とは、法律によって代理権が与えられる代理です。法が定めた代理というニュアンスです。例えば、未成年者の親権者、成年被後見人の成年後見人です（818条、859条）。例えば、成年被後見人の保護者である成年後見人には、代理権があると民法が定めています。つまり、法定代理人です。

次に、任意代理とは、本人の代理権を授与する行為＝授権行為によって代理権が与えられる代理です。本人が任意、自由に選ぶ代理というニュアンスです。例えば、Aが友人Bに不動産売買の代理権を与えるなどです。Bを任意代理人といいます。

代理人の権限・範囲

代理人の権限、つまり代理人に何ができるかについては、法定代理の場合は、法律の規定によって決めています。任意代理の場合は、授権行為で決めます。

ただし、代理権の範囲が不明な場合や定めなかった場合は、代理人は次の行為しかすることができません。

保存行為（現状維持の行為）
利用行為（収益を図る行為）
改良行為（経済的価値を増加させる行為）

例えば、保存行為という現状をそのまま維持する行為はできます。家屋の修繕が典型例です。雨漏りしていたので、屋根を修理するなど。

ポイント

法定代理
→法律によって代理権が与えられる代理

任意代理
→本人の授権行為によって代理権が与えられる代理

ミニテスト

1 代理とは、代理人が本人のためにすることを示して、相手方に対して意思表示をすることによってその法律効果を直接本人に帰属させる制度である。
2 代理は、その発生原因によって、法律によって代理権が与えられる任意代理と、本人の代理権を授与する行為によって代理権が与えられる法定代理の2種類に分かれる。
3 代理人の権限については、法定代理の場合は法律の規定で、任意代理の場合は授権行為で決める。
4 代理権の範囲が不明な場合や定めなかった場合には、代理人は現状を維持する保存行為しかすることができない。

解答
1 ○
2 × 任意代理と法定代理が逆です。
3 ○
4 × 保存行為のほかに、利用・改良行為もできます。例えば、家屋に電気ガスを通すなどです。

022 代理権

本人と代理人の関係です

Q 代理権って何？
A 他人が代わって行える権利だよ。

代理権の制限

代理人の代理権が制限される場合があります。

①共同代理

共同代理とは、複数の代理人がいるが、すべての代理人が共同してのみ代理行為ができる場合です。勝手に１人だけで代理行為はできないという制限です。

例えば、未成年者の父母共同親権です。親権者は父母２人ですが、この場合、共同しないと親権を行使できません。

②自己契約と双方代理の禁止

同一の法律行為の当事者の一方が相手方の代理人となることを、**自己契約**といいます。また、同一人が同一の法律行為の当事者双方の代理人となることを、**双方代理**といいます。どちらも代理人が一人二役のケースです。

自己契約

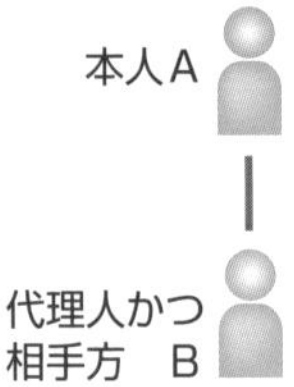

双方代理

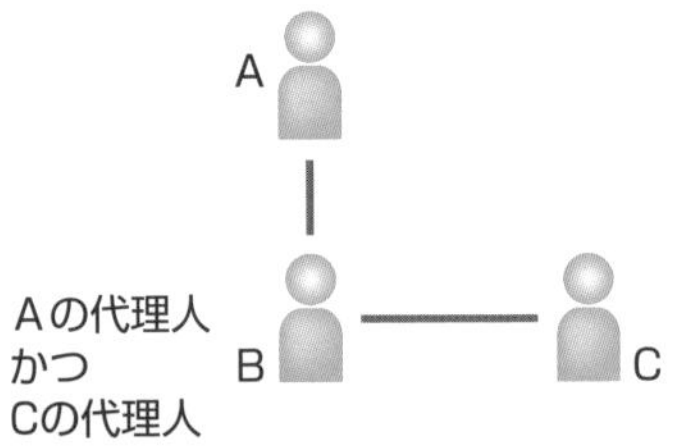

自己契約は、代理人Ｂが契約の相手方にもなるというケースです。自分１人で契約してしまうので自己契約といいます。例えば、Ｂが自分の時価100万円の家を1000万円で売る契約をするなど、Ｂの好きなように契約されてしまい、本人Ａの利益が害されるおそれが高いので、原則的に無権代理になります。双方代理は、代理人ＢがＡとＣ双方の代理人になるというケースです。これも、Ｂの好きなように契約ができてしまい、ＡとＣのどちらかが害されるおそれが高いので、原則的に無権代理になります。

例外として、本人があらかじめ許諾した行為などであれば、許されます。自己契約であればＡが、双方代理であればＡとＣが、許諾していた場合なら有効な代理になります。

代理権の消滅

代理権は、次の場合に消滅します。

法定代理	本人の死亡 代理人の死亡、破産手続開始の決定・後見開始の審判を受けたこと
任意代理	本人の死亡、破産手続開始の決定 代理人の死亡、破産手続開始の決定・後見開始の審判を受けたこと

重要なのは、法定代理の場合＝法定・任意代理の共通の消滅原因です。本人の死亡と、代理人の死亡、破産手続開始の決定・後見開始の審判の4つです。破産は、自分の財産が管理できない者に他人を代理させないため、後見開始は、成年被後見人は自分の行為さえできないからです。ゴロ合わせで、覚えましょう！「本人が死亡した。代理人が破産し、死亡したのを、後で見にいった。」

ポイント

代理権の制限

共同代理
自己契約と双方代理の禁止（108条）

代理権の共通消滅原因（111条1項）

本人の死亡
代理人の死亡、破産手続開始の決定・後見開始の審判

ミニテスト

1　複数の代理人がいるが、すべての代理人が共同してのみ代理行為ができる場合を共同代理といい、未成年者の父母共同親権が具体例である。
2　同一の法律行為の当事者の一方が相手方の代理人となることを、双方代理という。
3　自己契約と双方代理であっても、本人があらかじめ許諾した場合は有効な代理になる。
4　法定代理の代理権は、本人の死亡、破産手続開始の決定、および代理人の死亡、破産手続開始の決定・後見開始の審判によって、消滅する。

解答　1 ○
2 × 自己契約です。間違えやすいので注意しましょう。
3 ○
4 × 法定代理では、本人が破産手続開始の決定を受けても消滅しません。任意代理との違いに注意です。

023 代理行為

代理人と相手方の関係です

Q 代理行為って何？
A 他人が代わって行う行為だよ。

顕　名

代理人が代理行為として相手方に意思表示するには、本人のためにすることを示さなければなりません。この「本人のためにすることを示すこと」(99条）を、名をあらわすと書いて顕名（けんめい）といいます。顕名することによって直接本人に対して意思表示の効果が生じます。BがCと契約する場合に、自分は代理人です、自分は本人Aのために行動しています、ということを示します。具体的には、契約書などに「A代理人B」と書くのです。

では、顕名しなかった非顕名の場合はどうなるでしょうか。Bが言い忘れたような場合です。相手方Cの立場になって考えると、自分の相手はBだと思っています。したがって、代理人が本人のためにすることを示さないでした意思表示は、自己＝代理人のためにしたものとみなされます。

ただし、以前に契約したことがある場合など、相手方Cが、BがAのために行動していることを知っていたり、あるいは知ることができたとき（過失で気づかなかったとき）は、例外です。この場合には、顕名がなくても、本人に対して直接に意思表示の効果が生じます。

非顕名の場合

原則→自己（代理人のこと）のためにしたものとみなす。

例外→相手方が、代理人が本人のためにすることを知り、または知ることができたときは、本人に対して直接にその効力を生じる。

代理人の能力

制限行為能力者が代理人としてした行為は、原則として、行為能力の制限を理由に取り消すことができません(102条本文)。例えば、親Aが未成年の子Bを代理人として選んだ場合、BがAの代理人としてした契約は取り消すことができません。つまり、制限行為能力者も、代理人としてであれば一人前に契約できるのです。

なぜ、代理人は制限行為能力者でもよいのでしょうか。まずBについて考えると、代理の効力はすべてAに生じるので、もしマイナスが生じてもAに対してです。Bは代理人として行動するだけで何らマイナスはありません。未成年者の稚拙な行為によって損害を受けるとしたらAですが、これは自己責任の論理で説明できます。Aがそれが嫌であれば、はじめから未成年者を代理人に選ばなければ良いのです。

ただし、制限行為能力者が他の制限行為能力者の法定代理人としてした行為は、行為能力の制限を理由に取り消すことが可能です（102条ただし書）。法定代理人は本人から選ばれたわけではないので、法定代理人の稚拙な行為の責任を本人が負担させられるいわれがないからです。

代理行為の瑕疵

代理行為に意思の不存在・錯誤・詐欺・強迫・悪意・過失があるかどうかは、代理人について決定するのが原則です。

例えば、相手方Cが詐欺を行った場合に、騙されたかどうかは、代理人Bを基準に決めるということです。本人Aは、実際に行動しているわけではなく、実際に行動しているのは代理人だからです。

代理行為の効力

これは、本人と相手方の関係です。

代理人が相手方とした法律行為の効果は、直接本人に帰属します。すなわち、効力は本人に生ずるということです。

代理人Bが相手方Cから家を買ったという例で考えると、売買契約の買主になるのは、本人Aだということです。Bではありません。つまり、AがCから家を渡してもらえます。また、AがCに代金を払います。

なお、取消権なども本人に帰属します。例えば、代理人Bが相手方Cから騙された場合、詐欺の取消権も本人Aにあるということです。

ポイント

代理行為

原則、顕名（99条、100条）
瑕疵は、代理人を基準に決定（101条）
効力は、直接本人に帰属（99条）

ミニテスト

1 制限行為能力者が代理人としてした行為は、行為能力の制限を理由に取り消すことができる。

解答 1 × 原則としては、取り消せません。

024 復代理

代理人がさらに代理人を選任すると…

Q 復代理って何？

A 代理人がさらに代理人を選ぶ場合だよ。

意　義

復代理とは、代理人がさらに代理人を選任する形態です。本人Ａ、代理人Ｂとして、Ｂがさらに代理人Ｄを選任する場合です。例えば、Ａが家を買うために、友人Ｂを代理人としたところ、Ｂがさらに D を代理人に選任して、Ｄが相手方Ｃから家を買うといった場合です。代理人が、自分の権限内の行為を行わせるため、自分の名でさらに代理人を選任して本人を代理させます。「また」という意味で「復」の字を使います。

代理人によって選任された代理人Ｄを**復代理人**といい、復代理人を選任する権限を**復任権**といいます。

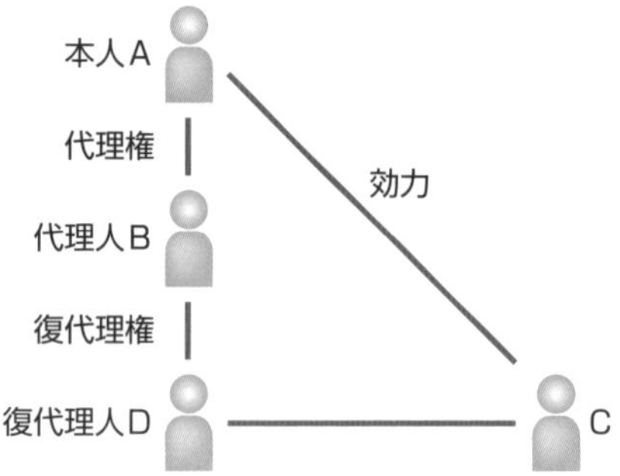

復代理人の選任

復代理人の選任の要件、つまり復任権の範囲は、任意代理と法定代理で大きく異なります。

任意代理は、Ｂだから選んだという、本人Ａの意思に基づく代理です。これに対して法定代理は、法律で決まっているだけです。それゆえ、復任権の狭い、広いという違いが生じます。任意代理の場合には、勝手に復任されたらたまらないので、復任権は非常に狭くなります。原則的には認めず、本人の許諾を得たときと、やむを得ない事由（本人行方不明など）があるときの２つの場合しか復任できません。これに対して、法定代理は、非常に広くなります。常に、自由に復任できるのです。

復任した場合の代理人の責任

復代理人を選んだ場合、代理人は復代理人の行為について本人に対して責任を負います。まず、法定代理人は、復代理人の行為について全責任を負うのが原則です。法定代理人は自由に復任できる代わりに、重い責任を負うのです。ただし、急病などやむを得ない事由によって復代理人を選任したときは、復代理人の選任と監督についてのみ責任を負います。やむを得ない場合なので、責任が軽くなるのです。これに対し、任意代理人の場合には特別の規定がないので、債務不履行の規定に従って責任を負います。

復代理の法律関係

復代理人は、直接本人を代理します。復代理人は、代理人の代理人ではなく、本人の代理人です。復代理人は本人の名において代理行為をし、その効果は直接本人に帰属します。

そして、復代理の代理権は、代理人の代理権を前提にするので、その権限も代理人の代理権の範囲内に限られます。したがって、代理人が代理権を失えば、復代理人も代理権を失います。

しかし、代理人は、復代理人選任後も代理権を失いません。つまり、代理人と復代理人は、ともに本人を代理することになります。復任は、代理権の譲渡ではないからです。

ポイント

	任意代理	法定代理
復任できる場合	本人の許諾 やむを得ない事由　（104条）	常に　（105条）
代理人の負う責任	特別な規定なし（債務不履行の規定に従う）	原則、すべて やむを得ない事由のときは選任・監督のみ　（105条）

ミニテスト

1　代理人によって選任された代理人を復代理人といい、復代理人を選任する権限を復任権という。
2　法定代理の場合には、本人の許諾を得たときと、やむを得ない事由があるときにしか復任できない。
3　復任した場合の代理人の責任は、任意代理では、原則として全責任を負うことになる。
4　復代理人は、代理人の代理人である。

解答　1 ○
2 × 任意代理の場合です。
3 × 法定代理の場合です。
4 × 本人の代理人です。

025 無権代理

代理権がないのに代理行為が行われると…

Q 無権代理って何？

A 代理権がないのに代理が行われる場合だよ。

意　義

無権代理とは、代理人に代理権が与えられていないのに代理行為が行われる場合です。

代理「権」が「無」い代理なので、無権代理です。Bには代理権がないので、**無権代理人**といいます。例えば、Bが、本人Aの代理権がないにもかかわらず、代理人と称して、相手方Cからお金を借りる場合です。

無権代理の場合には、原則的に効力は生じません。ここで効力が生じないとは、一般的な無効というわけではなく、次に説明する追認や追認拒絶があって、初めて有効・無効が確定するという、効果が不確定の状態にあることをいいます。

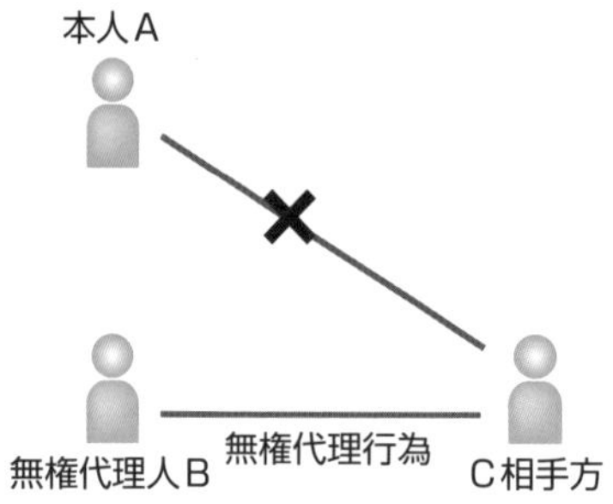

本人の権利

本人は、無権代理人の行った行為を追認することもできるし、それを拒絶することもできます。本人の権利は、**追認権**あるいは**追認拒絶権**です。

通常は、追認を拒絶と考えられます。追認を拒絶すると無効な代理行為として確定します。

しかし、無権代理人BがAの子どものような場合に、親が子どもの不始末の尻拭いをすることがあります。そこで、Aは追認することもできます。追認したときは、契約の時にさかのぼって本人に効果が帰属、つまり有効な代理行為として確定します。この追認は、相手方・無権代理人のどちらにしても構いませんが、無権代理人にした場合には、相手方がその事実を知るまでは、相手方には追認したことを対抗できません。なお、追認には遡及効があるのが原則です。認めた以上は、最初から有効だったと扱われます。

相手方の権利

相手方の権利は、2つあります。追認するかどうかの**催告権**と、善意の場合の**取消権**です。

まず、催告権です。相手方は、本人に対し、相当の期間を定めて、その期間内に追認をするかどうかを確答するように催告することができます。例えば、1週間以内に返事をください、と促すことです。その期間内に本人が確答をしない場合は、追認を拒絶したものとみなされます。

次に、相手方は、本人の追認があるまでは、無権代理人のした契約を取り消すことができます。ただし、相手方は契約時に、無権代理人に代理権がなかったことについて善意でなければなりません。無権代理ということを知っていた場合に、後で取り消すのであれば、最初から契約しなければよいからです。

無権代理人の責任

無権代理人は、自分の代理権を証明できず、かつ、本人の追認を得られなかった場合は、相手方の選択に従って、契約自体の**履行責任**か、または**損害賠償責任**を負います。悪いのは無権代理人だからです。

この責任は、無権代理人が自分で無権代理だと知っていた場合は、相手方が善意のときに成立します。無権代理人が無権代理だと知らなかった場合は、相手方が善意無過失のときに限られます。無権代理人が制限行為能力者であった場合は、この責任は成立しません。

ポイント

本人の権利（113条）	追認権または追認拒絶権
相手方の権利 （114条、115条）	催告権 取消権（相手方は善意）
無権代理人の責任（117条）	履行責任または損害賠償責任 （無権代理人が悪意→相手方は善意） （無権代理人が善意→相手方は善意無過失）

ミニテスト

1 相手方は、善意の場合に限って、本人に催告することができる。
2 相手方は、善意・無過失の場合に限って、取り消すことができる。
3 相手方は、善意・無過失の場合に限って、無権代理人の責任を追及することができる。

解答
1 × 催告は、悪意の場合にもできます。
2 × 善意であれば、過失があってもできます。
3 × 無権代理人が悪意であれば、善意・有過失（善意だが過失のある）の相手方もできます。

026 表見代理

無権代理の一種ですが…

Q 表見代理って何？

A 表面的に見れば、普通の代理のような場合だよ。

意義

無権代理には、本人と自称代理人（無権代理人）との間に特殊な事情があることから、本人に責任を負わせることが妥当とされる場合があります。これをとくに**表見代理**と呼びます。「表」面的に「見」れば通常の代理と同じという意味で、表見代理です。

表見代理は、無権代理の一種ですが、A・B間に特殊な関係、一定の事情がある場合です。次の3つの場合に、無権代理であるにもかかわらず、相手方保護のために、本人に効果を帰属させて、有効とする制度です。

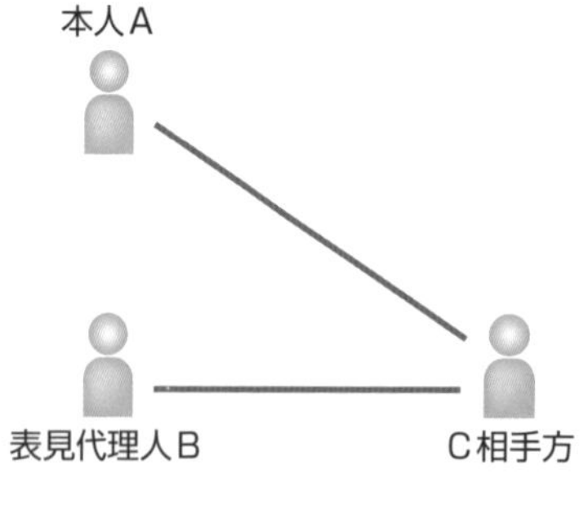

代理権授与表示による表見代理

本人が第三者（相手方）に対して、他人に代理権を与える旨を表示したが、実際には代理権を与えていなかったという場合です。

例えば、AがCに、Bを自分の代理人に選任するといいます。つまり、**代理権授与表示**をしました。ところが、事情が変わって、代理権を与えなかった。それにもかかわらず、BがAの代理人と称してCからお金を借りた、という場合です。

この場合、Cが、当該事情を知らず（善意）、かつ不注意もない（無過失）としたら、Cから表面的に見れば、通常の代理と何ら変わりません。そこで、Cを保護するために、Aに責任を負わせます。Aからお金を返してもらえるのです。

なお、代理人として表示された者が、表示された代理権の範囲を超える行為をした場合でもかまいません。例えば、Aが「Cからお金を借りる権限をBに与えた」と表示したところ、BがDからお金を借りた場合です。

権限外の行為の表見代理

何らかの代理権（基本権限）を有する者が、その**権限外の行為**をした場合に、相手方が、その権限外の行為を権限内の行為であると信じ、そう信じることについて正当な理由（＝善意・無過失）がある場合です。

例えば、Bが、100万円までお金を借りられる代理権であったにもかかわらず、1000万円借りたという場合が典型です。このように権限外の行為が行われた場合に、Cがそれを知らず、かつ不注意がない、つまり正当な理由があるというときは、Aは責任を負います。Aは1000万円を返さなければなりません。なお、権限外の行為は、基本権限がお金を借りるという権限であったのに、家を売ってしまうなど、質的な逸脱でも構いません。何らかの基本権限があって、それ以外のことを行うということです。

代理権消滅後の表見代理

代理権消滅後に、なお代理人として行為をした場合に、相手方が、代理権の消滅について善意・無過失であった場合です。例えば、以前Aの代理人であったBが、代理人としてCからお金を借りた場合です。Cが、代理権が消滅していることを知らず、かつ、不注意もなければ、Aは責任を負います。

代理権が消滅した者が、与えられていた代理権の範囲を超える行為をした場合でもかまいません。例えば、100万円まで借りる代理権を与えられた者が、代理権の消滅後に代理人と称して1,000万円を借りた場合です。

効　果

表見代理も無権代理の一種ですから、相手方は、表見代理を選択せずに、無権代理人の責任（117条）を追及することもできます。

ポイント

❶代理権授与表示（109条）
→本人が第三者に対して、他人に代理権を与える旨を表示したが、実際には代理権を与えていなかった場合
❷権限外の行為（110条）
→何らかの代理権を有する者が、その権限外の行為をした場合
❸代理権消滅後（112条）
→代理権消滅後に、なお代理人として行為をした場合

ミニテスト

1　表見代理によって保護される相手方は、善意無過失でなければならない。

解答　1 ○

027 条件・期限

日常的にも使う言葉ですが…

Q 条件って何？
A もし～したら、という意味だよ。

条　件

条件とは、法律行為の効力の発生または消滅を、将来の発生「不確実」な事実にかからせる付随的な意思表示です。

例えば、○○試験に受かったら車をあげる、などが条件の典型例です。つまり、試験に受かるのは将来です。そして、試験なので、合否は確実ではありません。

条件の種類には、停止条件と解除条件の２つがあります。停止条件は、法律行為の効力の「発生」に関する条件です。解除条件は、法律行為の効力の「消滅」に関する条件です。

条件成就によって権利が発生する条件を停止条件といいます。前記の例です。試験に受かれば車がもらえるので、車をもらうという権利が発生します。このように法律用語で停止とは、発生という意味になります。発生する時まで停止、ストップしているから、というニュアンスです。

条件成就によって権利が消滅する条件を解除条件と呼びます。暗い例になりますが、試験に落ちたら仕送りを止める、といった場合です。解除条件の解除は、消滅という意味です。

期　限

期限とは、法律行為の効力の発生または消滅を、将来の発生「確実」な事実にかからせる付随的な意思表示です。条件と違って、将来でも確実な事実にかけます。

仮に、今は４月１日とします。この場合に、５月１日から採用する、などが期限の典型例です。つまり、５月１日は将来です。そして５月１日は確実にきます。

①期限の種類

期限の種類には、まず、始期と終期があります。条件でいう停止と解除に相当します。５月１日から採用するという例は、その時点から権利が発生するので、始期といいます。始まるという字です。逆に、４月30日で解雇するという例であれば、その時点で働く権利が消滅するので、終期といいます。終わりという字です。

さらに、別の分類として、確定期限と不確定期限があります。到来する時期が確定、つまり決まっている期限を確定期限といいます。前記の例です。4月30日、5月1日のように時期が決まっています。これに対して、到来することは確実だが、その時期が不確定な期限を不確定期限といいます。典型例は、「自分が死んだら土地をあげる」などです。人間は誰でも必ず死亡するので、到来することは確実です。ただ、それがいつかは決まっていません。

②期限の利益

民法は、期限は債務者（義務者）の利益のために定めたものと推定される、**期限の利益**は、放棄することができる、と規定しています。

例えば、AがBに100万円貸して、Bが1か月後に返すという契約をした場合に、1か月間借りているメリット、1か月間返さなくてよいというメリットは、通常、借主Bの側にあると考えられます。そこで、期限は債務者の利益のために定めたと推定したのです。

そうだとすると、そのメリットを放棄して、今、100万円返すこともできるはずです。期限前支払いです。これが、期限の利益は放棄できる、という意味です。

ポイント

ミニテスト

1 将来、到来することは確実だが、その時期が不確定なものを、条件という。
2 停止条件は法律行為の効力の消滅に関する条件であり、解除条件は法律行為の効力の発生に関する条件である。
3 期限は債権者（権利者）の利益のために定めたものと推定される。

解答 1 × 不確定期限といいます。
2 × 停止条件と解除条件が逆です。
3 × 債務者です。

028 取得時効

民法の時効は、権利が、取得されたり消滅してしまうものです

Q 取得時効の期間は何年？

A 原則として、20年だよ。

時効制度の意義

時効制度とは、一定の事実状態が永年にわたって継続する場合に、その状態が真実の権利状態に合致しているかどうかを問わずに、その事実状態通りに権利の得喪を認める制度です。権利が取得される取得時効と、権利が消滅する消滅時効の２つがあります。

所有権の取得時効

取得時効の中心となるのは、所有権の取得時効です。例えば、Ａはある土地の所有者ですが、Ａ不在に目をつけたＢが、勝手にこの土地に住みつき、土地を占有、つまり事実上支配します。これが20年も続いた場合に、Ｂがその土地の所有権を取得できるという制度です。権利を取得するので、取得時効といいます。

取得時効

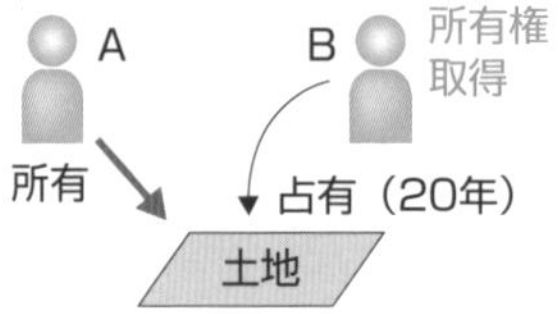

消滅時効

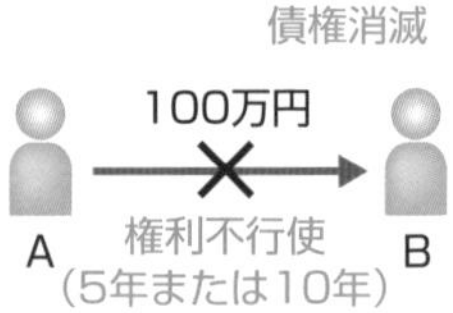

所有権を時効によって取得するためには、①占有態様、つまりどのような占有が、②占有期間、何年間必要か、という２つの要件が必要になります。

①所有の意思をもって、平穏に、かつ、公然と他人の物を占有すること

第１は、所有の意思です。所有の意思のある占有（＝自主占有）でないと所有権を時効取得できません。持ち主だという意思です。この所有の意思の有無は、占有取得の原因によって外形的、客観的に判断します。したがって、買主等には所有の意思がありますが、賃借人等には所有の意思がない（＝他主占有）ため、所有権を時効取得できません。

第２は、平穏かつ公然です。穏やかに、堂々と、という意味です。逆に、奪い取ったなどの凶暴なものや、秘密のものではダメです。

第３は、他人の物です。条文上は、「他人の物」という典型例を規定しています。しかし、売主・買主間で、所有権をめぐる争いが起きた場合に、買主が自己の物について時効を主張して、自分の所有物だと主張してもよいはずです。そこで、判例は、自己の物でも構わないとしています。自己の物でも時効取得を主張できます。

②占有期間は原則20年、占有開始時に善意・無過失であれば10年

時効期間の原則は、20年です。Ｂが勝手に住みついた最初の例です。

ただし例外として、10年で時効が完成する場合もあります。例えば、ＢがＡから土地を買ったところ、買ったのは甲土地だったのに、間違えて乙土地を占有していた場合です。この場合に、占有の開始時点で自分に乙土地の所有権がないことを知らず、かつ、不注意もないときには、10年で時効が完成します。なお、占有開始時に善意・無過失であれば、途中から悪意になったとしても10年です。

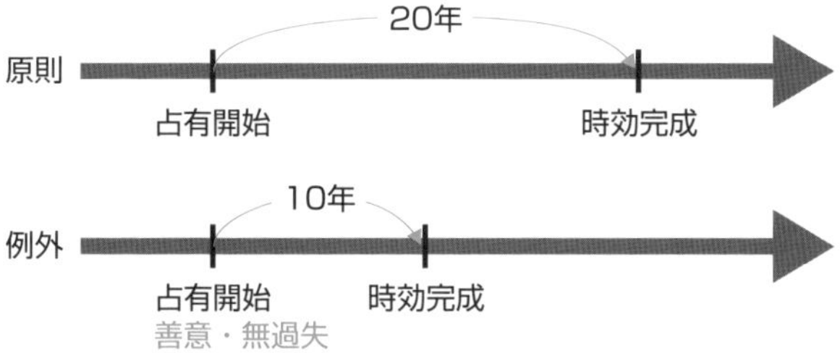

所有権以外の財産権の取得時効

所有権以外の財産権を、自己のためにする意思をもって、平穏に、かつ、公然と行使する者は、原則として20年で、行使の開始時に善意・無過失なら10年で、その権利を取得します。

ポイント

所有権の取得時効の要件（162条）

所有の意思をもって、平穏かつ公然と、物を、原則20年（占有開始時に善意・無過失なら10年）占有

ミニテスト

1　所有権の取得時効に必要な期間は、原則として［ア］年であるが、例外として、占有開始時に善意・無過失のときは、［イ］年である。

解答　1 空欄には、［ア 20］［イ 10］が入る。

029 消滅時効

民法の時効は、権利が、消滅または取得されるものです

Q 消滅時効の期間は何年？

A 原則として、５年か10年だよ。

消滅時効の意義

消滅時効の中心となるのは、債権の**消滅時効**です。

例えば、ＡがＢに100万円を貸し、すでに弁済期が来ているのに、Ａは返せと言いません。この権利の不行使が５年か10年続いた場合に、Ａの100万円を返せといえる債権が消滅します。権利が消滅するので、消滅時効といいます。

「権利の上に眠る者は保護せず」という法諺（法のことわざ）があります。Ａは100万円を返せと言えたにもかかわらず、権利行使をせずに、眠っているようなものです。そんな権利者は保護しない、という意味です。

消滅時効の要件は、権利の不行使と、消滅時効期間の２つです。

権利の不行使

典型例は、債権を行使しないことです。ＡがＢに100万円を返せと言わないことです。

ここで注意が必要なのは、権利の中で、占有権と所有権は消滅時効にかからないということです。

まず、占有権は消滅時効にかかりません。占有権というのは、事実上の支配権なので、事実上支配していれば、何年経っても消えないからです。

また、所有権も消滅時効にかかりません。消滅時効で所有権が消滅することはありません。この点、所有権の取得時効の場合、例えば、Ａが、Ｂに自分の土地を時効取得されてしまうと、その反射（裏返し）として、土地の所有権を失いますが、これは、Ａの所有権が消滅時効で消滅したわけではないので、注意してください。

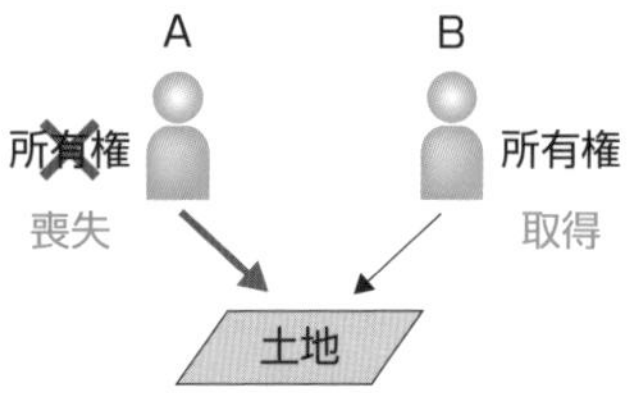

以上から、占有権・所有権以外の権利は、消滅時効によって時効消滅することになります。

債権の消滅時効期間

債権は、債権者が権利を行使できることを知った時から５年間、または権

利を行使できる時から10年間で時効消滅します。権利を行使できる時とは、具体的には、次のようになります。

確定期限のついた債権	期限到来の時
不確定期限のついた債権	期限到来の時
期限の定めのない債権	債権成立の時

例えば、Aの債務に「Aの親が死亡したら家をBに売る」との不確定期限がついている場合、Aの親が死亡すると期限が到来します。したがって、BがAの親の死亡等を知れば「権利を行使できることを知った」といえるので、その時から5年で時効になります。また、Aの親の死亡時（＝権利を行使できる時）から10年経った場合も時効になります。

ただし、人の生命または身体の侵害による損害賠償請求権の場合には、「10年間」ではなく「20年間」となります。例えば、タクシーの運転手が事故を起こして乗客が怪我をした場合、時効期間は、「権利を行使できることを知った時から5年」「権利行使できる時から20年」になります。人の生命や身体は他の利益より強く保護すべきなので、時効期間を長くしているのです。

債権以外の権利の時効期間

債権以外の財産権の時効期間は、権利を行使することができる時から20年です。ただし、前に述べたとおり、所有権など消滅時効にかからない権利もあります。

ポイント

債権の消滅時効の要件（166条1項、167条）

①債権者が権利を行使できることを知った時から5年間行使しない
②権利を行使できる時から10年間行使しない（人の生命・身体の侵害による損害賠償請求権の場合は20年間）

ミニテスト

1　所有権は、消滅時効によって消滅しない。
2　債権は、債権者が権利を行使できることを知った時から10年間行使しなければ時効消滅する。
3　人の生命または身体の侵害による損害賠償請求権は、権利を行使できる時から20年間行使しなければ時効消滅する。

解答
1 ○
2 ×　5年です。
3 ○

030 時効の援用と放棄

時効を主張したければ…

Q 10年経ったので、借りたお金を返したくなければどうするの？
A 援用すればいいんだよ。

時効完成の効果

時効の効力は、その**起算日**にさかのぼります。時効が完成すると、時効による権利の取得または消滅の効果は、時効期間の開始時点にさかのぼって生じることになります。

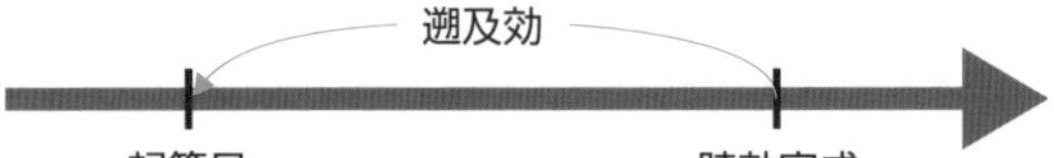

20年の取得時効だと、Bが20年間占有した時点で土地の時効取得が完成しますが、**遡及効**があるので、この占有開始の時点にさかのぼって効力が生じます。つまり、最初からBの土地だったことになります。20年の間もBの土地だったということです。よって、時効期間中に目的物から果実が生じれば、その果実も時効取得者のものになります。

10年の消滅時効だと、10年経ったら、Bは最初から借りていなかったことになります。よって、時効期間中の利息の支払いも免れます。

時効の援用と放棄

援用と放棄は反対語です。**時効の援用**は、時効による利益を受けることを主張することです。これに対し、**時効の利益の放棄**は、時効による利益を放棄することです。

消滅時効の例で考えましょう。AがBに100万円貸していたが、10年経ったという場合です。

そもそも時効制度には、永年にわたった事実状態をそのまま法的にも認めるという、社会の生活関係の安定を図るという公益的な性質があります。しかし、道徳的、倫理的にはおかしな制度です。借りたお金を返さなくてよくなるからです。つまり、時効には反倫理的な性質もあります。そこで、民法は、この２つの性質を調整するために、時効による利益を受けるか否かを、当事者の意思に任せることにしました。10年経ったからといって、確定的に100万円の債権を消滅させるのではなく、Bに決めさせるのです。

その結果、Bが、お金を返したくない（こちらが普通でしょう)、つまり時効による利益を受けたいと思えば、時効を援用します。

逆に、Bが、借りたお金は必ず返したい、時効による利益を潔しとしないと思えば、時効の利益を放棄すればよいのです。

この点、民法145条は、時効は、当事者が援用しなければ、裁判所がこれによって裁判をすることができない。としています。わかりづらい規定ですが、10年経ったからといって、裁判所が、勝手に、Bは返さなくてよいと裁判してはならないということです。Bが時効を援用して初めて、裁判所は時効が完成したことを前提とした裁判ができるということです。

また、146条は、「時効の利益は、あらかじめ放棄することができない。」としています。直接規定しているのは、時効完成前のケースですが、逆に考えれば、時効完成後に、時効の利益を放棄することは許されることになります。これが時効の利益の放棄です。

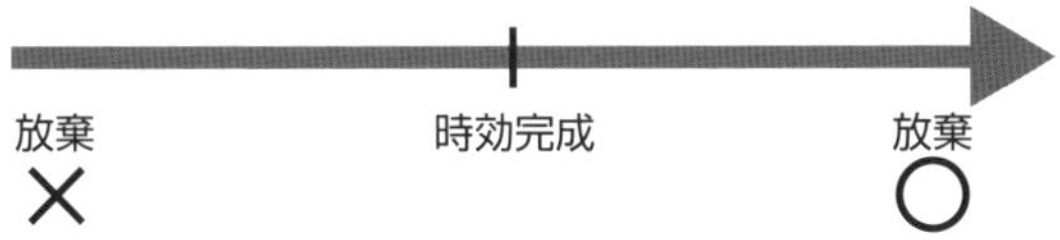

ここで、146条が直接に規定している、時効完成前の放棄の禁止についても確認します。具体的には、AがBにお金を貸して、5年や10年経つ前に、Bに時効利益を放棄させることが禁止されています。その理由は、放棄を強いる不当性があるからです。貸主Aの方が立場が強いので、最初から借主Bに時効利益の放棄をさせておけば、Aは、何年経っても必ず返してもらえることになります。しかし、それでは期間を決めて時効の完成を認める時効制度に反します。そこで、あらかじめの放棄は禁止されるのです。

ポイント

援用（145条）→時効による利益を受けることを主張すること
放棄（146条）→時効による利益を放棄すること

ミニテスト

1　裁判所は、当事者が時効を援用しなくても、時効によって裁判することができる。
2　時効の利益は、あらかじめ放棄することができる。

解答　1 ×　裁判所は、当事者が時効を援用しなければ、時効によって裁判することができません。
2 ×　時効の利益は、あらかじめ放棄することができません。

031 時効の完成猶予と更新

時効完成を妨げ、時効期間を振出しに戻す

Q 債権が時効になりそうなんだけど
A 裁判所に訴える等の方法があるよ

意義

時効の完成猶予とは、時効期間の進行自体は止まらないが、本来の時効期間が満了しても時効が完成しないという制度です。

例えば、AがBにお金を貸しているのにBが返済せず、あと3カ月で時効期間が満了するので、Aが返済を求めて裁判所に訴えたとします。この場合、訴訟中に時効が完成してしまうのは困ります。そこで、時効の完成が猶予され、あと3カ月経過しても時効が完成しません。

そして、Aが勝訴して確定判決を得た場合等には、その時から新たに時効が進行します。つまり、「振出しに戻れ」で、ゼロから時効期間が再スタートするのです。このことを**時効の更新**といいます。

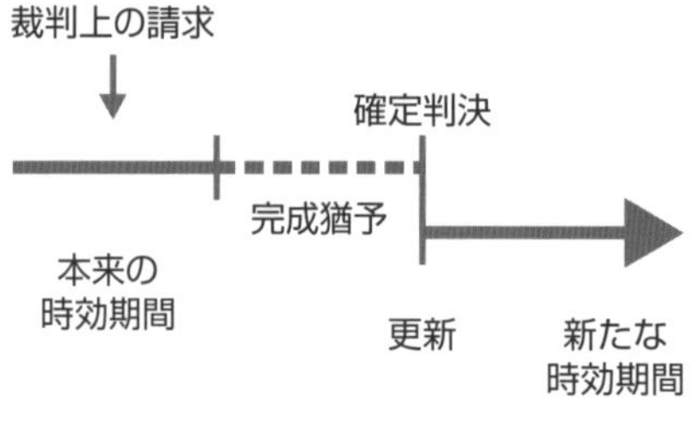

完成猶予事由、更新事由

時効の完成猶予事由には、①裁判上の請求、②強制執行・担保権の実行、③仮差押え・仮処分、④催告（裁判外の請求）、⑤協議を行う旨の合意などがあります。重要なのは①と④です。

①の**裁判上の請求**とは、支払請求や明渡請求といった訴訟を起こすことです。訴訟の間は時効の完成が猶予されます。そして、確定判決等によって権利が確定したときは、時効の更新が生じます。訴えの取下げなど、権利が確定せずに終了した場合は、終了から6カ月を経過するまで時効の完成が猶予されますが、時効の更新は生じません。

④の**催告**とは、訴訟を起こさず、口頭や書面で債務者に請求することです。AがBに支払を請求する書面を送ったような場合です。催告の場合、催告から6カ月間時効の完成が猶予されるだけで、時効の更新の効果は生じません。また、催告によって完成が猶予されるのは1度だけで、催告によって完成が猶予されている間に再度の催告をしても、それによる完成猶予は生じません。催告をして時効の完成が猶予

されている間に、裁判上の請求などをしないと、時効が完成してしまいます。このように、催告には、時効の完成をとりあえず1回延ばす効力しかないのです。

⑤は、当事者が話し合いをしている間は時効が完成しないようにするための制度です。協議を行う旨の合意が書面等でされたときは、合意があった時から原則として1年間は時効が完成しません。再度の合意により更に猶予することもできますが、通算で5年間が限度です。

時効の更新事由には、上記の①確定判決等による権利の確定、②強制執行等の終了のほか、③承認があります。**承認**とは、義務者の側が権利の存在を知っている旨を表示することをいいます。例えば、債務者Bが「お金を借りていることは認めます」とAに言うことです。そのほか、一部を支払うことや返済期限を延ばしてくれと頼むことなども、権利の存在を認めたことになるので、承認にあたります。

ポイント

完成猶予→時効期間の進行自体は止めないが、本来の時効期間が満了しても時効が完成しないとする制度
更新→新たにゼロから時効が進行する制度

ミニテスト

1 時効の完成猶予とは、時効期間の進行を止める制度である。
2 時効の更新があると、時効期間はゼロからスタートする。
3 裁判上の請求があった場合、その時点で時効が更新される。
4 催告をしただけでは、時効は更新されない。

解答
1 × 猶予期間中も、時効期間は進行しますが、完成はしません。
2 ○
3 × 確定判決等があった時です。
4 ○

032 物権

「物」に対する「権」利です

Q 物権の具体例は何？
A 所有権がわかりやすいよ。

物権の意義

物権は、簡単にいえば、その名の通り、物に対する権利です。

物権の典型例は、所有権です。例えば、Aが土地を所有しているとすると、Aの権利の客体は土地、つまり物です。このように、物に対する権利を総称して物権といいます。

厳密には、物権は、特定の物を直接支配して利益を享受する排他的な権利、すなわち、**直接排他的支配権**と定義します。物権の客体は、人間ではなく物なので、直接支配できます。使用したければ使えるし、処分したければ売れるというように直接支配できるのです。直接支配できるというとても強力な権利です。

物権の特徴

物権は、直接の支配権という強力な権利なので、ある土地にAの所有権が成立している場合には、同じ内容の物権、つまり所有権は絶対に成立しません。Bの所有権、Cの所有権などは成立しません。このように他者を排斥する力があります。これを**排他性**といいます。また、1つの物に同じ内容の物権は1つしか成立しませんので、**一物一権主義**（いちぶついっけんしゅぎ）ともいいます。排他性＝一物一権主義です。

このように物権は排他性のある強い権利なので、175条は、物権は、民法その他の法律が定めるもののほか、当事者が勝手に創設することができないと規定しています。これを**物権法定主義**といいます。民法では10種類の物権が法定されています。

物権の種類

まず、占有権とそれ以外に分かれます。占有権というのは、事実上の支配権です。占有権だけが事実上のものなので分けて、それ以外は本来の権利というニュアンスで本権といいます。

本権は、次に、所有権とそれ以外に分かれます。物には2つの価値があります。1つは使用収益できるという価値です（用益価値）。もう1つは、売ってお金に交換できるという交換価値＝担保価値です（担保価値）。所有権だけは2つの価値をともに支配していますが、所有権以外はどちらかの価値

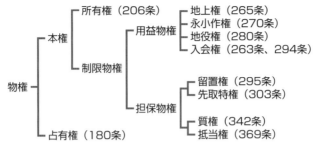

- 物権
  - 本権
    - 所有権（206条）
    - 制限物権
      - 用益物権
        - 地上権（265条）
        - 永小作権（270条）
        - 地役権（280条）
        - 入会権（263条、294条）
      - 担保物権
        - 留置権（295条）
        - 先取特権（303条）
        - 質権（342条）
        - 抵当権（369条）
  - 占有権（180条）

に制限されます。どちらかに制限されているので、制限物権といいます。

さらに、制限物権のうちで、所有権の持つ用益だけできる方を用益物権、担保だけの方を担保物権といいます。用益物権は地上権など4つ、担保物権は留置権など4つあります。

物権的請求権

物を盗まれた場合に「私の物を返してくれ」とか、勝手に自分の土地を使われた場合に「私の土地を勝手に使うな」というような権利を、**物権的請求権**といいます。民法に直接の規定はありませんが、物権が直接排他的支配権であることから、物権の円滑な実現が妨げられることで当然に発生する権利です。

物権的請求権には、物権的返還請求権、物権的妨害排除請求権、物権的妨害予防請求権の3つがあります。

ポイント

物　権

特定の物を直接支配して利益を享受する排他的な権利である（直接排他的支配権）

↓

１つの物に同じ内容の物権は１つしか成立しない（一物一権主義）

↓

物権は、民法その他の法律が定めるもの以外、創設することはできない（物権法定主義）

ミニテスト

1　物権には、＿＿＿＿があある。これを、１つの物に同じ内容の物権は１つしか成立しないことから、一物一権主義ともいう。

解答　1　空欄には、排他性が入る。

033 物権変動

所有権の移転が典型例です

Q 物権が変動する具体例は何？

A 売買によって、所有権が売主から買主に移転するよ。

意　義

物権の発生・変更・消滅を総称して**物権変動**といいます。物権を持つ者の側からみれば、物権の得喪（取得・喪失）・変更ということになります。

例えば、A・B間の土地の売買で、Aが所有土地をBに売ると、今までAが持っていた土地の所有権がBに移転します。Bが土地の新所有者になります。所有権という物権が、AからBに移転、つまり変動しました。これが物権変動の典型例です。

所有権移転ですから、物権の変更です。Bから見ると物権である所有権の取得、Aから見ると物権である所有権の喪失、２人ともに見ると所有権の変更です。

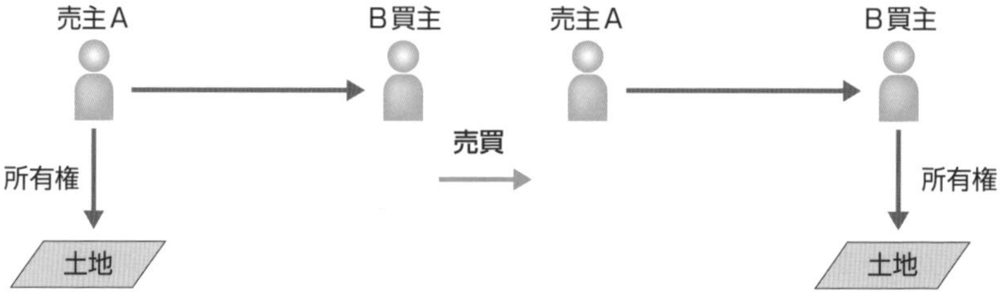

要　件

物権変動が生ずるためには、何が必要となるのかが問題となります。Aの所有権がBに移転するためには、何が必要なのかということです。

大きく分けると、フランス民法の考え方とドイツ民法の考え方の２つに分かれます。まず、フランス民法の考えは、意思表示だけで足りるとします。つまり、Aの「売ります」、Bの「買います」という意思表示の合致だけで、物権も変動する、つまり所有権も移転すると考えます。

これに対して、ドイツ民法の考えは、意思表示だけでは50%で、当事者の意思表示にプラスして外形的に見てわかる形も必要だとします。例えば、登記簿に登記をする、あるいは物を引き渡すなどの形式までないと100%にならないとします。意思表示のほかに一定の形式的行為を必要とするのです。

フランスの考え方を、意思表示だけで足りるので**意思主義**と呼び、ドイツの考え方を、一定の形式をも必要とするので**形式主義**と呼びます。

では、日本民法はどうでしょうか。176条は「物権の設定及び移転は、当事者の意思表示のみによって、その効力を生ずる。」と規定しています。すなわち、フランス民法と同じ意思主義を採用しています。物権変動を生ずるためには、「売ります」、「買います」という意思表示だけで足りるとしているのです。

したがって、AとBという売買契約の当事者間では、意思表示だけで、AからBへ所有権が移転することになります。

時　期

物権変動は当事者の意思表示のみで生じますが、次に、その効力がいつの時点で生じるのかが問題となります。つまり、AからBへ、所有権はいつ移転するかという問題です。

判例は、特約のない限り、**意思表示（契約等）と同時**に生じる、つまり所有権が移転するとしています。つまり、原則として意思表示の時点ということです。なぜなら、意思主義を採る以上、それが最も整合的だからです。「売ります」、「買います」というように意思表示が合致、つまり契約した時点で、Aの所有権がBに移転するのです。ただし、特約がある場合はもちろん別です。特約には、代金全額支払時に所有権が移転する、登記の移転時に所有権が移転するなどがあります。

ポイント

物権変動

要件→意思主義（176条）
時期→意思表示と同時（判例）

ミニテスト

1　日本民法は、物権変動を生じるためには、意思表示のほかに一定の形式的行為を必要とするという形式主義を採っている。

2　判例は、物権変動は、特約のない限り意思表示と同時に生じるとしているので、その時点で所有権も移転する。

解答　1　×　意思主義を採っています。
2　○

034 不動産物権変動

土地の売買が具体例です

Q 民法で1番大事な条文は何？
A 177条だよ！

民法177条

民法177条は、「不動産に関する物権の得喪及び変更は、（不動産登記法その他の登記に関する法律の定めるところに従い）その登記をしなければ、第三者に対抗することができない。」と規定しています。

土地・建物等の所有権の取得などは、登記をしないと、他人に主張できないということです。法務局という公の場所に不動産の登記簿が置いてあります。そこには、「○　土地の所有者　A」などと記載されています。その土地を買った場合に、法務局に申請して、「所有者　B」と書き換えるのです。

AがBその所有の土地をBに売り渡した場合、176条によりA・B間で物権変動が生じ、Bが新所有者になります。このことはAとBとの当事者間では妥当します。

しかし、問題となるのは、Bからみた当事者Aではない他人Cに対してです。Bが新所有者であることを第三者Cにも対抗するためには、登記をしなければならないと規定しているのが、177条なのです。したがって、まだ登記名義がAのまま、つまり登記簿に所有者Aと書いてあれば、Bは、自分が新所有者だということを第三者Cには主張できません。以上から、不動産物権変動を第三者に対抗するための要件として、登記が必要なのです。

二重譲渡

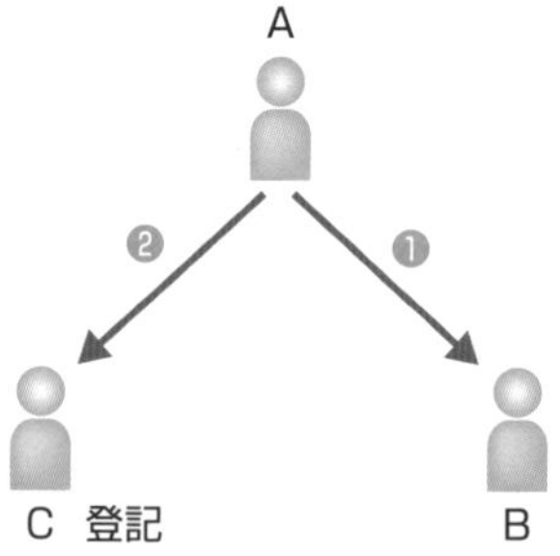

例えば、Aがその所有する土地をBに売り渡しました。ところが、まだ登記が自分名義であることに乗じて、Aが、同一土地をCにも売り渡します。二重譲渡です。つまり、同じ土地を二重に売ったことになります。

そして、登記は先にCが経由したとします。Cが先に法務局へ申請してその土地の所有者の名義をAからCと書き換えたわけです。この場合には、Bは登記がないので、第三者Cには、この土地の所有権を対抗できません。Bが負けます。土地はCのものになります。

ここで大切なのは、このようなAを基点としたA→B、A→Cという二重譲渡の場合には、BとCという譲受人の優劣を登記で決めるということです。先に登記した者が勝ちます。これが177条の具体例の二重譲渡です。

「第三者」とは

177条の「**第三者**」とは誰か、という問題です。すべての第三者に対して登記を備えないと物権変動を対抗できないかが問題となります。

判例は、177条の登記を備えないと物権変動を対抗しえない第三者とは、①当事者もしくはその包括承継人以外の者で、②不動産に関する物権の得喪・変更の登記の欠缺（けんけつ）（不存在のこと）を主張するにつき正当な利益を有する者をいう（大連判明41.12.15）とします。つまり、すべての第三者ではないとしています。絞り込みをして第三者の範囲を制限する立場をとっています。その結果、登記がなくても物権変動を対抗できる第三者も存在することになります。

①については、Bからみて、当事者は売主Aなので、まずA以外の者だということです。また、包括承継人の典型例は、A死亡の場合の相続人です。相続人は被相続人の地位を包括的に承継するので、当事者と同視されます。

②については、登記の欠缺を主張する正当な利益を有する者だとしています。典型例は、二重譲渡の場合の第二譲受人Cです。同一土地をめぐって争うので、Cには、Bに登記がないことを主張する正当な利益があります。裏返せば、Bは、正当な利益がない者に対しては、登記がなくても所有権を対抗できる、つまり勝てることになります。

ポイント

177条の第三者

→当事者・包括承継人以外で、登記の欠缺を主張する正当な利益を有する者

ミニテスト

1　177条の第三者とは、当事者もしくはその包括承継人以外で、登記の欠缺を主張する＿＿＿＿を有する者をいう。

解答　1　空欄には、正当な利益が入る。

035 背信的悪意者

単なる悪意者でありません

Q 背信的って、どういう意味？
A 信義に背くということだよ

悪 意

判例は、177条の「第三者」は、その善意・悪意は問わないとしています。したがって、単に第一譲渡を知っていただけの**単純な悪意者**である第二譲受人であれば、第三者に含まれて保護されます。つまり、勝ちます。

しかし、登記の欠缺を主張することが信義に反すると認められるような**背信的悪意者**は、177条の第三者には当たらないとしています（最判昭43.8.2)。つまり、負けます。なぜなら、背信的悪意者には、第一譲受人の登記の欠缺を主張する正当な利益がないからです。

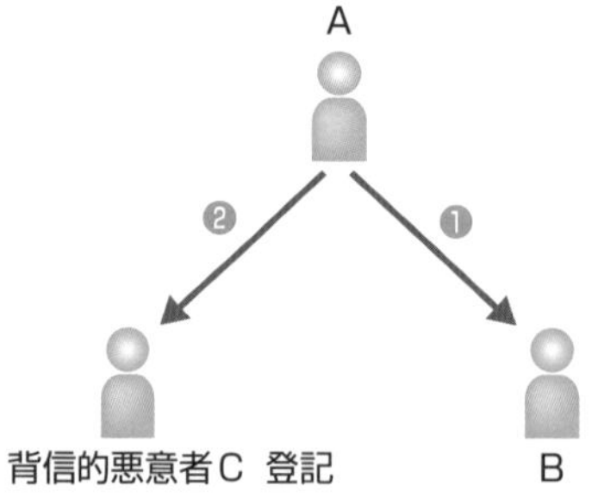

二重譲渡の場合に、Cが単なる悪意者なら保護されます。不動産取引において、登記が対抗要件、つまり登記がないと負けるというのは常識です。そこで、先にBが買っていたとしても、まだ登記していない以上、Cが、より有利な条件を提示してAから第二譲渡を受けるというのは、自由競争の範囲内と考えられます。ここまでが、典型的な二重譲渡の例です。

ところが、次のような事件が起きました。

まず、BがAから土地を買いましたが、登記していません。ここに、何らかの理由でBを憎んでいるCという人物がいます。Bに復讐したいと思っています（怖いですね)。そのCが、BがAから買った土地の登記がまだA名義だということを見つけ、執拗にAに迫って、その土地を買い、直ちにC名義に登記します。これで二重譲渡の形になりました。その後、Cは、Bに対して、土地の明渡請求、それが無理な場合には、高値で買い取れという請求をしたのです。

本件のCは、嫌がらせをしているだけです。そこで、判例は、信義則を使って、Cは、取引における信義に背く背信的悪意者なので、177条の第三者にあたらないとしました。

したがって、Bは、登記がなくても、その土地の所有権をCに対抗できます。Bの勝ちです。

詐欺・強迫によって登記申請を妨げた者

例えば、Cが、AからBへの登記移転、つまりBの登記申請を騙したり、おどかしたりして妨げておきながら、Aから第二譲渡を受けたというケースです。不動産登記法5条が規定しています。このようなCは、背信的悪意者の具体例と考えられます。

転得者

さらに、応用として**背信的悪意者からの転得者**の問題があります。

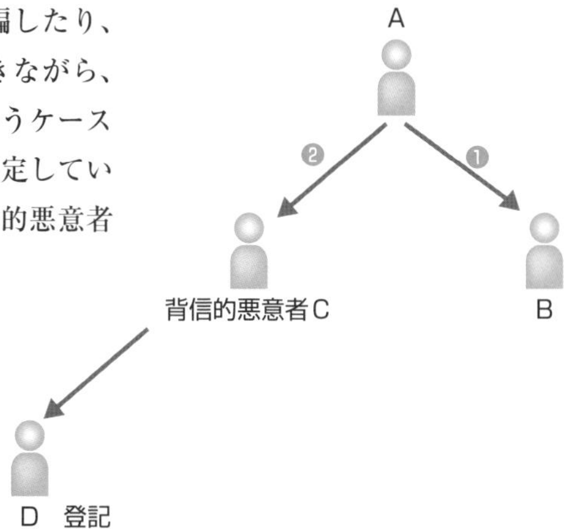

判例は、背信的悪意者Cが、さらにDに譲渡し所有権の移転登記が行われた場合には、Bは、Dが背信的悪意者でない限り、Dに対しては所有者であることを登記なしには対抗できないとしています。つまり、Dが勝ちます。

ポイント

単純悪意者→第三者 ○
背信的悪意者→第三者 ×

ミニテスト

1　登記の欠缺を主張することが信義に反すると認められるような背信的悪意者は、177条の第三者にはあたらないとするのが判例である。

解答　1 ○

036 177条の第三者

すべての第三者ではありません

Q「第三者」って売主以外の人のこと？
A そうとは限らないよ。

実質的無権利者とその譲受人

A所有の土地につき、登記書類を偽造して登記簿上は名義人になったCや、そのCから譲り受けたDに対しては、Aからの譲受人Bは、登記がなくても所有権の取得を対抗できます。

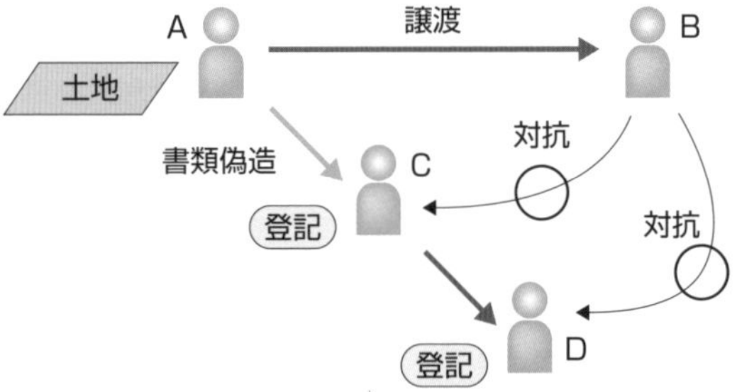

Cが登記書類を偽造して自分名義に書き換え、Dに土地を売ったというケースです。Cは、偽造して勝手に書き換えただけで、本当は何ら権利がない**実質的無権利者**です。さらにDは、そのCからの**譲受人**にすぎません。無から有は生じないので、DもCと同様です。

偽造されてしまっては、Bには、どうしようもありません。したがって、Bには登記がありませんが、CあるいはDに対して、自分の所有権を対抗できます。CやDには、正当な利益がないからです。

不法行為者・不法占有者

Aから建物を譲り受けたBが未登記であっても、この建物を不法に壊した**不法行為者**C、または、この建物を不法に占拠している**不法占有者**Dに対しては、この建物の所有権を対抗できます。したがって、Cに対しては損害賠償請求ができ、Dに対しては明渡請求ができます。常識的に考えても、CやDには正当な利益がないからです。

一般債権者

一般債権者とは、担保物権を持たない債権者のことです。

例えば、CはAに対して債権を持っ

ているが、抵当権などの担保物権は持っていないとします。この場合、CはAに対する一般債権者です。

Aから土地を譲り受けたBは、差押えを行っていないCに対しては、未登記でもこの土地の所有権を対抗できます。この土地をめぐって、BとCは、食うか食われるかの関係に立っていません。差押えをしていない一般債権者には、まだ正当な利益がないと考えるのです。

順次譲渡の前主

土地がA→B→Cと順次譲渡され、まだ登記がAにある場合、Cは登記がなくても、Aに対してこの土地の所有権を対抗できます。AとCとは当事者と同じ関係に立つからです。

このように**順次譲渡の前主**の場合、Cは登記なしで、売主Bの前主であるAに対しても、この土地の所有権を対抗できます。この場合、Aを基点とするA→B、A→Cという二重譲渡の形ではなく、A→B→Cという一直線の形です。CからみてAは、Bの前の所有者にすぎず、当事者的地位の延長線上にある者です。つまり、AとBは同視することができ、Aも当事者といえます。当事者は、第三者にはあたりません。

ポイント

登記がなくても対抗できる第三者

❶背信的悪意者
❷実質的無権利者とその譲受人
❸不法行為者・不法占有者
❹差押えをしていない一般債権者
❺順次譲渡の前主

ミニテスト

1　登記がなくても、実質的無権利者に対しては、所有権を対抗できる。
2　登記がなくても、不法占有者に対しては、所有権を対抗できる。
3　登記がないと、差押えをしていない一般債権者に対して、所有権を対抗できない。
4　登記がないと、順次譲渡の前主に対して、所有権を対抗できない。

解答　1　○
2　○
3　×　対抗できます。
4　×　対抗できます。

037 取消しと登記

対抗問題と似ていますが…

Q 本来の場面以外にも177条が使われるの？
A 取消しで使われるよ。

取消し前の第三者

例えば、Ａが所有土地をＢに売り、Ｂはその土地をＣに転売します。その後、ＡがＢに対する契約売買を取り消します。Ｃが、Ａ・Ｂ間の売買を取り消す前に土地を取得した場合です。これを、学問上**取消し前の第三者**といいます。取消原因は、Ａの制限行為能力、Ａの錯誤、Ｂの詐欺、Ｂの強迫のいずれかです。この場合どうなるのでしょうか。

取消しには遡及効があるので、Ａが取り消すと、ＡＢ間の売買の時にさかのぼってＡ・Ｂ間の売買の効力がなくなります。すると、Ａ→ＢがないならＢ→Ｃもないことになり、Ｃは保護されません。この場合には、土地は取り消したＡのものになります。以上が原則です。

ただし、例外があります。錯誤や詐欺による取消しは、善意無過失の第三者には対抗できない、とする95条４項や96条３項です。この場合には、Ｃが保護されます。土地はＣのものです。

取消し後の第三者

Ｃが、Ａ・Ｂ間の売買を取り消した後に土地を取得した場合です。これを、学問上**取消し後の第三者**といいます。

Ａは、所有土地をＢに売った後、契約売買を取り消します。ところが、まだ土地の登記がＢ名義のままであることに乗じて、Ｂが土地をＣに転売してしまうという、第三者Ｃが取消しの後に登場する場合です。この場合には、判例は、次に説明するようにこの法律関係を**二重譲渡**と理論構成し直します。その結果、**177条**、つまり**登記**で決めるのです。

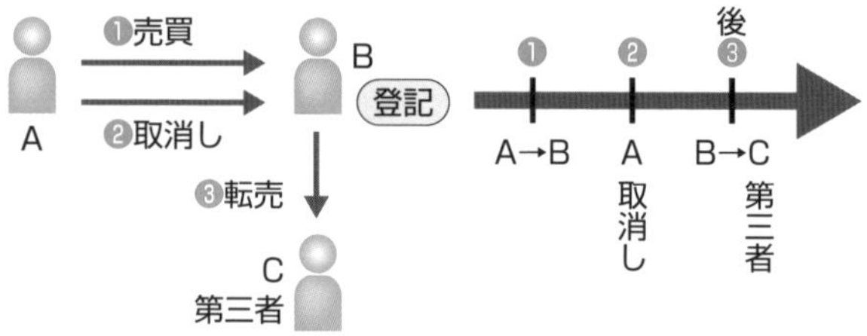

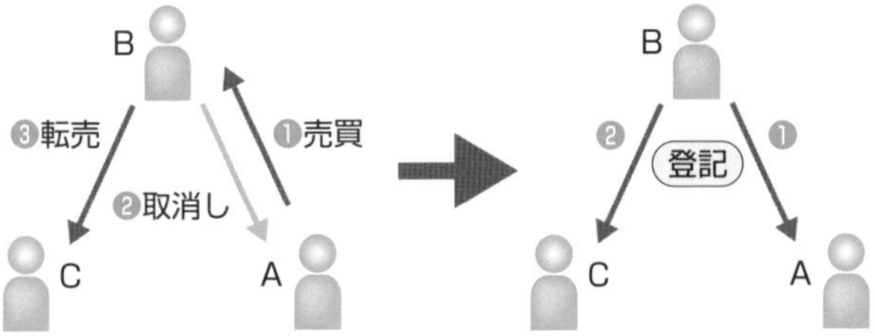

まず、①AがBに売りました。次に、②Aは取り消しました。この取消しによって、いったんAからBに行った所有権が、BからAに戻ってくるというように考えます。これを**復帰的物権変動論**といいます。簡単にいえば、**巻き戻しの理論**です。所有権が巻き戻ってくるからです。→で表した2番目のものです。その後、③BはCに売りました。

そして、①の売買を消して、②と③をそのまま繰り上げます。すると、Bを基点としたB→A、B→Cという二重譲渡の形になります。したがって、AとCは対抗関係に立ち、登記の先後で勝ち負けを決めることになります。

ポイント

取消原因＼第三者の登場	取消し前の第三者	取消し後の第三者
制限行為能力取消し	第三者は一切保護されない	177条の対抗問題として処理する
強迫取消し	第三者は一切保護されない	
詐欺取消し	善意無過失の第三者は96条3項により保護される	
錯誤取消し	善意無過失の第三者は95条4項により保護される	

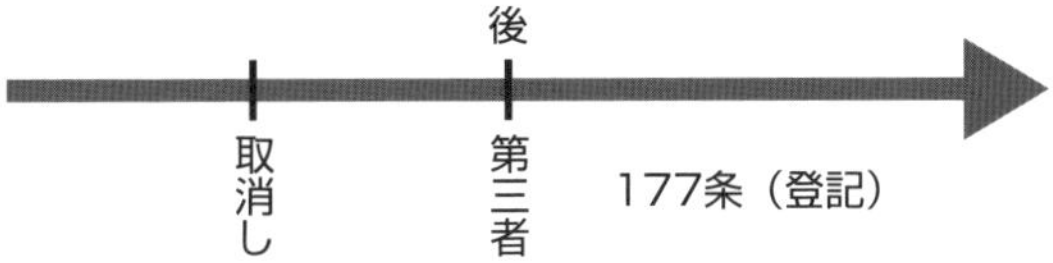

ミニテスト

1　取消し前の第三者は、取消しの遡及効によって、一切保護されない。
2　取消し後の第三者は、登記があれば保護される。

解答　1 ×　取消原因が錯誤または詐欺で、かつ、第三者が善意無過失のときは、保護されます。
2 ○

038 取得時効と登記

対抗問題と似ていますが…

Q 本来の場面以外にも177条が使われるの?
A 取得時効で使われるよ。

時効完成前の第三者

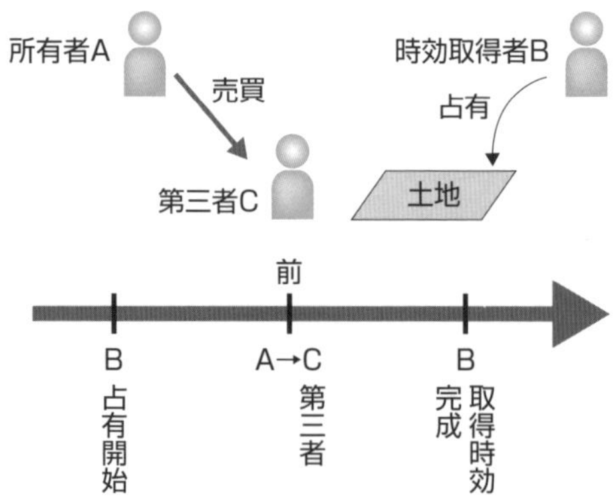

土地の所有者はAですが、Bがその土地を時効取得します。

まず、時効完成の前に原権利者Aが、この土地をCに売却していたという場合です。第三者Cが時効完成前に登場する場合です。**時効完成前の第三者**の問題です。

所有権の動きを考えます。まず、最初のB占有開始時点ではAの所有物です。次に、AがCに売ったことで、Cの所有物になります。さらに、時効完成によってBの所有物になります。A→C→Bという流れです。つまり、時効完成によって、今までCのものだった土地が、譲渡したわけではないが、Bのものになりました。このCとBの関係は、形式的には通常の売買、つまりCがBに売ったのと変わりません。そこで、判例は、このCとBの関係を当事者と同視できると考えます。Cを通常の売買の売主と同視します。当事者に対して登記は不要です。このように時効完成前に登場したCは当事者と同視できるという理由から、Bは登記なしにCに所有権を対抗できます。土地はBのものです。

この結論は、価値判断的にも妥当です。時効完成前の第三者Cは負けてもしかたないからです。なぜなら、Cは時効完成前に登場した以上、本来、B

に対して土地の明渡請求ができたはずです。にもかかわらず、漫然とBの時効を完成させてしまったのだから、負けてもしかたないからです。

時効完成後の第三者

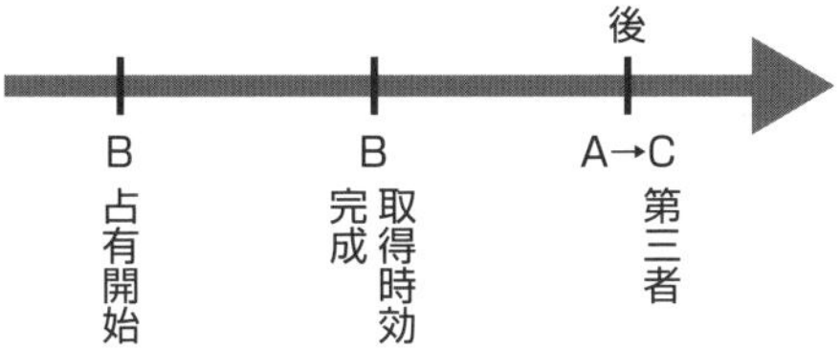

時効完成の後、原権利者AがCにこの土地を売ったという、第三者Cが時効完成後に登場する**時効完成後の第三者**の問題です。この場合、判例は、**二重譲渡**と理論構成し、**177条**、つまり**登記**で決めます。

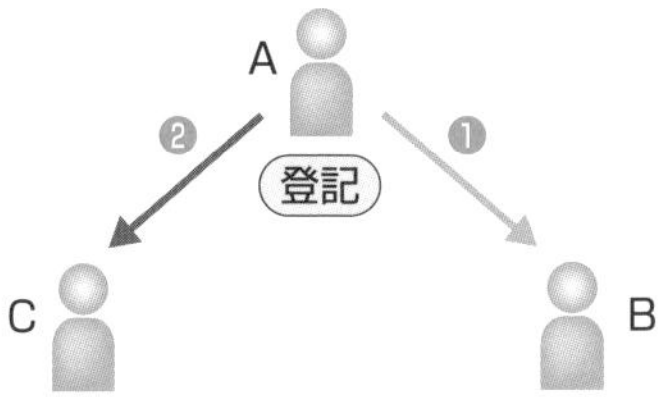

Aの土地について、①Bの時効が完成します。時効によって、Bが土地の所有権を取得したことを、譲渡したわけではないが、判例は、第一譲渡とみなすのです。時効完成によって、Aの土地がBの土地になるので、これを第一譲渡と考えてしまうのです。次に、②AはCに売ります。これが第二譲渡になります。つまり、Aを基点としたA→B、A→Cという二重譲渡と理論構成できます。よって、BとCの優劣は登記で決する、先に登記した方が勝ちです。

価値判断的にも妥当です。Cは時効完成後に登場しています。だとすると、Bは、時効完成の時点で登記所に行って登記ができたわけです。それをしなかった場合に、先に登記をしたCに負けてもしかたがないからです。

ポイント

時効完成前の第三者	時効完成後の第三者
第三者は保護されない	177条の対抗問題として処理する

ミニテスト

1　時効完成後の第三者は、登記があれば保護される。

解答　1 ○

039 動産物権変動

毎日の買い物が具体例です

Q 不動産の177条に相当する、動産の条文は何？
A 178条だよ。

民法178条

民法178条は、「動産に関する物権の譲渡は、その動産の引渡しがなければ、第三者に対抗することができない。」と規定しています。

不動産と比べると、動産は、通常は経済的価値が劣ります。また、その数が無限です。したがって、すべての動産に登記・登録という制度を設けるのは無理です。

そこで、不動産のように登記を対抗要件とするわけにいかないため、178条は、登記に代えて**引渡し**を対抗要件としています。

二重譲渡

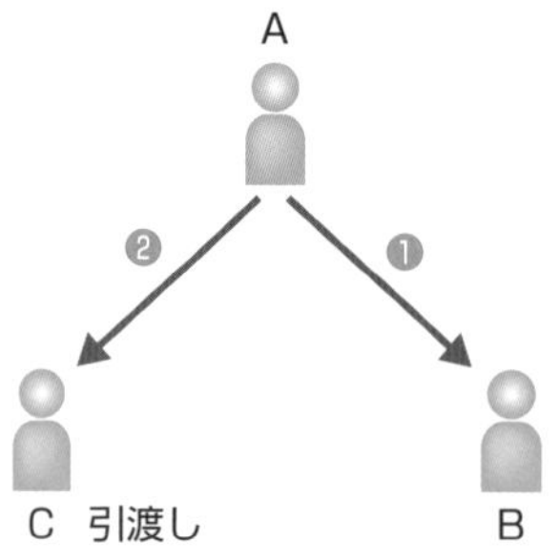

178条の具体例は、177条と同様、二重譲渡です。登記を引渡しに置き換えるだけです。

Aが動産を所有しています。その動産をまずBに譲渡しました。第一譲渡です。ところが、まだ引渡しをしていないのに乗じて、同じ動産をCにも譲渡しました。第二譲渡です。そして、その動産をCに現実に引き渡しました。この場合には、Bは、第三者Cには動産の所有権を対抗できません。Bが負けてCが勝ちます。その動産はCのものになります。

なお、動産の場合にも、第三者の範囲について、正当な利害関係を要求します。例えば、動産の寄託を受け、一時これを保管しているにすぎない者は、当該動産の譲渡につき正当の利害関係を有しないので、178条の第三者にあたりません。

引渡し

動産物権変動の対抗要件は178条で、引渡しと規定していますが、この引渡しには、現実の引渡し、簡易の引渡し、占有改定、指図による占有移転の4種類が含まれます。

まず、**現実の引渡し**で考えましょう。

具体的には、手渡しです。AからBに動産を売って、それを手渡しすることです。文字通り、現実に引き渡すことです。外形的に見て、AからBへ、占有状態に変化があります。

問題は、民法が、現実の引渡し以外に**観念的引渡し**という引渡しを３つ認めていることです。つまり、意思表示だけで行う引渡し、動産がまったく動いていない引渡しも認めています。外形的に見ると、占有状態にまったく変化がありません。

ただ、引渡しは、占有権の譲渡＝占有権の取得＝占有権の移転ですので、民法は占有権のところで規定していますので、該当部分を参照してください（占有権の取得）。

ポイント

動産物権変動の対抗要件

引渡し
- 現実の引渡し（182条１項）
- 観念的引渡し
  - 簡易の引渡し（182条２項）
  - 占有改定（183条）
  - 指図による占有移転（184条）

ミニテスト

1　民法は、動産に関する物権の譲渡は、その動産の引渡しがなければ第三者に対抗することができないと規定しているので、Aが動産をBとCに二重譲渡した場合に、Aがその動産をCに引き渡したときは、Bは、第三者Cに動産の所有権を対抗できない。

2　動産物権変動の対抗要件である引渡しには、現実の引渡し、簡易の引渡し、占有改定、指図による占有移転の４種類が含まれる。

解答　1 ○ 前半は民法178条から、後半は具体例である二重譲渡から、それぞれ正しい内容です。

不動産物権変動の対抗要件	動産物権変動の対抗要件
登記	引渡し

2 ○ 現実の引渡し以外も、引渡しにあたるケースを認めていることに注意が必要です。

040 占有権

事実上の支配権です

Q 占有って何？
A 簡単にいえば所持のことだよ。

意義

占有権は、人が現実に物を支配している場合に、この支配状態そのものを権利として保護する制度です。事実上の支配権です。

所有権に基づくか否かは、ケース・バイ・ケースです。自分の所有物を占有している場合のように、所有者で、かつ占有者という場合が多いですが、借りている場合など、所有権がなくても占有権は認められます。あくまでも事実上の支配にすぎないものを物権として認めたもので、所有権などの本権とは区別される権利です。

この占有権は、自己のためにする意思をもって、物を所持することにより成立する権利です（自己のためにする意思＋所持＝占有権）。

主観的には、自己のためにする意思が必要です。物の所持による事実上の利益を自分が受けようとする意思のことです。身近な例だと、この本でいえば読んで知識を得ようなど、事実上の利益は多様です。

客観的には、所持が必要です。物が人の事実的支配関係にあると認められる客観的関係をいいます。わかりやすいのは、把持、つまり手に持っている状態です。貴方は、今、この本を手に持っていますね。さらに、距離を離して、留守宅に置いてある本にも家人の事実的支配が及んでいると考えます。このように事実的支配関係にあるか否かは、社会通念（常識という意味）で考えます。

占有に関する推定

民法は、占有に関して次のような推定規定をおいています。

占有者は、所有の意思をもって、善意で、平穏に、かつ、公然と占有するものと推定される。占有者が占有物について行使する権利は、適法に有するものと推定される。

ここで、推定という法律用語を説明します。推定するとは、法律上仮にそう扱うが、反証（反対の証拠）が出るとその取扱いを改め、事実上の取扱いをする場合をいいます。反証が出れば覆るのです。

占有者の権利は適法であると推定しています。違法ではない場合が普通だからです。しかし、例えば、盗んだという反証が挙がれば、適法ではなくなります。このような仮定扱いを推定といいます。

以上に対して、法律用語の**みなす**は、たとえ反証が出ても覆らない、強い取扱いをいいます。推定とは、厳密に区別して使われます。

占有の承継

民法は、**占有の承継**について、占有者の承継人は、その選択に従い、自己の占有のみを主張し、または、自己の占有に前の占有者の占有を併せて主張することもできるが、前の占有者の占有を併せて主張する場合には、その瑕疵も承継する、と規定しています。

BがAから物を買った場合を例に考えると、まず、Bは、自分の占有だけを主張することができます。

さらに、Aの占有を併せて主張することもできます。足し算もできるということです。ただし、Aの占有に瑕疵がある場合、例えば悪意占有などの場合、この瑕疵もBが承継することになります。足し算する場合には、マイナスも引き継ぐということです。

ポイント

占有に関する推定

占有者は、所有の意思をもって、善意で、平穏に、かつ、公然と占有をするものと推定する（186条1項）。
占有者が占有物について行使する権利は、適法に有するものと推定する（188条）。

占有の承継

占有者の承継人は、その選択に従い、自己の占有のみを主張し、又は自己の占有に前の占有者の占有を併せて主張することができる。前の占有者の占有を併せて主張する場合には、その瑕疵をも承継する（187条）。

ミニテスト

1 占有者は、所有の意思をもって、善意で、平穏に、かつ、公然と占有するものとみなされる。
2 占有者が占有物について行使する権利は、適法に有するものとみなされる。
3 占有者の承継人は、その選択に従い、自己の占有のみを主張し、または、自己の占有に前の占有者の占有を併せて主張することもできるが、前の占有者の占有を併せて主張する場合には、その瑕疵も承継することになる。

解答 1・2 ×「みなされる」ではなく「推定される」です。
3 ○

041 占有権の取得

占有権の譲渡、または、引渡しともいいます

Q 現実の引渡しって具体的には何？
A 手渡しのことだよ。

代理占有

占有権の取得・譲渡方法、引渡しの前提として、代理占有という概念が必要になります。

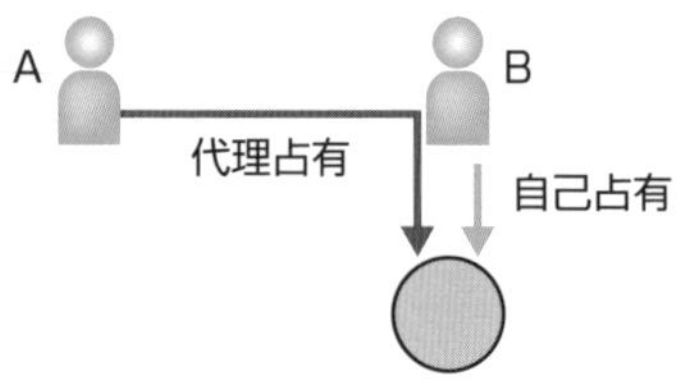

ＡがＢに物を貸しているとします。占有代理人Ｂは、借りているので、物を事実上支配しています。Ｂが自ら所持する占有を、自己占有といいます。

そして、民法は、占有権は代理人によって取得することができると規定しています。つまり、本人Ａも、Ｂという占有代理人を通して占有していると考えるのです。Ａにも、占有権があるとします。このように他人である占有代理人の所持によって本人が占有している関係を、代理占有といいます。

以上を前提に、取得・譲渡方法、換言すれば引渡しを４種類みます。

現実の引渡し

現実の引渡しは、例えば手渡しです。ＡからＢに物を売って、その物を手渡しすると、Ａの占有権がＢへ譲渡され、Ｂは占有権を取得します。文字通り、現実に引き渡すということです。

簡易の引渡し

簡易の引渡しは、例えば、貸している物を売る場合です。ＡがＢに物を貸している場合、ＡはＢを通しての代理占有権を持っています。これをＢに貸したまま売ると、Ｂのみの占有ということになります。したがって、Ｂから見ると占有権の取得、Ａから見ると占有権の譲渡、両者で見ると引渡しが行われたことになります。このような場合に、当事者の意思表示のみで行われる観念的引渡しが、簡易の引渡しです。

貸している物を売る場合に、現実の引渡ししか認められなかったら、現実の引渡しを２回やらなければなりません。現実の引渡しをカットするために認められているのが、簡易の引渡しなのです。

占有改定

占有改定は、簡易の引渡しの裏返しのパターンです。AがBに物を売った後も、そのまま借り続けるという場合に認められる方法です。

指図による占有移転

指図による占有移転は、Aが、物をCに貸したままBに売る場合に認められる方法です。その結果、BがCを通した代理占有権を取得します。もし現実の引渡ししかなかったら、3回もやらなければなりません。

代理人Cを通して占有している場合に、本人AがCに対して、以後、第三者Bのために占有するように命じ、Bがこれを承諾したときは、Bは占有権を取得するとされます。本人Aが代理人Cに命じるので、指図による占有移転といいます。

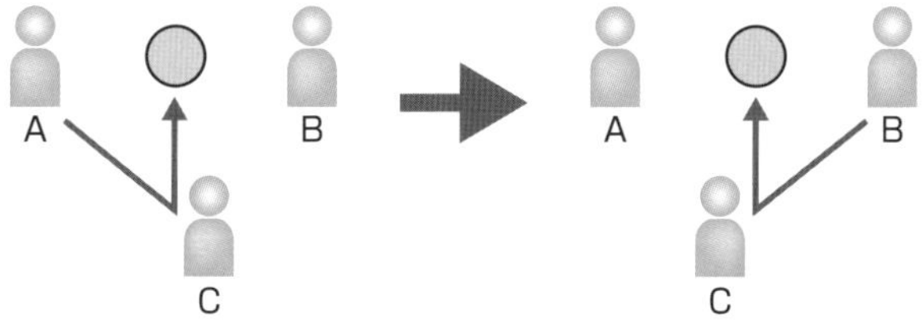

ポイント

現実の引渡し（182条1項）
観念的引渡し
┌簡易の引渡し（182条2項）
├占有改定（183条）
└指図による占有移転（184条）

ミニテスト

1　貸している物を売る場合に認められる観念的引渡しを、占有改定という。

解答　1 × 簡易の引渡しです。

042 即時取得

無から有は生じないのが常識ですが…

Q **無権限の者から買っても保護される場合があるの？**
A あるよ。

意　義

動産取引において占有を信頼して取引をした者は、譲渡人に権利がなくても、権利を取得できるという制度です。

民法は、取引行為によって、平穏かつ公然と動産の占有を始めた者は、善意・無過失であるときは、即時にその動産について行使する権利を取得するとしています（192条）。これを、即時に権利を取得できるので**即時取得**、または、善意者を保護するので**善意取得**ともいいます。

例えば、Bが真の所有者Aから借りて使用していたカメラを、CがBの所有物だと過失なく信じて買い受けた場合に、Bの動産占有を信頼したCを保護して、Cがそのカメラについての所有権を取得することができるというように、動産取引の安全を確保するために善意者を保護する制度です。

本来は、Bは無権利者なので、無から有は生じないはずです。それにもかかわらず、Cのところで、パッと権利が生ずるという変わった制度です。動産はその数が無限で、また取引が頻繁に行われるので、取引のたびに本当にBの所有物なのかを調べていたら取引が停滞します。そういうことがないように、Bの動産占有を信じたCを保護するという制度です。

要　件

①**動産**です。不動産には、この制度はありません。

②**取引行為**による取得です。例えば、売買などです。

③前主が**無権利**の場合です。例えば、借りていた、預かっていたにすぎないという場合です。そうではない場合、例えば、Bが未成年者などの制限行為能力者である、Bが無権代理人であるという場合には、即時取得の制度は適用されません。もし、これらの場合まで即時取得を適用したら、目的物が動産であれば、ほとんどCが保護されます。そうすると、民法の他の制度が没却されてしまうからです。

④**平穏**と**公然**は通常は問題になりません。大切なのは、Cが、Bの所有物ではないことを知らず（**善意**）、かつ、不注意もない（**無過失**）ことです。

⑤**占有取得**の典型例は、現実の引渡しを受けた場合です。

この点、**占有改定**でも即時取得が成立するのかが問題となります。Cの占有権の取得が、占有改定で行われた場合です。BがCに売った後も、そのまま借り続ける場合でもよいのか。

判例は、**否定説**です。占有改定では、即時取得は成立しないとします。なぜなら、即時取得により真の権利者Aは犠牲になり、カメラの所有権を失います。ところが、占有改定は、外から見ると占有状態に変化がなく、Bがそのままカメラを占有しています。よって、Aは自分が害されたことがわかりません。このように外形的に認識不可能な占有改定によって、Aを犠牲にするのは余りに酷だからです。

盗品または遺失物についての例外

民法は、**盗品・遺失物**の場合に、即時取得について例外を定めています。例えば、カメラを盗まれたり、なくしたりした場合です。

即時取得の要件を満たした場合でも、占有物が盗品または遺失物であるときは、被害者または遺失主は、盗難または遺失の時から２年間は、占有者に対して、無償で、その動産の回復請求をすることができます（193条)。ただで返してくれといえるのです。

ただし、盗品・遺失物の場合でも、占有者が競売（裁判所を通して買うこと）もしくは公の市場において、または同種の物を販売する商人から善意で買い受けたときは、被害者・遺失主は、占有者が払った代価を弁償しなければ、回復請求をすることはできません（194条)。リサイクルショップで買った場合などです。

これらの場合には、被害者にあたるAを保護するために、元に返せという請求を認めています。

ポイント

即時取得の要件（192条）

❶動産　❷取引行為　❸無権利者　❹善意・無過失　❺占有取得

ミニテスト

1　占有改定によっても、即時取得は認められる。
2　占有物が盗品・遺失物である場合は、被害者・遺失主は、盗難・遺失の時から２年間は、占有者に対して、原則として無償で、その動産の回復請求をすることができる。

解答　1　×　判例は否定しています。
2　○

043 占有の訴え

盗み返すわけにはいかないので…

Q 盗まれたら、どうすればいいの？
A 占有回収の訴えで！

意義

占有という事実的な支配が侵害された場合に、所有権などの本権の有無に関係なく、その侵害を排除する権利です。

自力救済を禁止して、社会の秩序を維持するための制度です。つまり、盗まれたからといって盗み返すわけにいかないので、**占有の訴え**による権利行使が必要になります。

占有の訴えの主体

占有者です。

占有者であれば、自己占有者、代理占有者、さらに占有代理人にも認められます。

占有の訴えの種類

次の３種類があります。

①占有保持の訴え

占有が妨害されたときは、妨害の停止および損害賠償の請求ができます。**占有保持の訴え**の提起期間は、妨害されている間、または妨害の消滅した後１年以内です。

②占有保全の訴え

占有が妨害されるおそれがあるときは、妨害の予防または損害賠償の担保を請求できます。**占有保全の訴え**の提起期間は、妨害の危険のある間です。

③占有回収の訴え

占有回収の訴えが、最も大切です。

占有が奪われたときは、その物の返還および損害賠償の請求ができます。

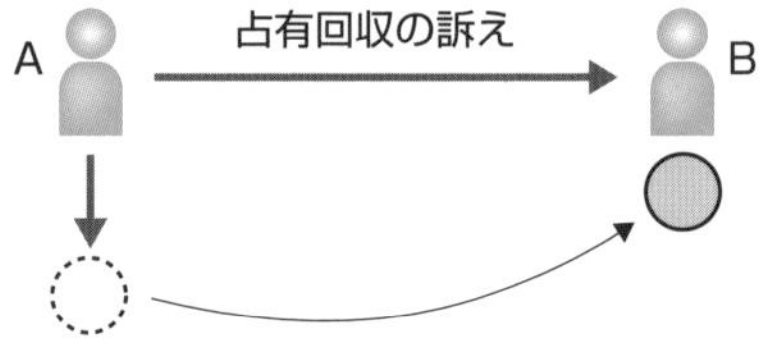

例えば、ある物を盗まれた場合です。Ａが物を占有していたところ、ドロボウＢに盗まれた場合、ＡはＢに対して、盗んだ物を返せといえます。これを占有回収の訴えといいます。

ここで「奪われた」とは、盗まれた場合のように、占有者の意思に基づかずに所持を失うことをいいます。したがって、騙されて任意に引き渡した場合は含みません。騙された場合には、瑕疵はあっても意思に基づくからです。

占有回収の訴えの提起期間は、占有を奪われた時から1年以内です。

ただし、**善意の特定承継人**（買主等）に対しては、占有回収の訴えを提起できません。BがCに売ってしまったような場合です。Bが盗んだことを知らない買主Cには、行使できません。

なお、占有権は、占有物の所持を失った場合には消滅するのが原則ですが、この占有回収の訴えを提起したときは、消滅しなかったことになります。

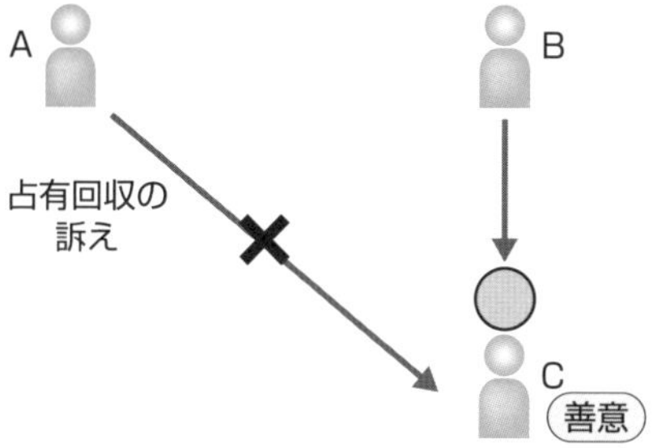

ポイント

占有の訴えの種類

❶占有保持の訴え
→占有が妨害されたときは、妨害の停止および損害賠償の請求ができる（198条）。

❷占有保全の訴え
→占有が妨害されるおそれがあるときは、妨害の予防または損害賠償の担保を請求できる（199条）。

❸占有回収の訴え
→占有が奪われたときは、その物の返還および損害賠償の請求ができる（200条）。

ミニテスト

1　占有保持の訴えは、占有が妨害されるおそれがあるときに、妨害の予防または損害賠償の担保を請求するものである。

2　占有保全の訴えは、占有が妨害されたときに、妨害の停止および損害賠償を請求するものである。

3　占有回収の訴えは、占有が奪われたときに、その物の返還および損害賠償を請求するものである。

解答　1・2 ×　説明が逆になっています。
3 ○

044 所有権

日常的法律用語の１つで、持ち主だという権利です

Q 所有者って誰？
A 持ち主のことだよ。

意義

所有権とは、法令の制限内において、自由にその所有物の使用、収益および処分をする権利です。例えば、Aが土地を所有していれば、Aは、土地を使うことができます。土地を貸して地代を取るという収益もできます。Bに売却するなどの処分もできます。

なお、土地の所有権は、法令の制限内において、その土地の上下に及ぶとする規定もあります。

所有権の取得方法

所有権の取得方法は、大きく２つに分かれます。

第１は、ＢがＡから物を買うように、前主の所有権を承継するという承継取得です。承継取得は、さらに特定承継と包括承継に分かれます。特定承継は、譲渡、つまりＡの物をＢが買ったというように、特定の権利を引き継ぐものです。包括承継は、相続、つまり親が死亡して子が財産をもらうように、包括的に権利を引き継ぐものです。

第２は、原始取得です。前主の権利を承継しない取得です。ある者のところにパッと所有権が生じます。時効取得と即時取得も原始取得です。

ここでは民法がとくに規定を置いている、４つを見てみます。

①無主物の帰属

無主物、つまり所有者のいない動産は、所有の意思をもって占有した者が所有者となれます。これに対し、所有者のいない不動産は、国庫に帰属します。国のものになります。動産と不動産で異なる点に注意しましょう。

動産について身近な例で考えましょう。例えば、駅のごみ箱から雑誌を拾っている人がいますね。雑誌は動産です。ごみ箱に捨てた以上、所有者はいません。したがって、所有の意思をもって占有した人、つまり雑誌を拾った人の所有物になります。民法が認める適法な所有権取得方法です。

②遺失物の拾得

遺失物は、遺失物法の定めるところに従い公告をした後３か月以内にその所有者が判明しないときは、これを拾得した者が所有者となれます。

財布を拾った場合が具体例です。拾

った財布を交番に届けて3か月経っても持ち主が現れない場合、拾った人のものになります。

③埋蔵物の発見

埋蔵物は、遺失物法の定めるところに従い公告をした後6か月以内にその所有者が判明しないときは、これを発見した者が所有者となれます。ただし、発見した場所が他人の土地であったときは、発見者とその土地の所有者が折半して所有者となります。

埋蔵金発見のような夢のある話です。

④添付（付合）

不動産に従属して付合した物の所有権は、その不動産の所有者が取得します。ただし、他人が、地上権や賃借権などのように、権原（けんげん）（行為を正当化する原因のこと）に基づいてその物を付属させた場合は、不動産の所有者の物にはなりません。

所有者の異なる動産が、壊さなければ分離できないほどに付合した場合、もとの動産のうちの主な動産の所有者がその合成物の所有者となります。主従の区別ができないときは、付合当時の価格の割合で共有となります。

ここで**付合物**とは、壊さなければ分離できないほどに接着した物をいいます。具体例は、家屋の増築部分です。増築部分は、壁が接しているので、壁を壊さないと切り離せません。

ポイント

承継取得

❶特定承継
❷包括承継

原始取得

❶無主物の帰属（239条）
❷遺失物の拾得（240条）
❸埋蔵物の発見（241条）
❹添付（242条〜248条）

ミニテスト

1　所有者のいない不動産は、所有の意思をもって占有した者が所有者となれる。
2　不動産に従属して付合した物の所有権は、その不動産の所有者が取得できるのが原則である。

解答　1　×　動産の誤りです。
2　○

045 相隣関係

隣近所の土地の関係です

Q 袋地の所有者は、自分の土地を囲んでいる他の土地を通れるの？
A 通れるよ。

意　義

相隣関係とは、隣近所の土地所有権の関係です。隣接する不動産の所有者相互の利用権の調節を図るものです。法律上当然に認められるもので、所有権の制限あるいは拡大とみることができます。

非常に細かな条文内容になりますので、以下、主なものを説明します。

隣地使用権

隣の土地を使える場合です。

土地の所有者は、①隣地との境界やその近くで、塀や建物等を建てる、壊す、修繕する、②境界標の調査や境界に関する測量をする、③後で述べる枝の切取りをするために必要な範囲内で、隣地使用を請求することができます。境界近くで塀などを作る場合に、隣の土地も使用しないと工事ができないということもあるからです。

ただし、隣の住宅には、隣人の承諾がない限り立ち入ることはできません。隣地の使用により損害を受けた隣人は、償金の請求ができます。

公道に至るための他の土地の通行権

他人の土地を通れる場合です。

他の土地に囲まれて公道に通じない土地、または、池沼、河川、水路もしくは海を通らなければ公道に出ることができない土地、または、公道との間が非常に高い崖になっている土地（いわゆる袋地）の所有者は、公道に至るためにその土地を囲んでいる他の土地を通行できます。袋地の所有者をA、袋地を囲んでいる他の土地の所有者をBとします。Aは、公道に出るためには、自分の土地を囲っているBの土地を通らざるを得ません。そこで、AはBの土地を通行できるということです。

通行の場所および方法は、通行権者（袋地の所有者）が、その所有地を利用するのに必要で、かつ、その土地を囲んでいる他の土地にとって損害が最も少ないものでなければなりません。通行者は、必要があれば、通路を開設することもできます。通行権者は通行する土地に生じた損害に対して償金を払わなければなりません。

境　界

隣地との境界に関しては、次のような規定があります。

土地の所有者は、隣地の所有者と共同の費用で**境界標**（境界を標示する物）を設けることができます。境界標の設置および保存の費用は、相隣者が等しい割合で負担します。ただし、測量の費用は、土地の広狭に応じて分担します。

竹木について、隣地の竹木の**枝**または**根**が境界線を越えて侵入している場合には、根については自分で切ることができますが、枝については従来は竹木の所有者に切り取ることを請求できるだけでした。クイズで出題されることもある有名な法律です。ところが、相手が切り取ってくれない場合、裁判を起こして強制執行する必要があり、時間とお金がかかって大変でした。そこで法改正により、自分で切り取ることができる場合が設けられました。具体的には、①竹木の所有者に切除を催告したのに、相当期間内に切除しないとき、②竹木の所有者又はその所在がわからないとき、③急迫の事情があるときです。例えば地震で壊れた建物の修繕工事の邪魔になる枝を切り取る場合は、③に該当すると考えられます。

ポイント

相隣関係

❶隣地使用権（209条）
❷公道に至るための他の土地の通行権（210条～213条）
❸境界（223条～238条）

ミニテスト

1　土地の所有者は、隣地との境界またはその付近において塀や建物を作るために必要な範囲で、隣地の使用を請求することができる。
2　他の土地に囲まれて公道に通じない土地の所有者は、公道へ出るためにその土地を囲んでいる他の土地を通行することができる。
3　土地の所有者は、隣地の所有者と共同の費用で境界標を設けることができる。
4　隣地の竹木の枝が境界線を越えて侵入している場合、急迫の事情があっても、その枝を切り取ることができない。

解答　1 ○　2 ○　3 ○
4 ×　急迫の事情があるときは、自ら枝を切り取ることができます。

046 共有

共同所有を略して、共有です

Q 1つの物を、2人で所有できるの？

A できるよ。それが共有だよ！

意　義

共有とは、1個の所有権を数人が共同して有することです。例えば、A・B・C3人で、3000万円の不動産を、1000万円ずつお金を出し合って購入したとします。この場合、各自の所有割合は3分の1になります。各自、その不動産の3分の1の所有権ということになります。この3分の1のように、各共有者が目的物に対して持っている権利やその割合を、持分（持分権）といいます。持分は、法律の規定や当事者の合意によりますが、不明な場合は均等と推定されます。

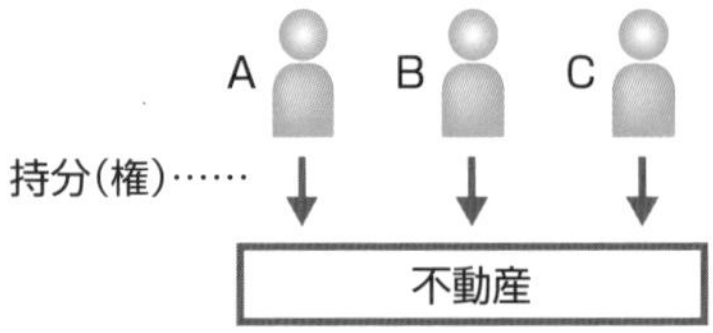

目的物の使用など

①使用

各共有者は、持分に応じて共有物の全部について使用することができますが、原則として、他の共有者に対し、自己の持分を超える使用の対価を償還する義務を負います。

つまり、各共有者は共有物の一部ではなく全部を使えますが、他の共有者に使用料を支払う必要はあるのです。

②保存行為

保存行為は、各共有者が単独ですることができます。1人でできるということです。例えば、共有家屋の修繕がその例です。誰か1人がやれば、他の共有者にも利益になるからです。

③管理行為

管理行為は、各共有者の持分の価格に従って、その過半数によって決められます。例えば、共有物の使用方法を決めることや、管理者を選任することがその例です。共有物を短期間（例えば建物は3年以内）賃貸することや、軽微変更（形状又は効用の著しい変更を伴わない変更）も管理行為に含まれます。後者の例は、建物の大規模修繕やバリアフリー工事です。

④重大変更・処分

軽微変更以外の変更行為（重大変更）や共有物の処分には、共有者全員の同意が必要になります。例えば建物を住宅から事務所に改装することや、共有建物を売却することがその例です。従来と大きく異なるものにしたり、所有権を失ったりすることなので、全員の同意が必要なのです。

費用負担

管理費用などの**費用**も、各共有者がその持分に応じて負担します。３分の１の持分であれば、費用の３分の１を払うということです。なお、共有者の１人が費用を支払ったときは、他の共有者に対し償還請求ができます。さらに、共有者が１年以内に費用負担などの義務を履行しない場合は、他の共有者は相当の償金を支払ってその者の持分を取得することができます。

持分の処分・放棄など

持分の処分は、各共有者が自由にできます。持分は制限された所有権、例えば３分の１の所有権です。したがって、所有物を処分できるのと同じように、持分権を処分するのも自由です。Aは、３分の１の持分を自由にDに売ることができます。

共有者の１人が、その**持分を放棄**したとき、または**死亡して相続人がない**ときは、その持分は他の共有者に帰属します。例えば、Cが持分を放棄、つまり自分の３分の１を要らないとした場合には、Cの３分の１の持分は、他の共有者AとBのものになります。結果、Aが２分の１、Bが２分の１の持分になります。

共有物の分割

共有者は、原則として、いつでも共有物の**分割**を請求できます。例えば、共有土地を、ABCで、３つに分けるという請求ができます。ただし、例外として、５年以内の不分割特約を結ぶことができ、更新する場合も５年が限度となります。

ポイント

保存・管理・変更行為

	要件	具体例
保存行為（252条５項）	単独	共有家屋の修繕
管理行為（252条１項）	持分の過半数	共有家屋の３年以内の賃貸
変更行為（251条１項）・処分	全員	共有家屋の売却

ミニテスト

1　管理行為は、共有者の頭数の過半数によって決められる。

解答　1 × 頭数ではなく、持分の過半数です。

047 用益物権

使「用」、収「益」する物権です

Q 地上権と地役権は同じ権利なの？

A 違う権利だよ。

意　義

用益物権とは、他人の土地を一定の限られた目的のために使用、収益することが認められた物権です。つまり、所有権の持つ使用収益の権能のみを持つ物権です。

地上権（ちじょうけん）、永小作権（えいこさくけん）、地役権（ちえきけん）、入会権（いりあいけん）の4つがあります。

地上権

地上権は、他人の土地において、工作物（建物など）または竹木を所有するために土地を使用する権利です。

例えば、ある土地をAが所有しており、BがAの土地に自分の建物を建てる場合、Bの建物を所有するためにAの土地を利用する用益物権が、地上権です。

地上権に関しては、「法定地上権」という概念が、抵当権で出てきます。

永小作権

永小作権は、小作料を払って他人の土地に耕作または牧畜をする権利です。

つまり、農地利用です。

農地に関する法律関係は特別法（農地法）にゆだねられているので、民法の永小作権の重要性は低くなっています。

地役権

地役権は、自己の土地（要役地という）の便益のために、他人の土地（承役地という）を使用する権利です。

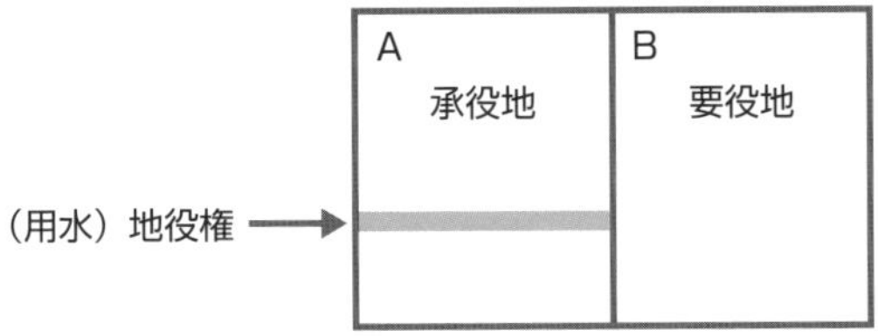

地役権の内容はさまざまですが、一例として、Bが自分の土地で使う水を、Aの土地にパイプを通して引く、用水地役権などがあります。

入会権

入会権は、一定の地域の住民集団が、山林原野等を共同で管理し利用する権利です。

各地方の慣習に従う場合が多いので、民法の入会権の重要性はとても低くなっています。

ポイント

用益物権の種類

❶地上権
→他人の土地において、工作物または竹木を所有するために土地を使用する権利である（265条）。

❷永小作権
→小作料を払って他人の土地に耕作または牧畜をする権利である（270条）。

❸地役権
→自己の土地（要役地）の便益のために、他人の土地（承役地）を使用する権利である（280条）。

❹入会権
→一定の地域の住民集団が、山林原野等を共同で管理し利用する権利である（294条）。

ミニテスト

1 地役権は、工作物または竹木を所有するために、他人の土地を使用する権利である。
2 地上権は、自己の土地（要役地）の便益のために、他人の土地（承役地）を使用する権利である。
3 永小作権は、小作料を払って他人の土地に耕作または牧畜をする権利である。

解答 1・2 × 説明が逆です。
3 ○

048 担保物権

貸したお金を確実に回収するための手段です

Q 担保物権は契約で生じるの？
A 契約以外で生じるものもあるよ。

意　義

まず、**債権者平等の原則**から考えましょう。

これは、債権発生の原因や時期を問わず、債権額に応じて比例的に債権者が満足を受けるという原則です。例えば、Ａに対してＢ・Ｃ・Ｄがそれぞれ100万円ずつ貸していた場合に、債務者Ａの財産が150万円しかなければ、債権者Ｂ・Ｃ・Ｄは50万円ずつしか回収できないという結果になることです。

債権者の立場からみると、この結果は嫌です。100万円を貸したのであれば、当然、100万円返してもらわないと、納得できません。そこで、債権者を平等にせずに、貸金などの債権を確実に回収するための手段として、担保制度が考え出されたのです。

担保制度とは、貸金を確実に回収するなど、債務者が債務を履行しない場合に受ける債権者の危険を考慮して、あらかじめ債務の弁済を確保し、債権者に満足を与えるための手段です。

この担保制度は大きく２つに分かれます。第１に、人的信用に基礎を置く**人的担保**です。典型例として保証人を立てる場合です（債権総論の分野）。

第２は、財産の価値に基礎を置く**物的担保＝担保物権**です。例えば、借金のカタにＡの宝石を質に取っておいて、Ａが借金を返せない場合には、その宝石を売り払って、その代金から優先的に100万円を回収するなどです。

種　類

民法が規定している担保物権には、留置権（りゅうちけん）、先取特権（さきどりとっけん）、質権（しちけん）、抵当権（ていとうけん）の４つがあります。発生原因によって、大きく２つに分かれます。

①法定担保物権

法定担保物権とは、一定の事由が生じた場合に法律上当然発生する担保物権です。留置権と先取特権です。

例えば、民法295条など、「法」が一定の要件を「定」めておいて、それを満たしたら当然に生ずる担保物権です。

②約定担保物権

約定担保物権とは、当事者の契約によって発生する担保物権です。質権と抵当権です。

例えば、ＡＢ間で、抵当権を設定するという契「約」で「定」めた場合

（約定）で生ずる担保物権です。

効　力

質権を具体例にして、担保物権の効力について説明します。

ＡがＢに100万円を貸し、この貸金を担保するために、Ｂの宝石を質物としてＡへ引き渡す場合、つまり、借金のカタに宝石を質に入れる場合です。

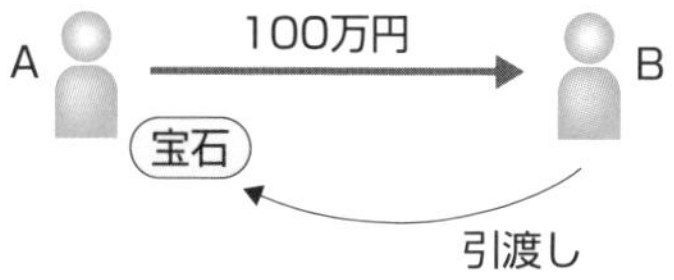

①優先弁済的効力

優先弁済的効力とは、債務が弁済されないときに、目的物を換価して、他の債権者に優先して弁済を受けることができる効力です。

もしＢが期日に借金を返せなければ、Ａは、この宝石を売り払って、売却代金から優先的に貸金を回収できます。

なお、留置権には優先弁済的効力はありません。条文に書いてないからです。法定担保物権である以上、民法が定めた内容になります。

②留置的効力

留置的効力とは、債務が弁済されるまで目的物を留め置いて債務者に心理的圧迫を加えて、弁済を促す効力です。

100万円を返さない限り、宝石を渡さないぞ、というように、Ｂに心理的プレッシャーを与えて間接的に弁済を促そうとするのです。

留置権と質権の２つにあります。先取特権と抵当権にはありません。

③収益的効力

目的物を使用・収益し、債務の弁済にあてる効力です。極めて例外的なもので、質権の中の不動産質にのみ認められます。

ポイント

	留置権	先取特権	質　権	抵当権
優先弁済的効力	×	○	○	○
留置的効力	○	×	○	×

＊収益的効力は、不動産質のみ（356条）。

ミニテスト

1　法定担保物権とは、一定の事由が生じた場合に法律上当然発生する担保物権であり、質権と抵当権がこれに属する。

解答　1　×　質権と抵当権は約定担保物権です。

049 担保物権の通有性

担保物権が、「通」常「有」する「性」質です

Q 付従性と随伴性は同じなの？

A 違うよ。

具体例

抵当権を具体例にして、**通有性**を説明します。AがBに1000万円貸して、Bの土地に抵当権を設定した場合です。抵当権などの担保物権によって担保されている債権を、被担保債権といいます。

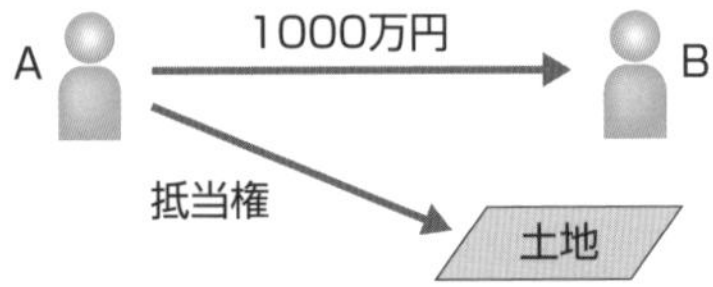

付従性

付従性とは、被担保債権が**成立**しなければ担保物権も成立せず、また、被担保債権が**消滅**すれば担保物権も消滅するという性質です。

被担保債権と抵当権などの担保物権が、目的と手段の関係にあることから認められる性質です。Aの目的は、1000万円を返してもらうことで、抵当権は、1000万円を確実に返してもらうための手段です。無効・取消しなどの理由で1000万円がなければ、目的がないことになり、手段だけ残しても無意味です。したがって、被担保債権が成立しなければ担保物権も成立しません。

同様に、Bが1000万円を返したら、これにより被担保債権は消滅します。手段だけ残しても無意味なので、担保物権も消滅します。このように成立と消滅が一緒だという性質を、担保物権が被担保債権に付従するということで、付従性といいます。

随伴性

随伴性とは、被担保債権が**移転**すれば、担保物権もそれに伴って移転するという性質です。被担保債権と抵当権などの担保物権が、目的と手段の関係にあることから認められる性質です。

前提として、モノを売るのと同じように、AのBに対する1000万円という債権も売れます（債権譲渡という）。Aが債権をCに売ると、Cが新債権者になります。つまり、目的である被担保債権が債権譲渡によってAからCへ移転します。手段だけAのもとに残しておいても無意味なので、手段である抵当権も移転します。

不可分性

不可分性とは、被担保債権**全部**の弁済を受けるまで、担保物権の目的物全部についてその効力を及ぼすという性質です。仮にBが、まず半額の500万円を返したとしても、抵当権の及ぶ範囲は、その土地の半分にはならないということです。Aの目的は1000万円全額返してもらうことだからです。目的物の全部に力が及ぶことを、分けられないという意味で不可分性といいます。

物上代位性

物上代位性（ぶつじょう）とは、担保物権の目的物が、売却・賃貸・滅失・損傷によって、代金・賃料・保険金などの金銭その他の物に変わった場合、担保物権者はこれらの物に対しても権利を行使できるという性質です。

売却を例に説明します。Bは、土地に抵当権を設定していますが、所有者ですので、この土地をCに売却できます。買主Cが払う代金は1000万円だとします。この場合の代金1000万円は、抵当目的物である土地の経済的価値が現実に現れたものです。目的物の価値の現実化したもの、価値の変形物です。そうだとすると、Aは1000万円を確実に回収するために、この土地の持つ経済的価値を押さえていたのだから、それが現れた以上、当然、代金にもかかっていけるはずです。このように、目的物の価値変形物にも権利行使ができるという性質を物上代位性といいます。

なお、担保物権のうち、留置権だけは優先弁済的効力を有しないので、物上代位性は認められません。

ポイント

通有性

	留置権	先取特権	質　権	抵当権
付従性	○	○	○	○
随伴性	○	○	○	○
不可分性（296条、305条、350条、372条）	○	○	○	○
物上代位性（304条、350条、372条）	×	○	○	○

ミニテスト

1　担保物権の目的物が売却によって代金に変わった場合に、売却代金に対しても権利を行使できるという性質を［　　］という。

解答　1　空欄には、［物上代位性］が入る。

050 留置権

留め置くという権利です

Q 留置って何？
A 渡さないってことだよ。

意　義

留置権とは、他人の物を占有している者が、その物に関して生じた債権を有するときに、その債権の弁済を受けるまでその物を留置できる権利です。

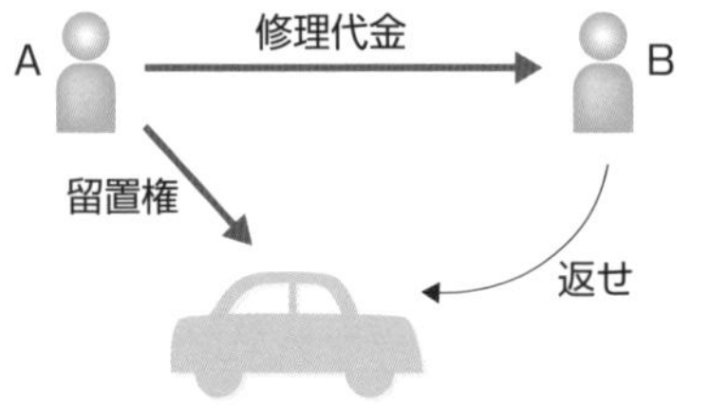

例えば、BがAに車の修理を頼み、Aが修理をして、修理代金が50万円でした。ところが、Bは、50万円を払わないにもかかわらず、車を返してくれと返還請求したという場合です。車を返したら、確実に50万円を払ってもらう手段がなくなります。この場合に、公平の観点から民法が認めた法定担保物権が留置権です。民法295条に規定している４つの要件を満たした場合に当然生じます。具体例の場合、Aはこの車を留置できます。50万円を支払わない限り、車を渡さないといえるのです。

成立要件

①債権がその物に関して生じたものであること（債権と物の牽連性）。関連性があることです。車を修理したことによって生じた修理代金50万円という関係です。

②留置権者が目的物を占有すること。目的物の占有は、成立要件であると同時に存続要件でもあります。車の占有を失ったら、留置権も消滅します。さらに、対抗要件でもあります。家を修理した場合でも、登記ではなく、占有が第三者に対する対抗要件です。

③債権が弁済期にあること。逆に、修理代金が後払いの約束であれば、留置権は行使できません。

④占有が不法行為によって始まった場合でないこと。Aが車を盗んで修理したような場合です。留置権を認めるのは不公平なので、占有が不法行為によって始まった場合には、留置権は成立しません。

効　力

留置権者は、債権の弁済を受けるまで、目的物を留置できます。

ただし、留置権者は、善良な管理者の注意をもって留置物を保管する義務（**善管注意義務**）を負います。善管注意義務は、語感のイメージとは違い、厳しい義務です。その立場で、最善の努力をすべき義務、つまりベストを尽くせという意味です。したがって、留置権者は、債務者の承諾がなければ、留置物を使用・賃貸したり、担保に供することはできません。

果実収取権もあります。留置権者は、留置物から生ずる果実を収取し、他の債権者に先立って、これを自己の債権の弁済に充当することができます。ミカンの木を治して留置している場合に、ミカンを取れるということです。

費用償還請求権もあります。支出した費用を返せといえる権利です。費用には、**必要費**と**有益費**の２つがあります。必要費は保存に必要な費用、有益費は改良に有益な費用です。家屋を直して留置している場合であれば、雨漏りの修理代が必要費、壁紙の張替え代が有益費になります。

消　滅

留置権は**占有の喪失**により消滅します。占有が存続要件でもあるからです。

留置権者が善管注意義務に違反した場合などは、債務者は留置権の消滅を請求することができます。この消滅請求があれば消滅します。また、債務者は、相当の担保を提供して、留置権の消滅を請求することができます。この場合は、留置権者が承諾すれば留置権は消滅します。

なお、留置権を行使していても、被担保債権の消滅時効は進行することに注意です。

ポイント

成立要件（295条）

❶牽連性　❷占有　❸弁済期
❹不法行為によって始まった場合でない

ミニテスト

1　留置権が成立するためには、債権がその物に関して生じたものであることが必要である。

解答　1 ○

051 先取特権

他人より、先に取れるという権利です

Q「せんしゅ」特権って読むの？
A「さきどり」特権だよ。

意　義

先取特権とは、法律の定める特殊の債権を有する者が、債務者の財産から他の債権者に優先して弁済を受ける権利です。

その名の通り、他の者より先に取れる、先取りできるという権利です。優先弁済的効力のみを持つ法定担保物権です。留置的効力はありません。また、当事者間の契約では発生しません。

この先取特権は、目的物によって、一般の先取特権、動産の先取特権、不動産の先取特権の３種類に分かれます。

一般の先取特権

一般の先取特権とは、債務者の総財産を目的とする先取特権です。つまり、債務者のすべての財産が対象となります。

一般の先取特権者は、まず不動産以外の財産から弁済を受け、不足分に限り、不動産から弁済を受けることができます。

一般の先取特権の被担保債権となるのは、次の４種類です。

①共益費用

債務者の財産の保存などに関する費用を支出した者に認められます。

②雇用関係

給与その他債務者と使用人との間の雇用関係に基づいて生じた債権について認められます。

③葬式費用

債務者またはその扶養親族のためにされた葬式の費用のうち相当な額について認められます。

④日用品供給

債務者またはその扶養すべき同居の親族・家事使用人の生活に必要な飲食品・燃料・電気を供給した者に認められます。

②雇用関係で考えましょう。

例えば、使用人Ａの１か月分の給料です。これは、債務者である雇主Ｂの、大口の債権者Ｃ・Ｄなどに優先して、まず給料を取らせてあげないと使用人Ａは生活ができません。つまり生活保障といった特別な理由から、法定されているのです。

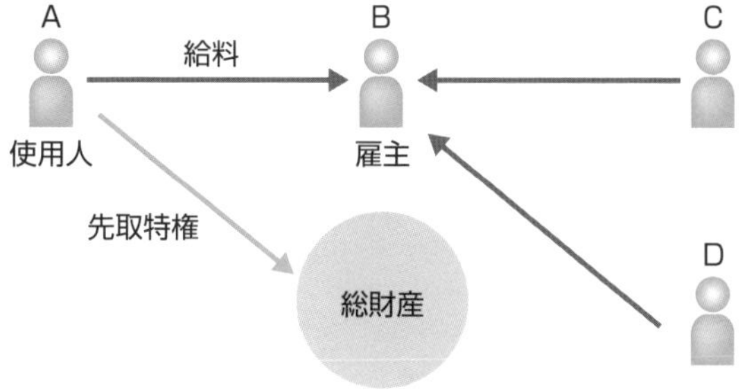

なお、一般の先取特権の４つは、次のゴロ合わせで暗記できます。

「きょうは雇い人の葬式の日だ」！

「きょうは」の「きょう」で共益費用の「共」。「雇い人の」の「雇い」で雇用関係の「雇」。「葬式」は、そのまま。「日だ」の「日」で日用品供給の「日」。これで、４種類です。

動産の先取特権

動産の先取特権とは、債務者の**特定の動産**を目的とする先取特権です。被担保債権について、不動産の賃貸借、旅店の宿泊、旅客・荷物の運輸など、民法は８種類を規定しています。

不動産の先取特権

不動産の先取特権とは、債務者の**特定の不動産**を目的とする先取特権です。被担保債権は、不動産の保存費用、不動産の請負代金・工事費用、不動産の売買代金です。

ポイント

先取特権の種類

一般の先取特権（306条）

❶共益費用　❷雇用関係　❸葬式費用　❹日用品供給

動産の先取特権（311条）

不動産の先取特権（325条）

ミニテスト

1　先取特権は、約定担保物権である。
2　一般の先取特権、動産の先取特権、不動産の先取特権の３種類がある。
3　一般の先取特権の被担保債権には、共益費用、雇用関係、葬式費用、日用品供給の４つがある。

解答　1　×　法定担保物権です。　2　○
3　○

052 質権

質屋さんが具体例です

Q 質って何?
A 借金のカタだよ。

意　義

質権とは、債権者が、債権の担保として債務者または第三者から受け取った物を債権の弁済があるまで留置し(留置的効力)、弁済がないときには他の債権者に優先して弁済を受ける（優先弁済的効力）権利です。例えば、質屋さんが、借金のカタに、宝石を質に取ってお金を貸す場合です。

AがBに100万円を貸して、借金のカタにBの宝石を質に取る例で、登場人物は、質権に着目すると、Aは質権についての権利者なので**質権者**、Bは質権を設定した者なので**質権設定者**といいます。100万円の債権債務に着目すれば、Aが債権者、Bが債務者です。

場合によって、登場人物が３人になることもあります。債務者Bに見るべき財産がないときに、Bの友人Cに頼んでCの宝石を質に入れてもらう場合です。この場合、債務者はB、質権設定者はCになります。そして、Cは、物による保証人というイメージになるので、**物上保証人**といいます。ただし、以下では、債務者＝質権設定者の例で説明します。

設　定

質権は、譲渡することができない物を目的とすることはできません。この譲渡できない物の典型例は、法禁物です。麻薬とか覚醒剤などです。

質権の設定は、**要物契約**です。当事者の合意のほかに、一方の当事者が物の引渡しをすることを成立要件とする契約です。「物」を必「要」とするから要物契約といいます。質権設定契約は、当事者の意思表示の合致のほかに、債権者に目的物を引き渡すことで効力を生じます。AとBで質権を設定する合意をしただけでは50%で、宝石をBからAに引き渡して100%になります。

さらに、質権者は、質権設定者に、自己に代わって質物の占有をさせることはできません。**占有改定**は禁止です。Bがそのまま宝石を持っているという占有改定では足りません。Aが留置的効力を発揮できないからです。

民法は**流質**(りゅうじち)**契約を禁止**しています。流質とは、いわゆる丸取り契約のことです。弁済期に借金を返せなかったら、質権者が直ちに質物の所有権を取得するという契約です。100万円貸す場合に、貸主の方が立場が強いので、時価200万円の宝石を質に取るなど、質物は100万円より価値の高い場合が普通です。もし丸取り契約を許したら、Aは100万円貸したにすぎないのに、200万円の宝石を手に入れることになります。これは暴利をむさぼる行為で、Bが害されます。

民法は転質（てんしち）を許容しています。転質とは、債権者が融資を受けたい場合に、保管している質物を自分の債務のために質入れするということです。質物を再度、質入れする形になります。質権設定の後、債権者Aが、Cから80万円借りることになって、Aが、質に取っているBの宝石を、さらにCへ質に入れる場合です。

種　類

質権は、その目的物によって、**動産質**、**不動産質**、**権利質**の3つに分かれます。目的物が、宝石のような動産の場合である動産質が中心です。

①動産質権者は、質権設定者の承諾がなければ、質物を使用したり賃貸したり、または担保に供することができません。もちろん、転質はできます。

動産質権の対抗要件、つまり、第三者に対して自分が質権者だと対抗するための要件は、**占有継続**です。したがって、動産質権者が質物の占有を奪われたときは、**占有回収の訴え**によってのみ、その質物を回復することができると規定されています。よって、質権に基づく返還請求は認められません。占有していない以上、質権者だと対抗できないからです。

②不動産質権者は、質権の目的である不動産の用法に従って、使用・収益することができます。その土地を使ったり、貸して地代を取ったりといった収益ができます。これが不動産質にのみ認められている**収益的効力**です。

③質権は、財産権をその目的とすることもできます。つまり、権利に質権を設定するという権利質です。

ポイント

質権の種類

❶動産質（352条）　❷不動産質（356条）　❸権利質（362条）

ミニテスト

1　質権者は、質権設定者に、自己に代わって質物の占有をさせることができる。

解答　1 ×　できません。

053 抵当権の設定

抵当権は、最も重要な担保物権です

Q 抵当って何？
A 借金のカタだよ。

意　義

抵当権とは、債務者または第三者が占有を移転しないで債務の担保に供した不動産などから、抵当権者が、他の債権者に優先して弁済を受けることができる権利です（369条）。

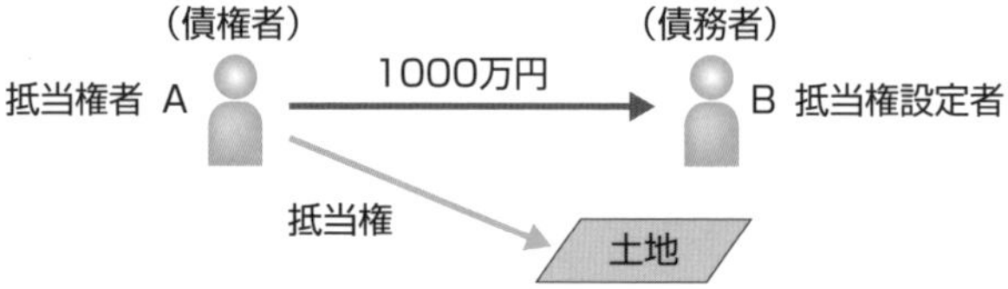

Aが**抵当権者**、Bが**抵当権設定者**です。Bが期日に1000万円を返さなければ、Aは抵当権を実行、つまり土地を売り払って、その代金から優先的に1000万円を回収できます。このように、優先弁済的効力のみを持つ約定担保物権が抵当権です。実社会では、A銀行からBが融資を受ける場合に、よく利用されています。質権との違いは、目的物をAに引き渡さないことです。土地は、Bがそのまま使用収益できます。

なお、友人Cの土地に抵当権を設定してもらうような**物上保証人**が登場する場合もありますが、以下、債務者＝抵当権設定者の例で説明します。

抵当権の目的

抵当権の目的は、**不動産・地上権・永小作権**に限られます。

実際には、ほぼすべて不動産、つまり土地や建物ですが、条文上、地上権と永小作権にも設定できることに注意です。

抵当権の対抗要件

登記です。Aが、第三者に対して自分が抵当権者だと対抗するための要件は、177条により登記です。

抵当権の被担保債権

抵当権によって担保される債権は、普通は金銭債権です。例えば、1000万円の貸金債権です。ただし、金銭債権以外の債権でも構いません。例えば、物の引渡しなどです。債務が履行されない場合には、損害賠償債権という金銭債権に変わるからです。

また、将来発生する債権のために、現在において抵当権の設定をすることもできます。明日1000万円を借りる場合に、今日のうちに抵当権の設定をしても、とくに不都合はないはずです。杓子定規に考えずに緩やかに解するので、被担保債権が成立しなければ抵当権も成立しないという**付従性の緩和**といいます。

抵当権の順位

数個の債権を担保するために同一の不動産に抵当権を設定することができます。その**抵当権の順位**は登記の前後によります。

例えば、Bが多重債務者で、Aからも、Cからも…、お金を借りる場合、Bの土地に対して、順次抵当権を設定していくことができます。この場合には、登記をした順番で、Aが１番抵当権、Cが２番抵当権…、となります。Aから見てCを、自分より後ろなので、**後順位抵当権者**といいます。逆にCから見たAは、**先順位抵当権者**です。

なお、抵当権の順位は、各抵当権者の合意によって変更することができます。**抵当権の順位の変更**といいます。これによって、Cが１番抵当権者、Aが２番抵当権者になります。

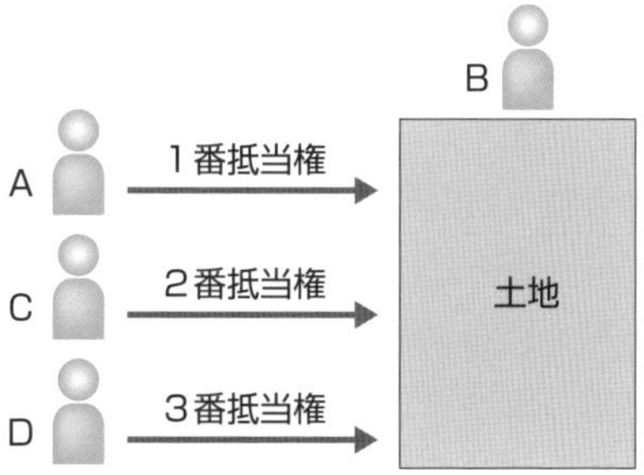

ポイント

目的	不動産・地上権・永小作権（369条）
対抗要件	登記（177条）
順位	登記の前後（373条）、変更（374条）

ミニテスト

1　抵当権は、不動産のほか、地役権と永小作権にも設定することができる。

解答　1　×　地役権ではなく地上権です。

054 抵当権の効力

抵当権は、最も利用されている担保物権です

Q「付加一体物」って何？
A 難しいけど、「付合物」と同じだよ。

付合物

370条は、抵当権の効力は、抵当不動産に付加して一体となっている物に及ぶ、と規定しています。なお、土地についての抵当権の効力は、その土地上の建物には及びません。土地と建物は別個の不動産だからです。

付加一体物の意味については、争いがありますが、判例は、付加一体物＝**付合物**（242条）と解しています。

付合物とは、壊さないと分離できない程度に付着した物です。典型例は、建物の増築部分です。もとの建物に抵当権の効力が及ぶのは当然ですが、問題は、その後、増築した場合です。増築部分は、壁を壊さないと切り離しできません。もとの物と物理的に一体となった付合物です。したがって、建物に設定した抵当権の効力は、建物の増築部分にも及びます。抵当権の効力が及ぶというのは、お金を返せなければ、もとの建物は当然として、さらに増築部分もいっしょに売り払うことができるということです。

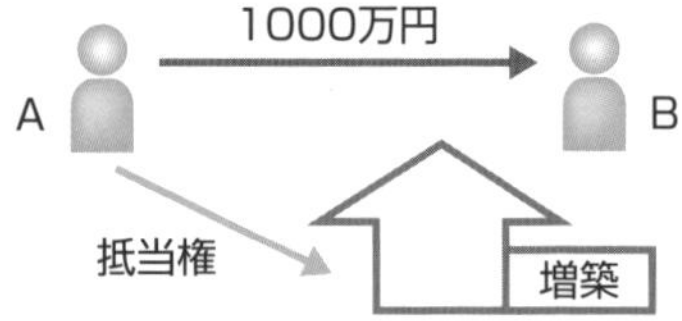

従　物

従物（87条）の典型例は、建物の中の畳です。抵当権設定当時の従物、つまり、抵当権設定当時から建物の中にあった畳についてです。

判例は、付加一体物を付合物とします。そうすると、畳のような従物は、壊さなくても持ち運びができるので、370条では抵当権の効力が及びません。そこで、判例はまったく違う条文、すなわち87条2項を使います。

87条2項は、従物は主物の処分に従う、という規定です。例えば、Bが建物をAに売却した場合に、畳も売却されたことになります。処分の典型例は、売却ですが、抵当権設定も、抵当権を設定するという一種の処分です。したがって、抵当権設定当時から建物の中にあった畳の場合、主物である建物に抵当権設定の処分が行われたの

で、従物である畳にも抵当権設定という処分が行われたことになります。以上から、抵当権設定当時の従物には抵当権の効力が及ぶと考えます。よって、抵当権設定当時からあった畳は、お金を返せなければいっしょに売り払えます。

果　実

果実の例は、天然果実だとミカンです。ミカンの木の生えている土地に抵当権を設定した場合に、ミカンにも抵当権の効力が及ぶのか、つまり、抵当権者がミカンを取れるか、についてです。

371条は、抵当権の効力は、その担保する債権について不履行があったときは、その後に生じた抵当不動産の果実に及ぶとしています。したがって、債務の不履行、つまりお金を返せなかった場合には、その後は天然果実にも効力が及びます。つまり、ミカンが取れるのです。

被担保債権

375条は、原則として、利息などは**最後の２年分**しか優先弁済を受けられない、と規定しています。

元本は当然として、それ以外のもの、例えば利息は何年分か、に関する条文です。もし、利息などが何十年分も払われておらず、たまっていたらどうでしょうか。そのすべてを、先順位抵当権者がまず優先的に取れるとすれば、後順位抵当権者が害されます。そこで、元本以外に取れる範囲を限定したものです。

ポイント

抵当権の効力

目的物の範囲

付合物（242条） 及ぶ
従物（87条） 設定当時の従物には及ぶ
果実（88条） 債務不履行後の果実には及ぶ

被担保債権の範囲

利息などは最後の２年分

ミニテスト

1　抵当権の効力は、抵当不動産に付合した物にも及ぶ。
2　抵当権の効力は、抵当権設定当時からあった従物にも及ぶ。
3　抵当権の効力は、債権不履行の後に生じた果実には及ばない。

解答　1 ○　2 ○　3 × 及びます。

055 法定地上権

地上権の法定バージョンです

Q 地上権って何？
A 建物のための土地の利用権だよ。

意　義

法定地上権とは、抵当権の設定当時、すでに建物と土地が存在し、両者が同一人の所有に属していた場合に、競売によって建物と土地の所有者が異なるに至ったときには、その建物について地上権が設定されたものとみなす制度です。

例えば、自分の土地の上に自分の建物を所有しているAが、Bからお金を借りて建物にのみ抵当権を設定したところ、お金を返せなかったので、抵当権が実行、つまり**競売**（けいばい）（裁判所を通して売る手続き）によって売り払われ、建物はCが買い受けたとします。このままだと、Cには何ら土地利用権がないので、Aの土地の上にCが無権限で建物を所有していることになり、AはCに対して建物収去、土地明渡し、つまり家を壊して土地から出ていけという請求ができることになってしまいます。これでは、まだ十分に使える建物を壊さなければならず、国民経済上、余りに不利益だと考えられます。

そこで民法は、こういう場合に当然に生ずる地上権、民法388条という法が定めた地上権を成立させます。この場合には、建物の買受人（新所有者）Cは、Aの土地の上に、当然に地上権（法定地上権）を有するとされるのです。新所有者Cは、土地の所有者Aとは、土地の利用に関して契約関係にないため、本来なら、建物を入手しても土地の利用権が認められないはずですが、法が、競売の結果地上権を設定したものとみなすことで、建物の利用権を保護しているのです。

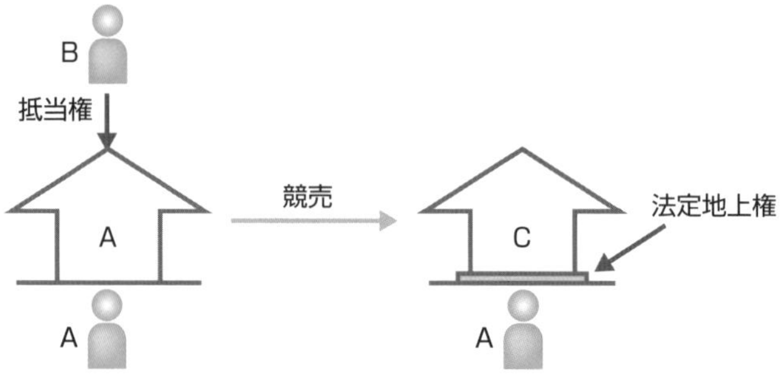

要件

法定地上権は、次の3要件をすべて満たしたときにのみ成立します。

第1に、抵当権設定当時にすでに**建物が存在**していることを要求しています。逆に、**更地**（地上に建物のない土地）に抵当権が設定された場合には、法定地上権は成立しません。

第2に、抵当権設定当時に土地と建物の所有者Aというように、**土地と建物が同一所有者**のものであることが必要です。設定当時に同一所有者であれば足り、その後、売却されて別の所有者になっても構いません。同一所有者であることが要求されるのは、抵当権設定時点のみです。逆に、抵当権設定当時、土地と建物の所有者が異なっている場合には、その建物のために契約により利用権が設定されているはずなので、法定地上権は成立しません。

第3に、競売の結果、土地の所有者A、建物の所有者Cというように、**土地と建物が別の所有者**のものになることです。

一括競売

法定地上権とは、似て非なる制度です。土地の抵当権設定後に、その土地の上に建物が建てられた場合には、抵当権者は建物と土地を**一括競売**することができます。ただし、土地代金からしか優先弁済は受けられません。

更地を所有しているAが、①Bからお金を借りて、この土地に抵当権を設定した後、②土地の上に建物が建てられたが、結局Aがお金を返せなかったという場合です。抵当権者Bは、本来、土地についてしか権利を持っていませんが、実際に建物が建っている土地を、建物を除いて、土地だけ売るというのは無理です。そこで便宜上、一括して競売、つまり土地といっしょに建物も売り払うことができます。ただし、もちろんBが優先権を持つのは土地の方の代金だけなので、建物についての代金はAに返します。

①②の順番が逆であれば、法定地上権の問題になるので、要注意です。

ポイント

法定地上権の成立要件（判例）

❶抵当権設定当時に建物が存在　❷抵当権設定当時に土地と建物の所有者が同一人
❸競売の結果、土地と建物が別人の所有

ミニテスト

1　法定地上権は、抵当権設定当時に建物が存在している場合に成立しうる。

解答　1 ○

056 抵当目的物の第三取得者と賃借人

第三取得者と賃借人を保護する制度です

Q 第三取得者って誰？
A 抵当不動産を買った人だよ。

代価弁済

ＡがＢに1000万円を貸して、Ｂの土地に抵当権を設定し登記します。その後、Ｂは抵当権を設定しても土地の所有者ですから、この土地を売ることができるので、Ｃにこの土地を売却しました。この場合のＣ、つまり抵当権付きの土地を買ったＣを**第三取得者**といいます。

第三取得者が登場した場合に、ＢがＡに1000万円を返せなかったらどうなるか。Ａが先に登記をしているので、177条により、ＡＣ間ではＡが勝ちます。Ｃにしてみると、せっかく土地を買ったのに、ＢがＡにお金を返せなかったばかりに、Ａに抵当権を実行され土地を売り払われてしまいます。それでは、余りに第三取得者に酷だと民法は考えました。そこで、Ｃを守る制度をつくったのです。

その１つ目が**代価弁済**の制度です。抵当不動産の所有権を買い受けた者が、抵当権者からの請求に応じて買受代金を抵当権者に支払えば、抵当権は買受人のために消滅します。抵当権者Ａが請求します。ＡがＣに、1000万円払ったら抵当権を消滅させてやる、という請求をする場合の規定です。つまり、抵当権者Ａがイニシアチブを取って、Ａが請求したことに対してＣがお金を払って抵当権を消滅させる制度です。

抵当権消滅請求

代価弁済には、弱点があります。抵当権者Ａが請求してくれないと、Ｃにはどうしようもありません。そこで民法は、２つ目として、より強力な制度である**抵当権消滅請求**の制度をつくりました。抵当不動産について所有権を取得した第三者は、抵当不動産の代価またはとくに指定した金額を抵当権者に提供して抵当権の消滅を請求することができます。つまり、Ａが請求してくれなくても、Ｃが、1000万円払うから抵当権を消滅させてくれ、という請求をする場合です。Ｃがイニシアチブを取る制度です。

以上から、代価弁済と抵当権消滅請求のポイントは、逆パターンということです。代価弁済は抵当権者Ａがイニシアチブを取る方、抵当権消滅請求は第三取得者Cがイニシアチブを取る方です。

抵当権者の同意

AがBに1000万円を貸して、Bの建物に抵当権を設定し登記します。その後、Bは抵当権を設定しても建物の使用収益はできるので、この建物をDに賃貸した。つまり、収益として、家を貸して家賃を取る場合です。

賃借人が登場した場合に、BがAに1000万円を返せなかったらどうなるか。Aが先に登記をしているので、177条により、AD間ではAが勝ちます。Dにしてみると、せっかく建物を借りたのに、BがAにお金を返せなかったばかりに、Aに抵当権を実行され建物を売り払われてしまい、建物の明渡し、つまり家から出て行けといわれてしまいます。それでは、安心して住んでいられないので、賃借人に酷だと民法は考えました。そこで、Dを守る制度をつくったのです。

1つ目が**抵当権者の同意**という制度です。登記をした賃貸借は、その登記前に登記をした抵当権を有するすべての者が同意をし、かつ、その同意の登記があるときは、その同意をした抵当権者に対抗することができます。抵当権者が同意してくれた場合には、そのまま住めるという制度です。

賃借建物の引渡猶予

2つ目が、引渡しが猶予されるという**賃借建物の引渡猶予**の制度です。競売されても、6か月間は引き渡さずに住んでいられます。抵当権者に対抗できない賃貸借によって抵当権の目的である建物の使用または収益を行う一定の者は、その建物の競売の場合において、買受人の買受けの時から6か月を経過するまでは、その建物を買受人に引き渡すことを要しません。

ポイント

第三取得者の保護
→代価弁済（378条）　抵当権消滅請求（379条）
賃借人の保護
→抵当権者の同意（387条）　賃借建物の引渡猶予（395条）

ミニテスト

1　抵当権消滅請求は、抵当権者からの請求によって、抵当権が消滅する。

解答　1　×　代価弁済です。

057 根抵当権

根っこから担保します

Q 根抵当権は普通の抵当権と違うの？
A いろいろ違うよ。

意義

根抵当権（ねていとうけん）は、一定の範囲に属する不特定の債権を極度額の限度において担保する特殊な抵当権です。

通常の抵当権の場合、債務者が債務を弁済するなど被担保債権が消滅すれば、付従性により、抵当権も消滅します。しかし、例えば、問屋と小売店間の取引や銀行と商人間の取引など、継続的な取引関係にある場合には、決済の都度抵当権を設定しなければならなくなり、かえって煩雑です。そこで、個々の決済、正確には個々の債権の発生・消滅に影響を受けない抵当権として、根抵当権が規定されました。したがって、根抵当権は、確定するまでは付従性・随伴性を有しません。

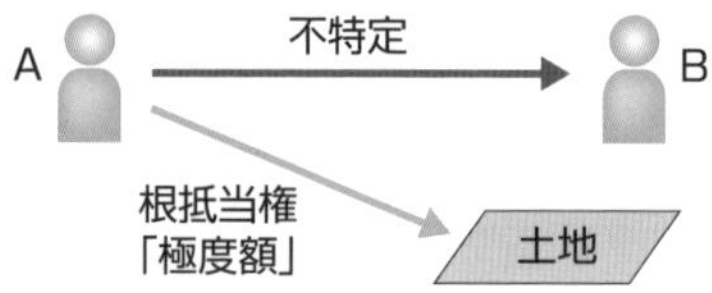

設定

根抵当権は根抵当権者と根抵当権設定者との設定契約により設定され、対抗要件は登記です。

内容

根抵当権の内容は、①被担保債権の範囲、②極度額、③確定期日の３つにより決まります。

①被担保債権の範囲

根抵当権の被担保債権となりうる債権は、設定行為をもって定められた一定の範囲に属する債権です。

債務者との特定の継続的取引契約から生じる債権、例えば、問屋と小売店間の継続的な特定の商品供給契約などです。

②極度額

極度額とは、根抵当権によって優先弁済を受けうる上限額をいいます。

元本、利息その他の定期金および債務不履行による損害賠償の全部につき、極度額を限度として優先弁済を受けることができます。

③確定期日

根抵当権は、確定により担保される元本債権が特定し、その後に発生する元本債権は担保されなくなります。これを元本の確定または根抵当権の確定といい、一定の事由によって定まります。

この元本の確定を生じさせる期日を当事者の意思で定めたものを、確定期日といいます。この確定期日は、当事者が5年以内の日においてあらかじめ定めることができます。仮に、当事者があらかじめ確定期日を定めなくても、他の事由によって元本の確定は生じますので、確定期日の定めのない根抵当権設定契約も無効にはなりません。

元本の確定（根抵当権の確定）

元本の確定とは、不特定の債権を担保するものとして設定された根抵当権について、担保すべき元本債権がすべて特定のものとなり、以後新たに担保すべき元本債権が生じることがなくなる状態をいいます。

確定事由は、確定期日の定めのある場合に、その期日が到来したとき。確定期日の定めのない場合に、根抵当権設定後3年を経過してから、根抵当権設定者が元本の確定請求権を行使し、2週間を経過したとき。確定期日の定めのない場合に、根抵当権者が元本の確定請求権を行使したとき、などです。

元本の確定により、担保されるべき元本債権が特定し、それ以後に発生した元本債権は担保されないことになります。ただし、利息については、確定後に発生したものでも、極度額までは担保されます。

ポイント

根抵当権→一定の範囲に属する不特定の債権を極度額の限度において担保する特殊な抵当権

ミニテスト

1　根抵当権は、一定の範囲に属する特定の債権を極度額の限度において担保する特殊な抵当権である。
2　根抵当権も抵当権の一種であるから、付従性および随伴性という性質を有する。
3　極度額とは、根抵当権によって優先弁済を受けることができる上限額をいう。
4　元本の確定（根抵当権の確定）とは、担保すべき元本債権がすべて特定のものとなり、以後新たに担保すべき元本債権が生じることがなくなる状態をいう。

解答
1 × 不特定の債権です。
2 × 根抵当権は、確定するまでは付従性・随伴性を有しません。
3 ○
4 ○

058 債権

人に対する請求権です

Q 債権の具体例は何？
A 土地の引渡しなどだよ。

債権の意義

債権は、簡単にいえば、人に対する権利です。

特定の人（**債権者**）が、他の特定の人（**債務者**）に対して、一定の行為をすること（あるいは、しないこと）を請求する権利です。つまり、対人的請求権です。

例えば、BがAから土地を買った場合には、BはAという人にだけ、この土地を引き渡せと請求できます。権利の客体はAです。このように、人に対して行為を請求する権利を債権といいます。ある人に対して何々してくれといえるだけの権利にすぎません。

物権との違い

債権は、単なる対人的な請求権にすぎないので、物権と異なり**排他性がない**権利です。したがって、同一内容の債権が同一債務者に対して２つ以上併存して成立できます。例えば、Aが同じ土地をさらにCに売却したら、CはAに対して同じ土地の引渡しを請求できます。BのAに対する土地の引渡請求権とまったく同じ内容、つまり、CのAに対する土地の引渡請求権が成立します。他者を排斥する力がないからです。

ただし、以上までだとわかりづらいので、最終処理について説明を続けます。

債権は、排他性がないので、同一内容の債権がいくつでも成立します。しかし、現実には、土地は１つしかないので、結局、AがBに引き渡したとします。すると、Cの引渡債権は、別の債権である損害賠償の債権に変化します。無から有は生じないので、もともとAに対する土地の引渡債権が成立していたからこそ、それが不可能になったので損害賠償、つまりお金を払えという債権に変わったのです。変化するという以上は、もともとの引渡債権は成立していなければならないのです。

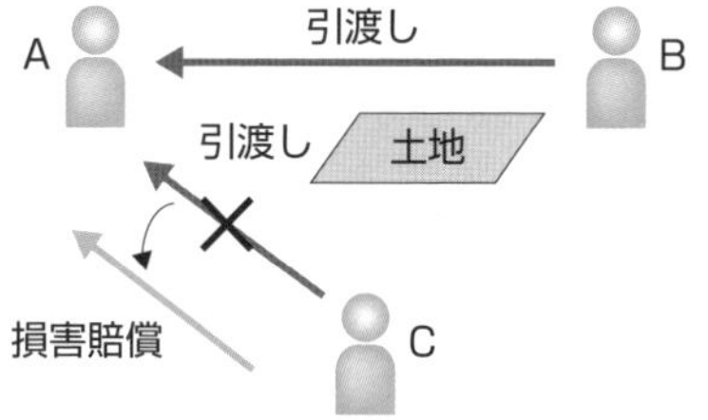

債権は、債権者と債務者間の問題にすぎず、第三者に影響を与えないので、当事者間で自由に債権債務の内容を定めて構いません。したがって、原則として、私人が自由に契約して構いません。民法には13種類の契約が規定されていますが、それ以外の契約であっても、私人が自由につくり出してよいという**契約自由の原則**が採られています。例えば、プロ野球選手やＪリーガーの契約など、民法に書かれていない契約も有効です。

さらに、物権には**絶対性**があるが、債権には**相対性**しかないといわれます。すなわち、物権の権利者は誰に対しても権利を主張できます。例えば、Ａが土地を所有していれば、Ａは世界中の誰に対してもその土地は自分のものだといえます。しかし、債権者は債務者に対してしか権利を主張できません。例えば、ＡがＢに100万円貸したとすれば、債権者Ａは債務者Ｂに対してしか100万円を返せといえません。

このように物権と債権を比べれば、物権は強い権利で、債権は弱い権利であるということになります。そこで、同一物について、両立できない物権と債権が競合する場合には、原則として、物権が債権に優先するのです。

ポイント

物権と債権の相違点

	物権	債権
定義	直接排他的支配権	対人的請求権
排他性の有無	あり	なし
権利の法定	物権法定主義	契約自由の原則
絶対性の有無	絶対的	相対的

＊競合する場合は、物権が債権に優先する（原則）

ミニテスト

1　債権には、［　　　］がない。したがって、同一内容の債権が同一債務者に対して2つ以上併存して成立できる。

解答　1 空欄には、［排他性］が入る。

059 債権の目的と種類

特定物という用語がとても大切です

Q 給付って何？
A 債務者が行う行為のことだよ。

債権の目的

債権の目的とは、債務者がなすべき一定の行為のことで、**給付**ともいいます。例えば、借りたお金を返す、売ったものを引き渡すなどのことです。

給付は、次のようなものでなければなりません。

①給付の適法性

債務者が給付する内容は、法律上**適法**であり、社会的妥当性のあるものでなければなりません。給付内容が不法または公序良俗に違反する場合は、無効となります。例えば、殺人契約は90条の公序良俗に違反して無効です。

②給付の確定性

債務者が給付する内容は、**確定**したものであることを要します。確定しない給付を目的とする債権は、無効です。例えば、代金を決めない売買契約などです。

なお、給付の**経済的価値**については、金銭に見積もることができないものでも債権の目的とすることができます。例えば、念仏を唱えるという行為がその例です。

債権の種類

①特定物債権

特定物の引渡しを目的とする債権を**特定物債権**といいます。債務者は、引渡しをするまでの間、善良な管理者の注意をもって目的物を保管しなければなりません。

ここで**特定物**とは、具体的取引において当事者が物の個性に着目した物のことです。簡単にいえば、世界に1個しかない、同じものが絶対にない物という意味です。これだ！　特定のものだ！　というニュアンスで特定物といいます。

例えば不動産です。土地で考えれば、地球上の同じ場所にある土地はありません。また、中古品です。まったく同じように使われて、同じところに傷がある中古品は絶対にありません。

したがって、例えば、土地を買った場合の買主が有している債権を、特定物債権といいます。

②種類物債権

種類物の引渡しを目的とする債権を**種類物債権**といいます。種類物債権においては、市場から目的物がすべてなくならない限り、債務者に調達義務があります。

ここで**種類物**とは、特定物ではない物です。債権の目的物を示すのに種類と数量だけを指示した物です。

具体例は、新品です。ある会社の新製品などです。

③金銭債権

一定額の金銭の引渡しを目的とする債権を**金銭債権**といいます。例えば、100万円貸した場合に貸金100万円を返してもらう、100万円で物を売った場合に代金100万円を支払ってもらうなどです。

④選択債権

債権の目的が数個の給付のうちから選択により定まる債権を**選択債権**といいます。選択権は、原則として、債務者にあります。

例えば、ＡＢ間の売買で、Ａの所有する甲馬と乙馬のどちらかを給付する、引き渡すという売買が行われた場合です。どちらかを選んでという意味です。この場合、引渡しの債務は売主Ａが負っているので、選択権は、債務者Ａにあります。

ポイント

特定物と種類物

	意義	具体例
特定物	具体的取引において当事者が物の個性に着目した物	不動産、中古品など
種類物	種類と数量だけを指示した物	新品など

ミニテスト

1　債権の目的（給付）は、適法で、かつ確定しなければならず、また、金銭に見積もることができるものでなければならない。

2　特定物債権では、債務者は、引渡しをするまでの間、善良な管理者の注意をもって目的物を保管しなければならない。

3　債権の目的が数個の給付のうちから選択により定まる債権を選択債権といい、選択権は、原則として債権者にある。

解答　1 ×　金銭に見積もることができないものでも、債権の目的にできます。
2 ○
3 ×　債務者にあります。

060 債務不履行

債務を履行しないことです

Q「不」履行って何？
A ～しないことだよ。

意　義

債務不履行とは、債務の本旨に従った履行をしないことや債務の履行が不可能なことをいいます。簡単に言えば、約束通りの履行をしない・できない場合のことです。債務不履行の「不」という否定語から、債務を履行しないことという意味になります。例えば、借りたお金を決めた期日に返さない、売った物を壊してしまって引き渡せないなどです。

種　類

債務不履行は、次の３種類に分かれます。

①履行遅滞

履行遅滞とは、債務者が、履行することが可能であるにもかかわらず、履行期を過ぎても債務を履行しないことです。

遅滞、つまり遅れる場合です。例えば、３月31日にお金を返す、物を渡すと約束していたのに、うっかり忘れて、４月１日以降になってしまうという場合です。

ポイントは、遅れたことになる時期、つまり履行遅滞になる時点です。

確定期限のある債務	期限の到来した時から
不確定期限のある債務	①期限の到来後に債務者が履行の請求を受けた時 ②債務者が期限の到来を知った時 のいずれか早い時から
期限の定めのない債務	債務者が履行の請求を受けた時から

確定期限のある債務は、３月31日に返す、渡すという場合です。期限到来時から履行遅滞となります。

不確定期限のある債務は、誰かが死亡したら物をあげるという場合です。この場合、その人が死亡すると期限が到来しますが、履行遅滞になるのは、債務者が請求を受けた時と、債務者が期限の到来を知った時の早い方です。

期限の定めのない債務は、いつまでに返せとは決めずに物を貸した場合です。返せといわれた時、つまり債務者が履行請求を受けた時から履行遅滞になります。

②履行不能

履行不能とは、債務を履行することが不可能になることです。

売った物を引渡し前に壊してしまった場合のような、物理的な不可能がわかりやすい例ですが、そのほか、**取引通念**上不可能とされる場合も含みます。例えば、二重譲渡です。Aが土地をBに売ったのに、登記が自分にあることに乗じて同一土地をCに売り、登記はCがしたという場合です。土地が物理的になくなるということはありません。しかし、取引通念で考えると、第二譲受人Cが登記をすればCが勝つので、これによって、AのBに対する土地引渡債務は履行不能になると考えます。

③**不完全履行**

不完全履行とは、債務の履行が一応なされたが、不完全な点のあることです。さまざまなケースがありますが、例えば、腐った果物を引き渡したような場合が典型例です。約束した3月31日に、ミカンを10キロ配達してもらったとします。すると履行遅滞ではないです。もちろん履行不能でもないです。ところがその中に腐ったミカンが入っていたという場合です。結局、履行遅滞・履行不能以外の債務不履行が、不完全履行になります。

効　果

債務不履行の場合、債権者には、①強制履行（履行不能の場合を除く）、②損害賠償請求、③契約の解除が認められます。

ポイント

債務者がその債務の本旨に従った履行をしないこと、または債務の履行が不能であること（415条）。

❶履行遅滞→債務者が、履行することが可能であるにもかかわらず、履行期を過ぎても債務を履行しないこと
❷履行不能→債務を履行することが不可能になること
❸不完全履行→債務の履行が一応なされたが、不完全な点のあること

ミニテスト

1　不確定期限のある債務は、期限の到来した時から履行遅滞になる。
2　期限の定めのない債務は、債務者が履行の請求を受けた時から履行遅滞になる。

解答　1 ×　期限の到来後に債務者が履行の請求を受けた時、または債務者が期限の到来を知った時のいずれか早い時から、履行遅滞になります。
2 ○

061 債務不履行に基づく損害賠償請求

債務不履行の効果の１つです

Q 債務不履行の場合、債権者は何ができるの？
A お金の請求ができるよ。

損害賠償請求

債権者は、債務不履行によって生じた損害の賠償を債務者に請求することができます。ただし、債務不履行が債務者の責めに帰することができない事由による場合（＝債務者に帰責事由がない場合）は、損害賠償請求できません。

帰責事由とは、伝統的には故意（わざと）または不注意のことだとされてきましたが、現在の民法は「契約その他の債務の発生原因および取引上の社会通念に照らして」帰責事由の有無を判断するとしています。したがって、契約内容や常識から判断して債務者のせいではない場合に、債務者の帰責事由がないとされます。たとえば、天災によって売った物が壊れたような場合です。

損害賠償の範囲

損害賠償の請求は、原則として、債務不履行により通常生じる**通常損害**に限られます。通常損害とは、債務不履行と**相当因果関係**に立つ損害をいいます。例外として、特別の事情によって生じた**特別損害**であっても、当事者がその事情を予見すべきであったときは、債権者は損害賠償請求をすることができます。

ここで通常損害について、具体例で考えましょう。

例えば、買主Ｂが、買ったテレビを３月31日に配達してもらうことになっていたところ、売主Ａが配達日をうっかり忘れて、配達が１日遅れたとします。そのときに株が大暴落して、ニュースを見なかったがゆえに、Ｂが株で１億円損をしました。この場合、もし単に原因・結果の関係である因果関係があるか否かと考えたら、Ａの履行遅滞とＢの損害発生との間には因果関係はあります。因果関係というのは無限の連鎖だからです。すると、１億円の損害ということになってしまいます。しかし、これは私たちの常識に反します。Ｂの損害額は、常識的には、１日テレビをレンタルした場合の代金程度です。

これを民法は、通常損害と規定したのです。つまり、通常損害というのは、相当の、常識的な因果関係の範囲内の損害という意味です。

損害賠償の方法

損害賠償は、特約がない限り、金銭でその額を定めます。**金銭賠償**が原則です。

過失相殺

過失相殺（そうさい）とは、債権者にも過失がある場合には、それを考慮するという制度です。債務不履行や、それによる損害の発生や拡大に関し、債権者にも過失があるときは、裁判所は、損害賠償の責任およびその金額を定める場合に、これを考慮しなければなりません。

債務者が期日に遅れて履行遅滞になった場合でも、それが、債権者の注文が不適切だったからということもあります。このように債権者にも過失があった場合には、それを考慮するのが公平だからです。

立証責任

債務不履行による損害賠償を請求するには、債権者は、損害の発生および賠償額を証明しなければなりません。

ただし、当事者は、損害賠償額を予定することができます。損害の発生や額に関する争いを避けるために、債務不履行があったら○○円を支払うとあらかじめ決めておくのです。**損害賠償額の予定**といいます。

なお、金銭債務の場合には、この証明は不要です。金銭債務の場合、強力な責任になっています。

ポイント

債務不履行の損害賠償請求

損害賠償の範囲
→原則：通常損害（416条）

損害賠償の方法
→原則：金銭賠償（417条）

ミニテスト

1 損害賠償の請求は、原則として、特別の事情によって生じた損害も含まれる。
2 債務不履行に基づく損害の拡大に関して債権者の過失があっても、裁判所は、損害賠償の額を減額することができない。
3 当事者は損害賠償額を予定することができる。

解答
1 × 原則は、通常損害に限られます。
2 × 損害の発生や拡大に関し債権者に過失がある場合も、過失相殺できます。
3 ○

062 債権者代位権

債権者が代わりに行動します

Q 代位権と代理権は同じなの？

A まったく違うよ。

意　義

債権者代位権とは、債権者が自己の債権を保全する必要がある場合に、債務者が第三者に対する権利（被代位権利）を自ら行使しないときに、債権者は、被代位権利を債務者に代わって行使することができるという権利です。

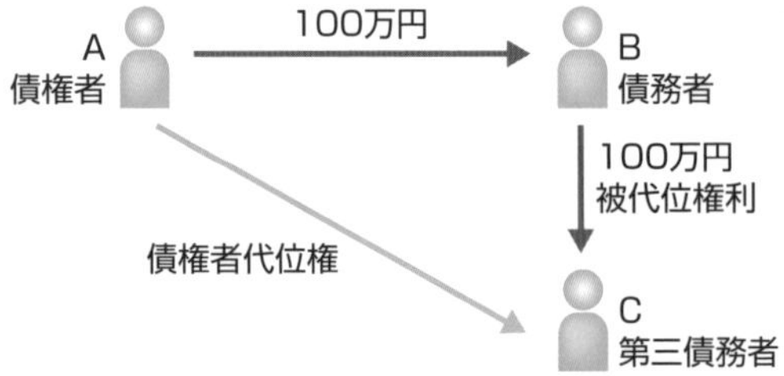

債権者Aが債務者Bに100万円貸しており、Bも、C（Aから見ると自分の債務者の債務者になるので、第三債務者という）に100万円貸しています。BのCに対する100万円は、Bにとって唯一の財産です。もしCに対する100万円がなくなると、Bは、無資力になってしまいます。それにもかかわらず、Bは取り立てようとしません。これをAが傍観していなければならないのでは、余りにAに酷だと考えられます。そこで、民法は、この場合に、Aが、直接Cから、Bの100万円を取り立てるなどの権利行使を認めたのです。債権者が代わりに行使するので、債権者代位権といいます。

本来、他人の財産権に対する介入は認められないはずですが、債務者無資力という要件の下、AがBに代位して、代わりに取り立てることによって、Aの100万円の引当てとなるBの財産を守る制度です。

要　件

①債権者が自己の債権を保全する必要があること（無資力要件）。

無資力とは、債務者の資力が代位権者の債権を弁済するのに十分でないこと、つまり、債務超過の状態にあることです。

AがBに対する100万円を保全する必要がある場合とは、結局、Bにお金がないということになります。**金銭債権**の場合には、この無資力要件が必要になります。Bに十分な財産があれば、Aの権利行使を認める必要はないからです。

②債務者が自ら権利を行使しないこと。

債務者がすでに自ら権利を行使している場合には、その行使方法や結果の良否にかかわらず、債権者は代位権を行使できません。Bが取り立てようとしないというように、自ら権利を行使しないことが必要です。

③債権が弁済期にあること。

原則として、弁済期が来ていること、つまりAがBに返せといえることが必要です。

ただし、保存行為は、現状を維持、保存するだけの行為なので、弁済期前でもできます。典型例は、BのCに対する100万円の消滅時効の完成を阻止することです。

代位行使できる権利・方法

財産権です。例えば、Bの100万円ということです。ただし、債務者の**一身に専属する権利**や差押えを禁止された権利は、代位行使できません。例えば、夫婦間の契約取消権、一定範囲の給与債権などです。

また、被代位権利が可分のとき（例えば金銭債権）は、債権者は、自己の債権の額の限度においてのみ行使することができます。BのCに対する債権が200万円でも、Aは100万円だけ行使できるのです。

なお、代位権は、債権者が自己の名において行使するもので、債務者の代理人として行使するものではありません。

効　果

代位権行使の効果は、債務者に帰属します。つまり、債務者Bの100万円の債権は消滅します。Bが取り立てたのと同じになります。

ポイント

債権者代位権（423条）→債務者無資力の要件など

ミニテスト

1　債権者代位権では、債権者が自己の債権を保全する必要があること、つまり、債務者の［　　　］が要件となる。

解答　1　空欄には、［無資力］が入る。

063 債権者代位権の転用

別の目的に用いられる場合です

Q 債権者代位権は転用できるの？

A できるよ。

意　義

債権者代位権の転用とは、債権者代位権が、本来の金銭債権保全とは別の目的に用いられる場合です。別の目的に用いられるので転用といいます。

債権者代位権の本来の目的である**金銭債権保全の場合は、債務者の無資力要件が必要**になります。Bに十分な財産があれば、Aの勝手な権利行使を認める必要はないからです。

しかし、本来の目的ではない**特定債権保全の場合は、債務者の無資力要件が不要**になります。この場合、Aは特定の権利を守りたいのであって、Bの資力は無関係だからです。ここで特定債権とは、金銭債権以外の債権をいいます。ある特定の内容の債権なので、特定債権といいます。

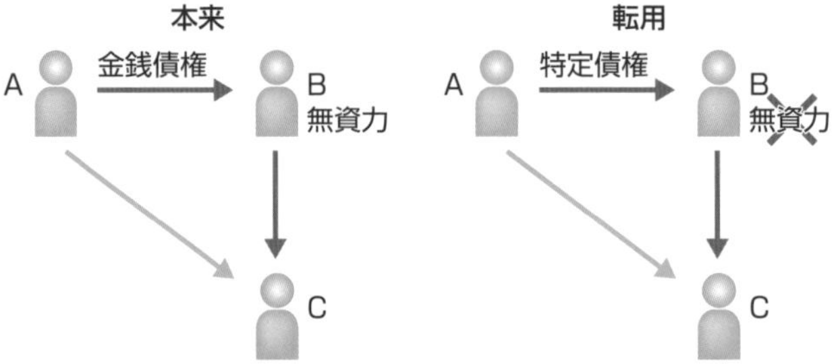

次の具体例で考えましょう。判例で争われた**不動産賃借権**の事案です。

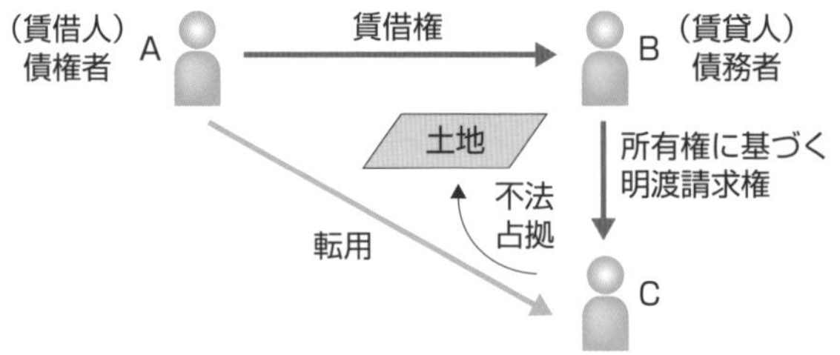

まず、Bが所有土地をAに賃貸しました。Aは土地の借主ですから、Bに対して土地を使用させてくれ、という賃借権があります。この賃借権が特定債権の例です。問題はこの後に生じました。Cがこの土地を不法占拠してし

まったのです。この場合、本来は、Bが土地の所有者なので、BはCに対して所有権に基づいて明渡しの請求ができます。ところが、Bが所有権に基づく明渡請求をしません。理由はCが怖い人（～組の人）だったからです。そこで、Aは、423条を転用して、代位権を行使したというケースです。

Bは所有者という物権者なので、Cにも所有権を主張できます（絶対性）。しかし、Aは賃借権という債権者にすぎないので、債務者Bに土地を使わせろといえるだけで、Cには主張できません（相対性）。そこで、Aは、Bに対する賃借権という特定債権を保全するために、つまり自分が土地を使うために、Bの有している所有権に基づく明渡請求権を代位行使したわけです。

この場合、債権者代位権は、金銭債権ではなく特定債権を守るために使われています。したがって、地主Bのお金のあるなしはまったく関係ありません。AはBからお金を払ってもらいたいのではなく、土地を使いたいからです。このように本来の目的ではなく、特定債権保全ための転用事例では、債務者無資力の要件が不要となります。

民法423条の7は、**登記・登録の請求権を保全するための債権者代位権**を規定しています。例えば、甲土地がA→B→Cと売却されたが、登記はまだA名義だとします。この場合、BからCに登記を移すための前提として、Cは、BのAに対する登記請求権を代位行使することができます。これは、登記請求権を保全するためのものなので、転用事例の一種です。この場合、無資力要件は不要です。

ポイント

	保全される債権	債務者無資力の要件
本来の事例	金銭債権	必要
転用事例	特定債権	不要

ミニテスト

1　債権者代位権の本来の事例ではなく、特定債権保全のための転用事例では、債務者無資力の要件が不要となる。

解答　1　○

064 詐害行為取消権

債権者が取り消します

Q 詐害行為って何？
A 財産を減らす行為だよ。

意　義

詐害行為取消権とは、債務者が債権者を害することを知りながらその財産を減らすような法律行為（詐害行為）をした場合に、債権者は、その行為を取り消すことができるという権利です。

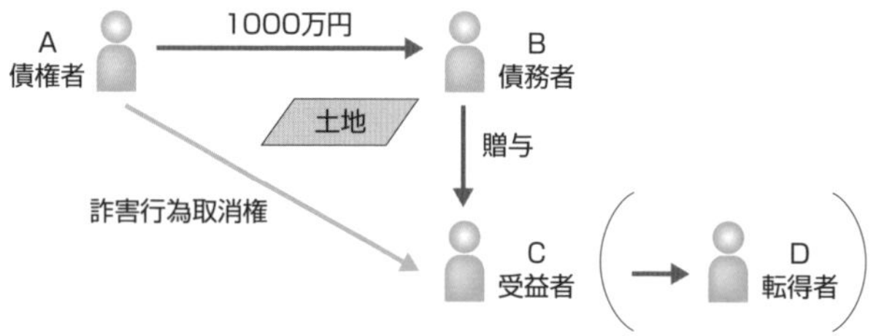

債権者Aが債務者Bに1000万円貸しており、Bの唯一の財産は土地だけです。にもかかわらず、この土地をCに贈与してしまいます。このCを受益者といいます（CがさらにDに贈与した場合、Dを転得者といいますが、以下は、Dが登場しないケースで説明します）。

唯一の財産ですから、Bは無資力になってしまいます。これをAが傍観しなければならないとすれば、余りにAに酷です。そこで、民法は、債権者代位権より強力な権利として、AがCを相手に訴えて、Bの行った贈与を取り消して、失った土地をもとに戻すことを認めています。これを詐害行為取消権、別名、**債権者取消権**ともいいます。その結果、Aは1000万円の引当てとなるBの土地を保全できます。その後、土地を売り払って1000万円を取るという流れになります。

要　件

①債権者を害する行為（**詐害行為**）があったこと（客観的要件）。

客観的には、債権者を害するという詐害行為があったことが必要です。詐害行為は、債務者の総財産を減少させ、債権者に十分な満足を得られなくさせるものでなければなりません。**債務者無資力**ということです。

また、詐害行為は、財産権を目的と

する法律行為に限られるので、離婚による財産分与や相続放棄などの身分行為の取消しはできません。

さらに、取消権を取得する債権者の債権は、詐害行為の前に成立していなければなりません。債権者Ａの1000万円の債権は、Ｂによる土地贈与の前に成立しなければならないということです。そうでないとＡが害されたことにならないからです。

②債務者および受益者が債権者を害することを知っていたこと（主観的要件）。

主観的には、債務者および受益者が債権者を害することを知っていたということが必要です。ＢとＣが、土地が唯一の財産で、ＢがＡからお金を借りていることを知っていれば、Ａを害することを知っていたことになります。

行使方法

裁判でのみ行使できます。債権者代位権よりも強力な他人の財産権に対する介入、否定なので、濫用を防ぐために裁判所に訴えて行使させます。

効　果

詐害行為取消請求を認容する確定判決は、債務者とすべての債権者に効力が及ぶので、取消権を行使した債権者が他の債権者に優先して弁済を受けられるわけではありません。

Ｂが、Ａ以外にもＥ・Ｆからもお金を借りていた場合です。Ａのように、いわゆる火中の栗を拾った者が、必ずしも得をするわけではないのです。その効果は、すべての債権者、Ａを含めたＥ・Ｆという全債権者の利益になるということです。つまり、取り戻された土地については、必ずしもＡが優先権を持つわけではなくて、ＥやＦなども、強制執行できるのです。

期間制限

詐害行為取消請求に係る訴えは、債務者が債権者を害することを知って行為をしたことを債権者が知った時から２年、または行為の時から10年経過したときは、提起することができなくなります。

ポイント

詐害行為取消権（424条）→詐害行為の要件など

ミニテスト

1　客観的要件として、債権者を害する［　　　］が必要である。

解答　1 空欄には、詐害行為が入る。

065 連帯債務

民法上の連帯責任です

Q 3人でお金を借りたらどうなるの？

A 原則は、頭割りだよ。

分割債務の原則

多数人が１個の分割可能な給付を目的とする債務を負う場合には、**分割債務が原則**です。民法の原則は、分割、つまり頭割りした債務だとしています。

例えば、A、B、Cの３人が甲から300万円借りたときは、A、B、Cは各自100万円ずつの債務を負います。

連帯債務の意義

しかし、もしCが無資力者だったらどうなるでしょうか。債権者甲はAとBから200万円を回収できるだけです。そこで、確実に300万円を回収するために、強力な**人的担保**、つまり人の信用に基礎を置く担保の１つとして、**連帯債務**が考え出されました。

連帯債務とは、分割可能な給付について債務者のそれぞれが**独立**に**全部**の弁済をしなければならないという債務を負担し、１人が弁済すれば他の債務者はもはや弁済しなくてよいという債務です。

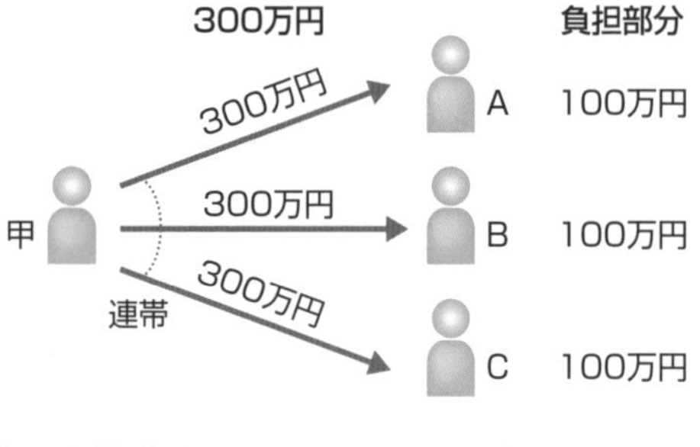

A、B、Cの債務を連帯債務とする特約を結ぶと、各自がそれぞれ独立した債務を負うと考えます。AならAの債務、というように。そして、各自が全額弁済の義務を負います。AもBもCも、300万円全額です。もちろん、最終処理は常識通りで（900万円返してもらえるわけはなく）、仮にAが300万円を返したら、連帯債務は全部消滅します。

なお、A、B、Cは、債権者甲に対しては全額弁済ですが、A、B、C内部での負担割合は、ケースバイケースです。連帯債務者が内部的に負担する割合のことを、**負担部分**といいます。簡単にするために平等にして、各自100万円ずつにしておきます。

履行の請求

債権者は、連帯債務者の１人または全員に、同時にもしくは順次に、全額または一部の履行を請求できます。すなわち、自由に請求できるということです。例えば、債務者の１人Aだけを狙い打ちして、またはA、B、C全員に、同時に、または順番に、全額または一部を……、というように、300万円全額を返してもらうまでは、自由に請求できるのです。

１人についての無効・取消し

１人の連帯債務者に無効、取消しの原因があっても、他の連帯債務者には有効な債務が成立します。独立の債務だからです。もし１人に未成年取消しなどがあっても、他の連帯債務者には影響しません。残った者だけで有効に成立します。仮にCが、未成年を理由に取り消した場合、Cが抜けるだけで、AとBが、300万円の連帯債務を負い続けます。

求　償

債務の全部または一部を消滅させた連帯債務者は、他の連帯債務者に対して、負担部分の割合に応じて**求償**、つまり、自分に返せといえます。この場合、弁済額は、自己の負担部分を超えていなくても構いません。Aが300万円弁済した場合には、Bには100万円、Cには100万円、それぞれ返せといえるのです。

ポイント

連帯債務→分割可能な給付について、債務者のそれぞれが独立に全部の弁済をしなければならないという債務を負担し、１人が弁済すれば他の債務者はもはや弁済しなくてよいという債務。

ミニテスト

1　多数人が債務を負う場合、連帯債務が原則である。
2　債権者は、連帯債務者の１人または全員に、同時にもしくは順次に、全額または一部の履行を請求することができる。

解答　1　×　分割債務が原則です。
2　○

066 連帯債務の絶対的効力

連帯債務者の全員に影響します

Q 絶対効ってどういうこと？
A みんな同じになることだよ。

絶対的効力

連帯債務の**絶対的効力**とは、連帯債務者の１人に生じたことが他の連帯債務者にも同様の効力をもたらすことです。みんな同じということを絶対に同じというニュアンスで、絶対的効力といいます。Ａにのみ生じたことがＢにもＣにも影響するという事由です。

以下の事由については、債務者の１人に生じたことが他の債務者にも同様の効力をもたらします。

①弁済、代物弁済、供託等の弁済にかかわるもの

弁済や弁済にかかわるものは、絶対的効力になります。１人が支払えば、他の連帯債務者の債務も消滅するのが当然だからです。例えば、ＡＢＣが甲に対し300万円の連帯債務を負っている場合に、Ａが300万円を弁済したとします。この場合、Ａの300万円の債務が消滅しますが、それだけでなく、ＢやＣにも効力が及んで、ＢやＣの300万円の債務も消滅します。

また、代物弁済や供託（後で説明します）をした場合も、他の連帯債務者に効力が及びます。

②更改

甲とＡが「300万円の支払いの代わりに、300万円の自動車を渡す」という契約をしたような場合です。この場合、Ａが自動車を渡す債務（新債務）を負い、Ａの300万円を支払う債務（旧債務）は消滅します。ＢやＣにも影響し、ＢやＣが300万円を払う債務も消滅します。

③相殺

Ａが甲に対して300万円の債権を持っている場合に、Ａが、その債権と300万円の連帯債務とをチャラにすると言った場合です。この場合、（Ａの300万円の債権と）Ａの300万円の債務が消滅しますが、ＢやＣにも影響し、ＢやＣの300万円の債務も消滅します。

④混同

甲が死亡してＡが相続した場合です。甲のＡに対する債権をＡが相続したので、ＡがＡに対し債務を負うことになりますが、それは無意味なので、Ａの300万円の債務が消滅します。それがＢやＣにも影響し、ＢやＣの300万円の債務も消滅します。

相対的効力

連帯債務の相対的効力とは、連帯債務者の１人に生じたことは、他の連帯債務者には影響を与えないことです。人によって違うので相対的といいます。Ａに生じたことは、Ｂ、Ｃには関係ないということです。

前記以外の事由が債務者の１人に生じても、他の債務者には影響を与えません。例えば、連帯債務者の１人が時効の利益を放棄しても、他の連帯債務者に対して影響を与えません。Ａが返すといっても、ＢやＣには無関係だということです。

ただし、他の連帯債務者に及ばないとされている（相対的効力）事由でも、債権者と他の連帯債務者の１人が別段の意思を表示したときは、当該他の連帯債務者に対する効力は、その意思に従います。例えば、「甲のＡに対する請求はＢにも効力が及ぶ」と甲とＢが合意した場合には、Ａに対する請求の効力がＢにも及びます（Ｃには及びません）。影響を受ける側の連帯債務者の意思表示が必要なことに注意してください。

ポイント

絶対的効力

❶弁済、代物弁済、供託
❷更改
❸相殺
❹混同

ミニテスト

1　連帯債務者の１人に対して履行を請求した場合には、他の連帯債務者に対しては、その効力は生じないのが原則である。

2　連帯債務者の１人について時効が完成したときは、その連帯債務者の負担部分については、他の連帯債務者も、その義務を免れる。

解答　1　○
2　×　時効の完成は、原則として相対的効力です。

067 保証債務

保証人を立てる場合です

Q 保証人って何？
A 代わりに責任を負う人だよ。

意　義

保証債務とは、主たる債務者が債務を履行しない場合に、主たる債務者に代わって、保証人が履行の責任を負う債務です。

例えば、AがBに100万円貸して、Bの友人のCに保証人になってもらう場合です。A・C間で結ぶ契約を保証契約といい、Cが負う債務を保証債務といいます。Bを**主たる債務者**、Cを**保証人**といいます。もしBが100万円を返せなかったら、Cが代わりに100万円を払わざるを得ません。Cの債務は、本来的には主従の従たる、二次的な、補うものという内容です。

この保証債務の成立にあたって、主たる債務者の委託は必ずしも必要ありません。保証契約は債権者と保証人の契約だからです。

また、保証人の資格・条件については、原則として制限はありません。したがって、制限行為能力者でも保証人になれます。たとえ制限行為能力者でも保証人がいないよりは、いた方がましだからです。

なお、保証契約は、書面（電磁的記録も書面とみなされます）でしなければ効力を生じません。口頭だと後で争いになった場合に、水かけ論になるからです。

性　質

①付従性（成立・消滅および目的・態様の付従性）

成立・消滅における付従性は、担保物権の場合とまったく同じです。主たる債務が成立しなければ保証債務も成立せず、主たる債務が消滅すれば保証債務も消滅します。

ここでは、担保物権にはない**目的・態様における付従性**を説明します。保証人は主たる債務者より重い責任を負うことはなく、重い場合は、保証債務は主たる債務の限度に減縮されます。例えば、主たる債務が100万円の貸金なのに、保証債務が120万円だったらおかしいので、保証債務も100万円に減額されます。

ただし、保証人は、特約のない限り、主たる債務の元本のほか、利息、違約金、損害賠償その他すべて主たる債務から生じるものを弁済しなければなりません。元本100万円のほかに、利息などが生じていればそれも弁済します。なお、保証人は、保証債務についてのみ、違約金や損害賠償額の予定を約定することができます。確実に保証するというために保証債務についてのみ、払わなかったら違約金を払うなどの約定は可能なのです。

②随伴性

随伴性は、担保物権の場合とまったく同じです。主たる債務が移転すると、保証債務もそれに伴って移転します。

③補充性

保証人は、主たる債務者がその債務を履行しない場合に初めて履行すれば足ります。この**補充性**という性質から、次の2つの抗弁権（～と主張できる権利）が認められます。

第1は、**催告の抗弁権**です。保証人がいきなり支払いを求められた場合には、まず主たる債務者に請求するように債権者に主張できます。Aがいきなり請求してきた場合には、まずBに請求してくれ、といえます。

第2は、**検索の抗弁権**です。債権者がいきなり強制執行してきた場合には、保証人は、主たる債務者に弁済の資力があり、容易に執行できる財産があることを証明して、まず主たる債務者の財産に対して強制執行するように求めることができます。Aがいきなり強制執行をかけてきたという場合には、一定の証明をして、まずBの財産に強制執行をかけてくれ、といえます。

④分別の利益

保証人が数人いる場合には、頭割りで分割した額についてしか保証債務を負わないと主張できます。頭割りした額のみ払えばよいというメリットです。これを**分別の利益**といいます。

共同保証の場合です。保証人は多い方がよいので、2人以上いうケースがあります。この場合に債権者Aから請求されたCは、保証人が2人いる場合には、100万円÷2人＝50万円しか払わない、といえます。

ポイント

性質　❶付従性（成立・消滅および目的・態様）　❷随伴性
❸補充性（催告と検索の抗弁権）
❹分別の利益

ミニテスト

1　保証人が支払いを求められた場合には、まず主債務者に請求するように債権者に主張できる権利を、検索の抗弁権という。

解答　1　×　催告の抗弁権です。

068 連帯保証

連帯債務と保証債務の中間形態です。

Q 連帯保証と単純な保証を比べると？
A 連帯保証の方が強力な保証だよ。

意　義

連帯保証とは、保証人が主たる債務者と連帯して債務を負担する旨を合意した保証です。

この連帯保証と比べる場合、通常の保証債務のことを**単純保証**といいます。

イメージとしては、連帯債務と単純保証の中間形態ですが、保証という名称の通り、保証の一種です。強力な保証で、現実社会では、保証といえば、連帯保証の方が普通です。債権者Aが自分に有利な連帯保証を望むからです。

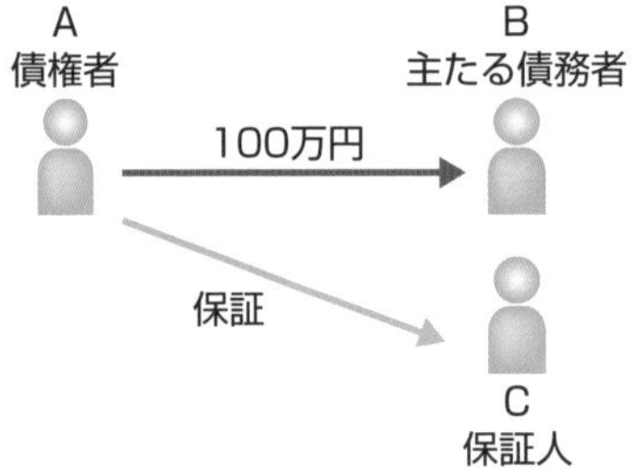

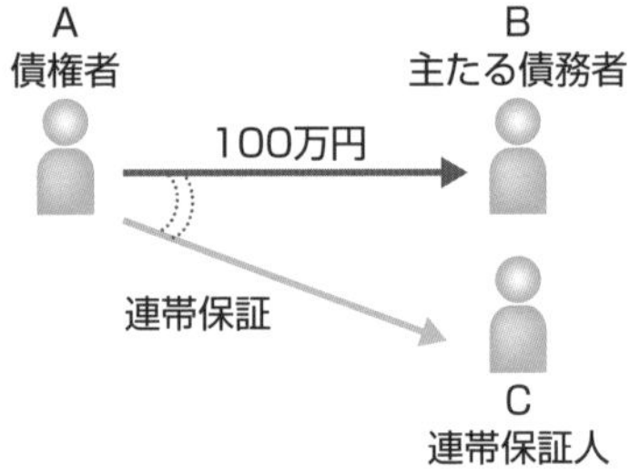

性　質

①補充性なし

連帯保証には、**補充性がありません**。補う、二次的という性質がなくなります。

したがって、補充性から認められる2つの抗弁権、つまり催告と検索の両抗弁権がありません。まず主たる債務者に請求してくれ、まず主たる債務者の財産に強制執行してくれ、とはいえません。

よって、債権者は、いきなり連帯保証人に請求できます。また、いきなり連帯保証人の財産に強制執行をかけられます。

②分別の利益なし

連帯保証人が2人以上いる場合、つまり**共同連帯保証**の場合です。この場合でも、頭割りした額しか払わないという**分別の利益はありません**。

連帯保証人は各自、主たる債務の全額を保証することになります。連帯なので、全額弁済ということです。

例えば、主たる債務が100万円で、共同連帯保証人が２人いる場合には、連帯保証人は、50万円しか払わないとはいえず、100万円払わなければならないことになります。

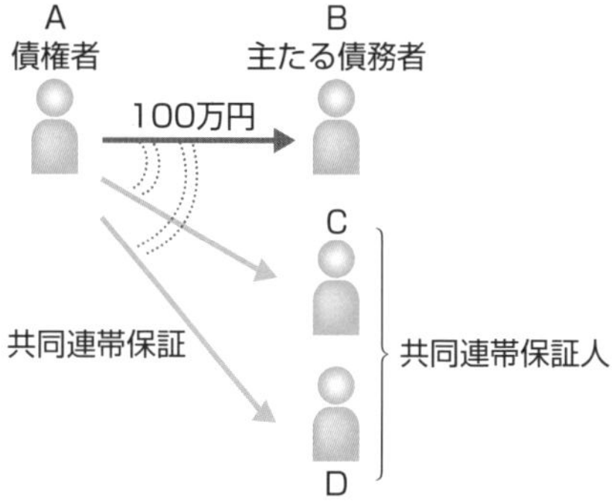

③絶対的効力

連帯保証人に生じた事由が主たる債務者に影響するかどうかについて、連帯債務の規定が準用されています。したがって、連帯保証人による弁済等のほか、更改、相殺、混同も主たる債務者に影響します。

相対的効力とされている事由に関する意思表示の規定も準用されているので、債権者と主たる債務者が「連帯保証人に対する履行の請求の効力は、主たる債務者に及ぶ」等の合意をすれば、そのようになります。

ポイント

連帯保証の性質

❶補充性なし（454条）
　→催告の抗弁権（452条）なし
　→検索の抗弁権（453条）なし
❷分別の利益（456条）なし
❸一部、絶対的効力あり（458条）

ミニテスト

1　連帯保証も、保証債務の一種であるから、補充性があり、連帯保証人に催告の抗弁権が認められる。
2　連帯保証も、保証債務の一種であるから、補充性があり、連帯保証人に検索の抗弁権が認められる。
3　共同連帯保証の場合には、各連帯保証人に、分別の利益は認められない。

解答　1・2 ×　催告・検索の両抗弁権はありません。
3 ○

069 個人根保証契約

根抵当権の保証人バージョンです

Q 根保証は普通の保証と違うの？

A いろいろ違うよ。

意　義

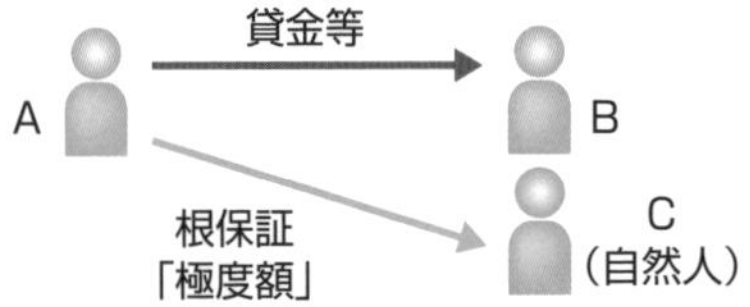

一定の範囲に属する不特定の債務を主たる債務とする保証契約を、根保証契約といいます。不特定の例は、賃借人の債務（賃料債務や損害賠償債務等）や、継続的な融資を受けている場合などです。

この根保証契約であって、保証人が法人でないもの、つまり、保証人が個人（自然人）であるものを**個人根保証契約**といいます。個人根保証契約のうち、その債務の範囲に金銭の貸渡しまたは手形の割引を受けることによって負担する債務、つまり貸金等債務が含まれるものを、**個人貸金等根保証契約**といいます。

例えば、子がアパートを借りる際に親が保証人になる場合と、中小企業が継続融資を受ける際に社長が保証人になる場合は、どちらも個人根保証契約になりますが、後者は個人貸金等根保証契約にも該当します。

個人根保証契約の保証人は、主たる債務の元本、主たる債務に関する利息、違約金、損害賠償その他その債務に従たるすべてのものおよびその保証債務について約定された違約金または損賠賠償の額について、その全部に係る**極度額**（保証債務の上限額）を限度として、その履行をする責任を負います。例えば、アパートの賃借人を根保証した場合、極度額が保証人の責任の限度になるのです。

要　件

まず、個人根保証契約も保証契約ですから、書面（電磁的記録を含む）を作成することが必要です。そして、極度額を必ず定めなければならず、これも書面に記載しなければなりません。したがって、極度額の定めのないもの、定めても書面に記載のないものは無効となります。

元本確定期日

根保証は、不特定の債務を主たる債務としますが、ある時点で主たる債務が定まり、以後変動しない状態になります。これを**元本の確定**といいます。

当事者は、元本確定期日を定めることができますが、定めなくても根保証契約は有効です。ただし、貸金等個人根保証契約では、次のような制限があり、かつ元本確定期日の定めや変更は、原則として書面等によらなければなりません。

①元本確定期日を定める場合

元本確定期日は、契約の締結の日から５年以内でなければならず、５年を超える期日を定めたときは、その期日の定めは無効となります。

②元本確定期日の定めがない場合

元本確定期日の定めがない場合（①の規定により無効になった場合を含む）は、元本確定期日は、契約の締結の日から３年を経過する日になります。

③元本確定期日の変更

原則として、変更の日から５年以内を期日としなければならず、超える定めは無効となります。

元本確定事由

元本は、次の場合にも確定します。

①債権者による保証人の財産についての強制執行・担保権の実行、②保証人の破産手続開始の決定、③主たる債務者・保証人の死亡

これらに加え、個人貸金等根保証契約の場合には、次の場合も元本が確定します。

①債権者による主たる債務者の財産についての強制執行・担保権の実行、②主たる債務者の破産手続開始の決定

求償権に対する保証の制限

保証会社などが根保証をした場合、保証人が法人なので、個人根保証契約の規定は適用されません。保証会社が保証債務を弁済すると、主たる債務者に対する求償権が発生しますが、この求償権を個人が保証する場合を規制しないと、個人の根保証契約を規制した意味がなくなります。そこで、保証人が法人である根保証契約に極度額の定めがないときは、そこから発生する求償権を個人が保証する保証契約は無効となるなどの規制がされています。

ポイント

個人根保証契約（465条の２～）

ミニテスト

1　個人根保証契約は、書面（電磁的記録を含む）によって極度額を定めなければ、効力を生じない。

解答　１ ○

070 債権譲渡

モノを売れるように債権も売れます

Q 債権譲渡って何？

A 債権を売ることだよ。

意　義

債権譲渡とは、債権の内容を変えないで債権を移転することを目的とする契約です。例えば、Aが、Bに対する100万円の貸金を、Cに譲渡する場合です。債権には財産的価値があるので、債権も売れるのです。Bは債務者、Aが譲渡人（旧債権者）、Cが譲受人（新債権者）です。

債権の譲渡性

債権は、原則として譲渡できますが、次の2つの場合には、譲渡性が制限されます。

①扶養請求権、恩給請求権などのように、法律によって制限されている場合があります。

②自分の肖像画を描かせる債権のように、債権の性質上、譲渡が制限される場合があります。

これに対し、当事者が債権譲渡を禁止し、または制限する旨の意思表示（**譲渡制限の意思表示**）をしても、原則として譲渡性は制限されません。つまり、譲渡制限の意思表示に反して債権譲渡をしても有効です。ただし、譲渡制限の意思表示について悪意または善意重過失の譲受人等の第三者に対しては、債務者は履行を拒むことができ、かつ、譲渡人に対する弁済等をその第三者に対抗することができます。

債権譲渡の対抗要件

債権譲渡の対抗要件には、①**債権者に対する対抗要件**と、②**債務者以外の第三者に対する対抗要件**があります。

①債務者対抗要件、つまり、債権の譲受人が、債務者に対して権利を行使するためには、**譲渡人から債務者への通知または債務者の承諾**が必要です。

これは、Cが、債務者Bに対して、自分が新しい債権者なので自分に100万円払ってくれというための要件です。譲渡人Aが、Bに、Cに譲渡したと通知するか、または、債権譲渡を知った債務者Bが、わかりましたと承諾するか、のどちらかです。

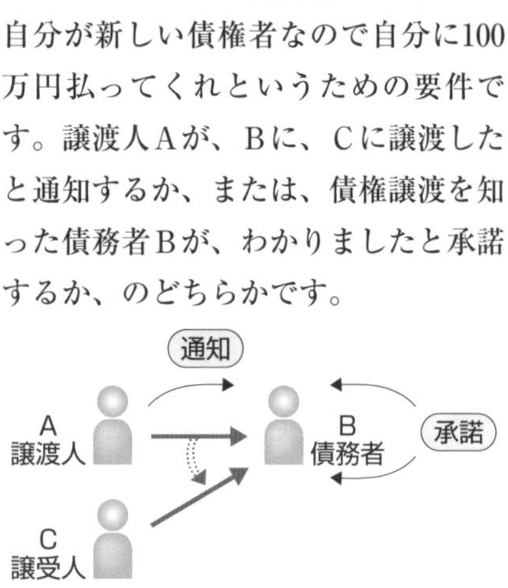

②第三者対抗要件、つまり、債務者以外の第三者に対して債権譲渡を対抗するには、譲渡人から債務者に対する**確定日付のある証書**による通知、または、**確定日付のある証書**による債務者の承諾が必要です。確定日付のある証書とは、内容証明郵便（郵便局で出す）や公正証書（公証役場で作る）などのように、その日に証書が作成されたという証拠力が与えられている証書です。

これは、債権の二重譲渡が行われた場合です。Aが、債権をCに譲渡したにもかかわらず、同一債権をDにも譲渡した場合における、Cからみた第三者Dに対する対抗要件です。民法は、通知または承諾に、確定日付を要求しました。よって、Cへの第一譲渡が単なる通知であったのに、Dへの第二譲渡に確定日付があった場合には、Dが優先します。Dのみが新しい債権者になります。

債権譲渡の効果

債権譲渡がされると、債権は内容を変えないで移転するので、債務者は対抗要件具備時までに譲渡人に対して生じた事由をもって譲受人に対抗することができます。例えば、債権不成立、取消し、弁済による債務の消滅などをCにも対抗できるのです。

債務引受

債権譲渡は債権者が変わる場合ですが、債務者が変わる場合を**債務引受**といいます。引受人が債務者と連帯して債務を負う**併存的債務引受**（470条）と、引受人だけが債務を負担し元の債務者は債務を免れる**免責的債務引受**（472条）があります。

ポイント

債権譲渡の対抗要件（467条）

債務者対抗要件→譲渡人の債務者への通知 or 債務者の承諾
第三者対抗要件→上記が、確定日付のある証書による

ミニテスト

1　債務者以外の第三者に対して債権譲渡を対抗するには、譲渡人から債務者に対する通知、または、債務者の承諾が必要である。

解答　1 ×　確定日付のある証書によることが必要です。

071 弁済

借りたお金を返したり、売ったモノを引き渡したり…

Q 弁済するとどうなるの？
A 債権債務が消滅するよ。

意　義

弁済とは、債務の内容である給付を、その債務の本旨に従って実現する債務者その他の者の行為です。**履行**ともいいます。弁済により債権の目的が達せられ、債権は消滅します。

弁済は、最も普通の消滅原因です。例えば、100万円借りていた場合に、借りていた100万円を返す、車を売った場合に、売った車を引き渡すなどです。

弁済の場所・時間・費用

まず弁済の場所についてです。当事者が契約で決めればその場所で弁済するので、民法が定めたのは、契約の定めがなかった場合です。

民法は特定物の引渡しか否かで分けました。

特定物の引渡し、例えば中古車を売った場合は、**債権発生当時にその物が存在した場所**、つまり売買契約の時点で車が置いてあった場所で行います。

それ以外は債権者の現在の住所地で行います。つまり、債務者が持っていくという持参債務になります。例えば、借りたお金を返すときは、貸主のお宅にお金を持っていくということです。

次は、弁済の時間についてです。民法は、法令または慣習により取引時間の定めがあるときは、その取引時間内に限り、弁済をし、または弁済の請求をすることができるとしています。真夜中に突然支払いに来られても困るからです。

弁済の費用は、契約で定めればそのとおりになりますが、定めがなければ、原則として債務者が負担します。ただし、債権者が住所の移転等によって弁済費用を増加させたときは、増加額は債権者の負担になります。例えば、お金を返しに行くときの交通費は、原則として借主が負担しますが、貸主が引っ越した等で交通費が増加した場合は、その分は貸主が負担するのです。

弁済の提供

借金を弁済する場合、借主がお金を支払おうとするだけでは弁済にならず、貸主が受け取ってはじめて弁済になり、債務が消滅します。弁済には、このように債権者の協力が必要な場合が多いですが、債権者が協力を拒んだらどうでしょうか。お金を持っていたのに受け取ってもらえなかったら、弁済にならないので、債務者は履行遅滞の責任を負うのでしょうか。

それではおかしいので、債務者は自分でできることをすれば（**弁済の提供**）、履行遅滞責任を負わないとされています。弁済の提供をしたといえるのは、具体的には次のような場合です。

弁済の提供は、債務の本旨に従って現実にしなければならないのが原則です（**現実の提供**）。例えば、借りていたお金を貸主のところへ返しに行くわけです。

例外として、①債権者があらかじめ受領を拒んだときと、②債務の履行について債権者の行為を要するときは、弁済の準備ができたことを通知して、受領を催告すれば足ります（**口頭の提供**）。①は、争いがあって債権者が受け取りを拒んでいるような場合です。②は、債権者が債務者のところに取りに来ることになっている（取立債務）ような場合です。これらの場合には、債務者は渡す物を準備して、準備できたから受け取りに来てくれと言えばよいのです。

ポイント

弁済の提供の方法（493条）

原則　現実の提供
例外　口頭の提供（弁済の準備ができたことを通知し、受領を催告すること）
❶債権者があらかじめ受領を拒んだとき
❷債務の履行について債権者の行為を要するとき

ミニテスト

1　特定物の引渡しは、別段の意思表示がないときは、債権発生時にその物が存在した場所で行う。
2　弁済の費用は、原則として、債権者と債務者が等しい割合で負担する。
3　債権者があらかじめ受領を拒んだときは、債務者は弁済の準備をすれば、履行遅滞責任を免れる。

解答　1 ○
2 × 原則として債務者が負担します。
3 × 口頭の提供では、準備したことを通知して受領を催告することが必要です。

072 第三者弁済と弁済受領者

弁済者と弁済の相手方です

Q 弁済するとどうなるの？
A 債権債務が消滅するよ。

弁済者

誰が弁済するのかというテーマです。

弁済をするのは、通常は債務者ですが、第三者も、原則として弁済できます。債権者は債権の満足を受けることに最大の関心があるので、誰が弁済しても構わないからです。これを**第三者弁済**といいます。債務者Bではなく第三者Cがお金を払ってもよいということです。

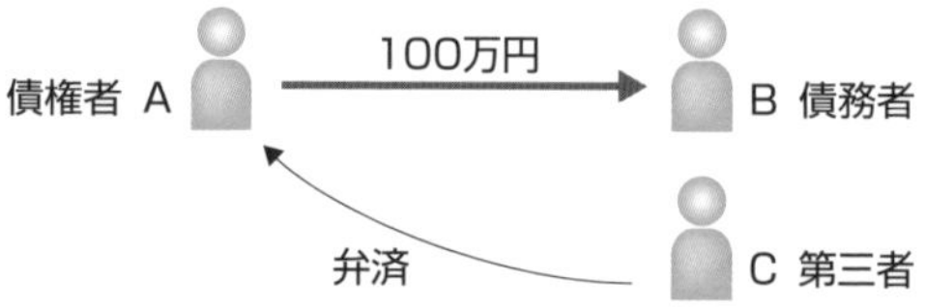

しかし、これには次の制限があります。

①すべての第三者が弁済できない場合

高名な画家が絵を描くなど、債務の性質上第三者の弁済を許さないとき、第三者弁済を認めない旨の契約があるなど、当事者が第三者の弁済を禁止・制限する旨の意思表示をしたときです。

②正当な利益を有しない第三者の場合

弁済をするについて正当な利益を有する者でない第三者は、原則として債務者の意思に反して弁済することができません。ここでの「**弁済をするについて正当な利益**」とは、弁済をしないと自分に法律的な不利益があることです。たとえば、CがBの債務を担保するために、Cの土地にAの抵当権を設定したとします。物上保証人Cは、Bの債務を弁済しないと抵当権が実行され土地を失うおそれがあるので、「正当な利益」があります。これに対し、債務者の親族や友人であることは、ここでの「正当な利益」になりません。かわいそうだから、親族や友達だからという理由は、法律的なものではないからです。

ただし、債務者の意思に反することを債権者が知らなかったときは、有効な弁済になります。知らずに受け取った債権者を保護するためです。

また、正当な利益を有しない第三者は、原則として、債権者の意思に反して弁済することができません。関係ない人が突然やってきて弁済すると言われても、債権者は、訳が分からず困るので、受取りを拒めるのです。ただし、第三者が債務者の委託を受けて弁済をする場合に、債権者がそのことを知っていれば受取りを拒めません。事情を知っていれば受け取るべきだからです。

弁済の相手方

誰に対して弁済するのかというテーマです。

弁済受領権限のない者に対して行った弁済は、無効になるのが原則です。その例外として、受領権者としての外観を有する者に善意かつ無過失で弁済した場合は、有効な弁済になります。受領権者としての外観を有するかどうかは、取引上の社会通念に照らして判断します。常識で判断するということです。

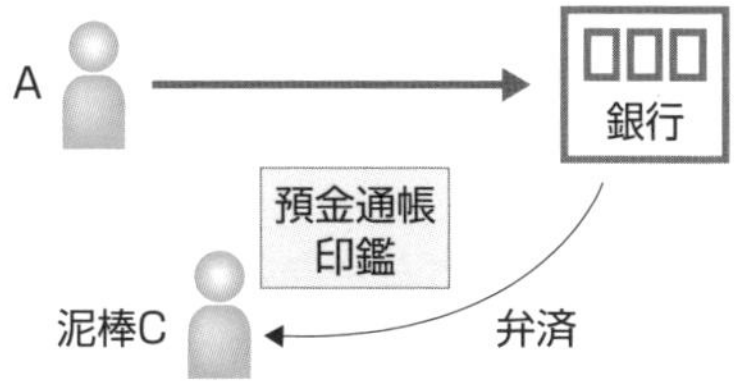

例えば、AがB銀行に100万円預金したところ、泥棒CがA宅に盗みに入ってAの預金通帳と印鑑を盗み出し、Cが銀行に行って預金を返してもらった場合です。Cは泥棒なので無権限ですが、銀行預金の場合、預金通帳と印鑑を持っている者は、外から見ると預金者らしい、Aらしい、と見えます。このような者が受領権者としての外観を有する者です。B銀行が、Cが泥棒だということを知らず、かつ不注意もなかった場合に、弁済は有効となります。B銀行は二重払い、つまり、もう一回Aに弁済する必要はありません。

ポイント

第三者は、原則として弁済できる（474条）。
受領権者としての外観を有する者にした弁済は、善意・無過失のときは、有効となる（478条）。

ミニテスト

1　弁済をするについて正当な利益のある第三者でも、債務者の意思に反する場合には、弁済できない。

解答　1 × 弁済できます。

073 相殺

「そうさい」と読みます

Q 相殺するとどうなるの？
A 債権債務が消滅するよ。

意　義

債務者が債権者に対して同種の弁済期にある債権を有する場合に、その債権と債務を対当額で消滅させる一方的単独の意思表示です。

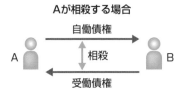

例えば、A・B間で、AがBに100万円貸しており、逆にBはAにモノを売り150万円の代金を持っています。この場合に、現実に100万円返して、逆に150万円払っても無意味です。そこで、民法は、簡易決済のために、どちらかが**相殺**するといえば、対当額で債権が消滅する制度を定めたのです。例の場合には、Bの代金50万円が残るだけで、貸金100万円と代金150万円のうちの100万円は消えます。

ここで、相殺をしかける者の有する債権を**自働債権**といい、相殺を受ける者の有する債権を**受働債権**といいます。Aが相殺をしかけるとすると、Aの債権である100万円の貸金が自働債権、Bの債権である150万円の代金が受働債権になります。相殺する者の債権が、自分から働きかけるので「自働」、相手の債権が、働きかけられるので「受働」です。

方法と効果

相殺するという意思表示に条件、期限をつけることはできません。条件は不確実なので、相手方を不安定にするからです。また、期限は無意味なのでつけられません。次のように効果の生じる時点が決まっているからです。

すなわち、相殺は、相殺適状になった時にさかのぼって効力を生じます。相殺の意思表示をした時ではなく、過去にさかのぼって生じるのです。

要　件

相殺の要件は、2つあります。まず、積極的要件として、相殺に適した状態にあるという**相殺適状**、次に、消極的要件として、相殺が禁止されていないということです（次テーマ参照）。

まず、相殺適状にあることです。次の4つが必要です。

①債権が対立していること。

自働債権は、原則として、相殺者が被相殺者に対して有する債権であることを要します。

②双方の債権が同種の目的であること。

例えば、金銭債務などです。目的が同種であればよいので、原因または債権額が同一であることや、履行期もしくは履行地の同一であることは要しません。

③原則として、双方の債権が弁済期にあること。

ただし、自働債権が弁済期にあれば、債務者は期限の利益を放棄できるので、「受働債権」は必ずしも弁済期にあることを要しません。

④双方の債権が有効に存在すること。

いったん相殺適状にあった場合でも、相殺の意思表示前に弁済、解除などの原因によって適法に消滅した債権に対しては、相殺できません。

例外として、「自働債権」が時効で消滅しても、消滅前に相殺適状にあったときには相殺できます。決済のし忘れを救済するためです。

ポイント

相殺の要件

積極的要件＝相殺適状（505条1項）
- ❶債権が対立している
- ❷債権が同種の目的である
- ❸債権が弁済期にある（原則）
- ❹債権が有効に存在する

消極的要件＝相殺が禁止されていないこと

ミニテスト

1 相殺するという意思表示に条件をつけることはできないが、期限をつけることはできる。
2 相殺は、相殺の意思表示をした時に、その効力を生じる。
3 相殺するためには、双方の債権の原因または債権額が同一であることは要しないが、履行期もしくは履行地が同一であることは要する。
4 相殺するためには、原則として、双方の債権が弁済期にあることを要する。

解答
1 × 期限をつけることもできません。
2 × 相殺適状時にさかのぼって効力を生じます。
3 × 履行期・履行地の同一であることも不要です。
4 ○

074 相殺の禁止

相殺が許されない場合もあります

Q 相殺適状だと必ず相殺できるの？

A 禁止される場合もあるよ。

相殺の要件

相殺をするためには、積極的要件としての相殺適状にあることのほかに、消極的要件として**相殺が禁止されないこと**が必要です。

相殺の禁止

相殺が禁止されるのは、次の２つの場合です。

①当事者の相殺禁止・制限の特約

例えば、当事者間で相殺はせずに、現実に払おうという**相殺禁止の特約**を結んだ場合です。

ただし、相殺禁止・制限の特約は、善意で、重過失のない第三者、例えば債権の譲受人などには対抗できません。

②法律による禁止

民法が禁止している場合があります。

まず、**「受働債権」が悪意の不法行為によって生じた債権のとき**です。

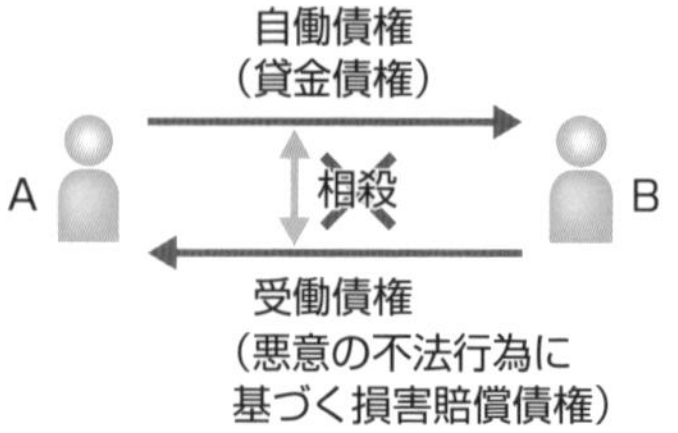

ここでの「悪意」は、ほかの規定と意味が違います。悪意は、普通は「知っている」という意味ですが、ここでは「害意」すなわち損害を与える意図のことをいいます。

例えば、ＡがＢに10万円貸していますが、いつまでたってもＢが返してくれません。そこで、怒ったＡが、Ｂに殴るけるの暴行を加えて（不法行為）気を晴らします。その後、ケガをしたＢが病院に行って治療を受け、治療費が10万円だったとします。治療費は、Ａの不法行為に基づく損害賠償債権です。

この場合に、Ａが、不法行為債権を受働債権として相殺できるとしたら、貸したお金を返してくれないくらいなら、暴行を加える、という問題が起きてしまいます。つまり、不法行為が誘発されることになるのです。そこで民法は、悪意の不法行為の債権を受働債権とする相殺を禁止したのです。

逆に、不法行為債権を自働債権とする相殺はできるので、注意してください。

また、人の生命または身体の侵害に

よる損害賠償の債務を受働債権とする相殺もできません。この場合、被害者側は治療費などのお金が必要なので、現実に払ってもらえないと困るからです。「薬代は現金で」といわれます。

以上のほかに、民法は、**「受働債権」が差押禁止債権のとき**に相殺を禁止しています。差押禁止債権には、扶養料、恩給などがあります。

また、差押えを受けた債権の第三債務者は、原則として、差押え後に取得した債権による相殺をもって差押債権者に対抗することができません。つまり、受働債権が差し押さえられた後に自働債権を取得した場合、それらの相殺を差押えをした者に対抗することができないのです。

ポイント

相殺の要件

積極的要件＝相殺適状（505条1項）

❶債権の対立　❷同種の目的　❸弁済期（原則）　❹有効に存在

消極的要件＝相殺が禁止されていないこと

↓

相殺の禁止

❶当事者の相殺禁止・制限の特約（505条2項）

❷法律による禁止

→受働債権が悪意の不法行為によって生じた損害賠償債務のとき（509条）

→受働債権が人の生命または身体の侵害による損害賠償債務のとき（509条）

→受働債権が差押禁止債権のとき（510条）

→受働債権が差し押さえられた後に自働債権を取得した場合、原則として相殺を差押債権者に対抗できない（511条）

ミニテスト

1 民法は、悪意の不法行為の債権を自働債権とする相殺を禁止している。
2 民法は、差押禁止債権を受働債権とする相殺を禁止している。
3 差押えを受けた債権の第三債務者は、原則として、差押え後に取得した債権による相殺をもって差押債権者に対抗することができない。

解答 1 × 禁止していません。禁止しているのは、悪意の不法行為の債権を「受働債権」とする相殺です。
2 ○
3 ○

075 債権の消滅事由

弁済と相殺以外の債権・債務の消滅原因です

Q 弁済と相殺以外にも債権が消滅する場合があるの？
A あるよ。

消滅原因

債権債務の消滅原因は７つあります。この中で、とくに重要なのは、最も普通の消滅原因である**弁済**と、非常に複雑な**相殺**の２つです。

ここでは、この２つ以外の消滅原因を説明します。

代物弁済

代物弁済とは、弁済をすることができる者が、債権者との間で、本来の給付に代えて他の給付をすることによって債務を消滅させる旨の契約をし、その「他の給付」をすることです。代わりの物で弁済するので、代物弁済というのです。

例えば、現金を返すことに代えて、同等の価値のある宝石を現実に引き渡す場合です。

供　託

供託とは、債権者が弁済を受領しない場合などに、弁済者が弁済の目的物を債権者のために供託所（公の機関）に預けて、債務を免れることです。

供託が行われることによって、債務は消滅し、債権者は供託物引渡請求権を取得します。

更　改

更改とは、新債務を成立させることによって旧債務を消滅させる契約です。チェンジするので更改です。

例えば、ＡがＢに対して貸金債権100万円を持っている場合に、これを消滅させる代わりに、ＢがＡに対して宝石を引き渡すという債務を成立させる契約です。

更改においては、新しい債務が成立し、いわば債務の切換えが行われるだけなので、現実に給付が行われて債権が消滅する代物弁済とは異なります。

免　除

免除とは、無償で債権を消滅させる旨の債権者の債務者に対する一方的な意思表示です。「借金を返さなくてよい」ということです。

混　同

混同とは、同一債権について債権者たる地位と債務者たる地位が同一人に帰属することです。混ざって同じになる、つまり消滅するという意味です。

例えば、親Aから100万円を借りている子Bが、Aの死亡によりその債権を相続した場合です。この場合、Bは、自分に100万円を貸していて、かつ自分が100万円を借りているという無意味な関係になります。これを存続させる必要はないからです。

ポイント

債権債務の消滅事由

弁済（履行）	債務の内容である給付を、その債務の本旨に従って実現する債務者その他の者の行為（473条）
代物弁済*	本来の給付に代えて他の給付をすることによって債務を消滅させる旨の契約をし、当該他の給付をすること（482条）
供託	債権者が弁済を受領しない場合などに、弁済者が弁済の目的物を債権者のために供託所に預けて、債務を免れること（494条）
相殺	債務者が債権者に対して同種の弁済期にある債権を有する場合に、その債権と債務を対当額で消滅させる一方的単独の意思表示（505条）
更改*	新債務を成立させることによって旧債務を消滅させる契約（513条）
免除	無償で債権を消滅させる旨の債権者の債務者に対する一方的な意思表示（519条）
混同	同一債権について債権者たる地位と債務者たる地位が同一人に帰属すること（520条）

＊代物弁済と更改の違い
代物弁済は、現実に他の給付が行われて債権が消滅するが、更改は、新債務が成立し、債務の切換えが行われるのみ。

ミニテスト

1　弁済をすることができる者が、債権者との間で、本来の給付に代えて他の給付をすることによって債務を消滅させる旨の契約をし、当該他の給付をすることを更改という。
2　債権者が弁済を受領しない場合などに、弁済者が弁済の目的物を債権者のために供託所に預けて債務を免れることを供託という。
3　無償で債権を消滅させる旨の債務者の債権者に対する一方的な意思表示を免除という。
4　同一債権について債権者たる地位と債務者たる地位が同一人に帰属することを混同という。

解答　1　×　代物弁済です。
2　○
3　×　債務者と債権者が逆です。
4　○

076 契約の意義と分類

日々の買い物＝売買契約が典型例です

Q 双務契約って何？
A 当事者双方が債務を負う契約だよ。

意　義

契約とは、当事者の相対立する意思表示が合致することによって成立する法律行為です。契約により、当事者間に債権債務が発生することになります。

売買契約を例にすれば、売主Aの「買いませんか」という申込みに対する買主Bの「買います」という承諾といった相対立する、逆方向からの意思の合致で成立します。

分　類

①有名契約（典型契約）と無名契約（非典型契約）

形式的な分類です。民法に○○契約、例えば売買契約というように名前が書いて有るか、無いかという分類です。名前が書いてあれば有名契約。別名、典型的なので典型契約ともいいます。全13種あります。

これに対して、名前がない契約を無名契約または非典型契約といいます。例えばプロ野球選手とかＪリーガーの契約は、民法には書いてありませんが、契約自由の原則によって、認められています。

②諾成契約と要物契約

当事者の意思表示の合致のみで成立するという契約を諾成契約といいます。売買契約は、売ります、買います、という意思の合致だけで成立します。申込みに対して、相手方が承「諾」することで「成」立する契約だから、承諾で成立を略して、「諾成」といいます。

これに対して、当事者の意思表示の合致のほかに、物の引渡しその他をなすことによって成立する契約が要物契約です。合致だけだと50％で、それにプラスして物の引渡しなどをして100％になるので、「物」を「要」するから要物契約といいます。典型例は、お金の貸し借りのような消費貸借契約です。貸主Aの「お金を貸します」、借主Bの「お金を借ります」ではまだ成立せず、さらに、お金をAからBに引き渡して初めて成立します。ただし、書面による消費貸借契約は諾成契約とされています。

有名契約の中で要物契約は、書面によらない消費貸借契約だけです。そのほかは、諾成契約です。

③双務契約と片務契約

債務に注目した分類です。当事者が互いに対価的な債務を負う契約を**双務契約**といい、一方当事者のみが債務を負う場合または双方の債務が対価的な関係にない場合を**片務契約**といいます。簡単にいうと、「双」方が債「務」を負う双務契約に対して、「片」方が債「務」を負う片務契約です。

双務契約がとくに重要なので、売買契約を例に説明します。

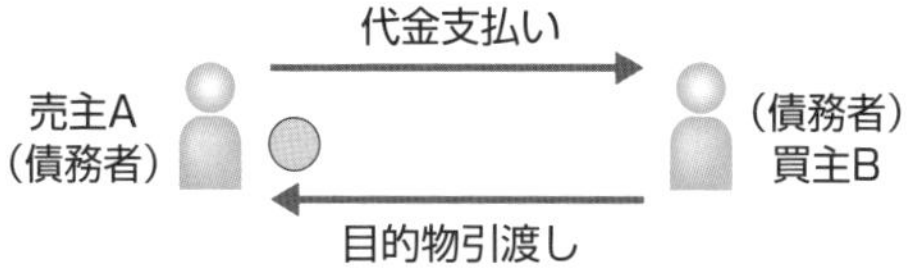

売主Aは、モノを売った以上、目的物を引渡すという債務を負担します。Bは、モノを買った以上、代金支払いという債務を負担します。この両者の債務は、Aは100万円の価値のある目的物を引渡すという債務を負っている、だから、Bは代金100万円を払うという関係です。このように、両債務には経済価値的に対応する関係にあるということです。逆に、そうでないものが片務契約です。例えば贈与です。贈り主しか債務を負いません。

④有償契約と無償契約

債務のみでなく、契約の全過程に注目した分類です。③とは別の分類になります。当事者が互いに対価的な給付をする契約を**有償契約**といい、対価的な給付をしない契約を**無償契約**といいます。

双務契約は有償契約、片務契約は無償契約になるのが普通ですが、片務・有償契約もあります。書面によらない消費貸借契約（諾成契約です）で利息の定めがある場合、貸主は、契約が成立した時点で物を渡し終わっているので債務を負わず、借主だけが返還債務・利息支払債務という債務を負います。したがって、片務契約です。しかし、貸主は物を貸す、借主は利息を払うという対価的な給付をしているので、有償契約になります。

ポイント

当事者が互いに対価的な債務を負う契約を、双務契約という。

ミニテスト

1　契約当事者が互いに対価的な債務を負う契約のことを［　　　］という。

解答　1 空欄には、双務契約が入る。

077 契約の成立

申込みと承諾によって成立します

Q 隔地者間の具体例は何？
A 手紙のやり取りで考えると、わかりやすいよ。

成立

契約は、申込みと承諾によって成立するのが原則です。

ただし、要物契約である書面によらない消費貸借では、申込みと承諾が合致するだけでは契約は成立せず、目的物の交付があって初めて成立します。

そして、意思表示は、その通知が相手方に到達した時から効力を生じるので（97条1項。**到達主義**）、申込みの意思表示が相手方に到達した時点で申込みの効力が生じ、これに対する承諾の意思表示が申込者に到達した時点で承諾の効力が生じ、その時点で契約が成立します。

契約の締結・内容の自由

何人も、法令に別段の定めがある場合を除き、契約をするかどうかを自由に決定することができます。また、契約の当事者は、法令の制限内において、契約の内容を自由に決定することができます。

つまり、契約をするかどうか、するとして内容をどうするかは、原則として自由に決められるのです。

申込みの撤回・失効

①承諾の期間を定めてした申込み

原則として撤回することができません。例えば、Aが1週間以内に返事をくださいと売買の申込みをした場合、Aはその期間内は申込みを撤回できないのです。

申込者が期間内に承諾の通知を受けなかったときは、申込みは効力を失います。ただし、申込者は、遅延した承諾を新たな申込みとみなすことができます。

②承諾の期間を定めないでした申込み

原則として、申込者が承諾の通知を受けるのに相当な期間を経過するまでは、撤回することができません。申し込みを受けた者に、承諾するかどうかを考えて返事をする時間を与えるためです。撤回できる時からさらに相当期間が経過すると、申込みの効力が失われます。

ただし、対話者に対してした期間の

定めのない申込みは、その対話が継続している間は、いつでも撤回することができます。対話者とは、面と向かって、あるいは電話などで話をしている相手のことです。また、対話が終わるまでに承諾がなかったときは、原則として申込みの効力が失われます。

申込者の死亡等

意思表示は、表意者が通知を発した後に死亡、意思能力を喪失、行為能力の制限を受けたときでも、効力を失わないのが原則です（97条）。

その例外として、申込者が申込みの通知を発した後に死亡、意思能力を有しない常況になった、行為能力の制限を受けた場合において、その事実が生じたら申込みが失効する旨の意思表示を申込者がしていたときや、相手方が承諾の通知を発するまでに上記の事実が生じたことを知ったときは、申込みは効力を失います。

申込みに変更を加えた承諾

承諾者が、申込みに条件を付し、その他変更を加えて承諾したときは、申込みの拒絶とともに新たな申込みをしたものとみなされます。

ポイント

契約の成立

申込みの効力
→申込みに対する承諾をしたときに成立する。意思表示は到達主義。
申込みの撤回
→承諾期間の定めあり…不可　なし…相当期間内は不可

ミニテスト

1　契約は、申込みに対して相手方が承諾の通知を発した時に成立する。
2　承諾の期間を定めなかった場合には、申込みを撤回することができない。
3　遅れた承諾の通知は、申込者において、新たな申込みとみなすことができる。
4　申込みに条件を付し、その他変更を加えた承諾は、申込みの拒絶とともに、新たな申込みをなしたものとみなされる。

解答　1 ×　承諾の通知が申込者に到達した時です。
2 ×　相当の期間、撤回できないだけです。
3 ○
4 ○

078 同時履行の抗弁権

引換えに〜、という権利です

Q 抗弁権ってどういう意味？
A 〜と言える権利という意味だよ。

意義・要件

双務契約における当事者の一方は、相手方が債務の履行を提供するまでは、自己の債務の履行を拒むことができます。これが**同時履行の抗弁権**です。

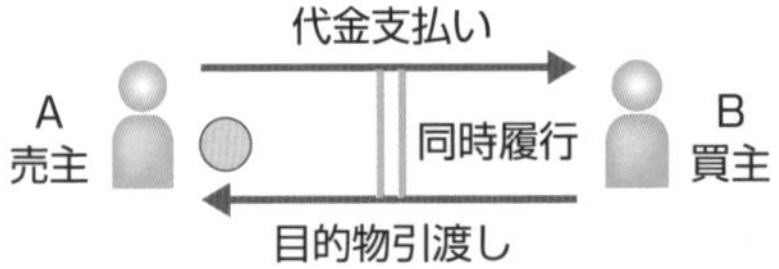

例えば、A・B間の売買契約において、買主Bに対して売主Aが、目的物を引き渡さないのに、代金だけ先に払えといってきたらどうでしょうか。逆に、Aに対してBが、代金を支払わないのに、目的物だけ先に渡せといってきたらどうでしょうか。どちらも不公平です。そこで、公平の観点から、両債務の同時の履行を主張できるのです。したがって、Bは、Aに対して、目的物を引き渡してもらうまで代金を支払わないといえます。逆にAは、代金を支払ってもらうまで目的物を引き渡さないといえます。同時に行う、引換えに行うという権利です。

ここで、**抗弁権**という用語については、「対抗的弁論」を略して「抗弁」といいますが、〜を主張できる権利という意味です。ここでは、同時履行を主張できるということになります。

しかし、**相手方の債務が弁済期にないとき**、つまり自分が先履行の義務を負う場合には、同時履行の抗弁権は認められません。例えば、Bの代金が後払いの契約のときは、Aは先履行になります。まず目的物を引き渡さなければならないので、Aは同時履行を主張できません。したがって、双方の債務の弁済期が同じでなくても構いませんが、少なくとも、双方の債務の弁済期が到来していることが必要になります。例えば、Aの目的物引渡債務が3月15日引渡しで、Bの代金支払債務が3月31日支払いという場合であれば、4月1日に、同時履行の抗弁権を主張できます。どちらも遅滞している場合、同時履行を主張できます。

なお、類似点のある**留置権**との異同は、次の通りです。

	留置権	同時履行の抗弁権
共通点	公平の原則	
相違点	担保物権 →誰に対しても主張できる。	双務契約の効力 →原則として契約の相手方に対してしか主張できない。

効　果

同時履行の抗弁権を有している限り、履行期日を徒過しても履行遅滞にならず、債務不履行責任を問われることはありません。遅れたことにならないということです。

また、裁判において、双務契約の当事者の一方が訴訟で債務の履行を請求した場合に、相手方から同時履行の抗弁の提出があったときは、原告の債務の履行と引換えに被告に債務の履行を命じる旨の判決がなされます。これを**引換給付判決**といいます。例えば、売主Ａ（原告）が、買主Ｂ（被告）を、代金を支払えと訴えた場合に、Ｂが、同時履行の抗弁権を主張したときです。裁判所は、原告Ａの目的物の引渡しと引換えに、被告Ｂは代金を支払えという判決をします。一方的な勝ち負けではなく、いわば引き分けという内容の判決です。

ポイント

同時履行の抗弁権

双務契約における当事者の一方は、相手方が債務の履行（債務の履行に代わる損害賠償の債務の履行を含む。）を提供するまでは、原則として、自己の債務の履行を拒むことができる（533条）。

ミニテスト

1　双務契約における当事者の一方は、相手方が債務の履行を提供するまでは、自己の債務の履行を拒むことができるが、相手方の債務が弁済期にないときは、拒むことはできない。

2　同時履行の抗弁権と担保物権である留置権は、どちらも公平の観点から認められた権利であるから、誰に対しても主張することができる。

3　裁判において、双務契約の当事者の一方が訴訟で債務の履行を請求した場合に、相手方から同時履行の抗弁の提出があったときは、原告の債務の履行と引換えに被告に債務の履行を命じる旨の判決がなされる。

解答　1　○

2　×　同時履行の抗弁権は、契約の相手方に対してしか主張できません。

3　○

079 危険負担

引渡しを受けられない場合に代金の支払いを拒めるかという問題です

Q 具体例は何？

A 天災などだよ。

意　義

危険負担とは、双務契約において、一方の債務が履行不能である場合に、他方の債務の履行を拒めるかという問題です。

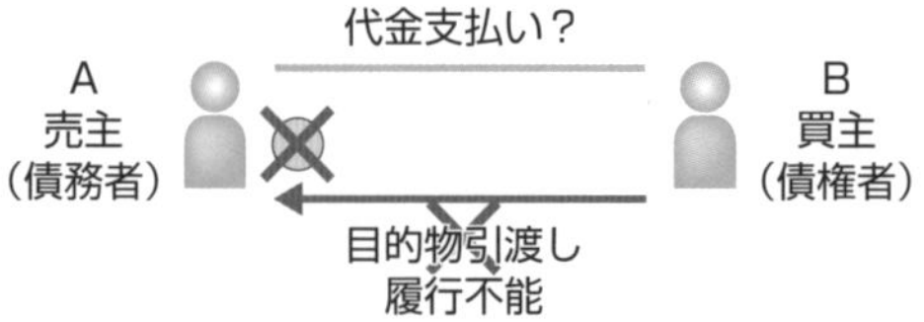

当事者双方に帰責性がない場合

Aが建物をBに売却したところ、引渡し前にその建物が天災によって滅失しました。この場合、Aの引渡債務は履行不能になって消滅します。そして、債務者Aに帰責事由がないので、Aは損害賠償債務を負いません。

これに対し、Bの代金債務は、何もしなければそのまま残ります。代金の支払いは不可能ではないからです。この場合、Bは契約を解除（次テーマ参照）すれば、代金の支払いを免れることができます。しかし、わざわざ解除の意思表示をしなければならないのは手間がかかります。

そこで、民法は、当事者双方の責めに帰することができない事由によって債務の履行をすることができなくなったときは、債権者は、反対給付の履行を拒むことができるとしています。Bは、契約を解除しなくても、代金の支払いを拒むことができるのです。そして注意点ですが、この危険負担の問題で債権者、債務者という用語は、履行不能となって消滅した債権債務関係についての債権者、債務者の意味で使用します。売買でいうと、目的物引渡しについての債務者は売主、債権者は買主ですから、**売主を債務者**と呼び、**買主を債権者**と呼びます。

債権者のみに帰責事由がある場合

今度は、天災ではなく、Bの帰責事由によって建物が滅失したとします。建物を見に行ったBの火の不始末で建物が燃えたような場合です。この場合、Aの引渡債務が履行不能になって消滅すること、Aに帰責事由がないので損害賠償債務を負わないことは同じです。

また、Bの代金債務も残ります。そして、債権者Bに帰責事由があるので、Bは契約を解除することができません（次テーマ参照）。そして、Bは代金の支払いを拒むこともできません。すなわち、民法は、債権者の責めに帰すべき事由によって債務を履行することができなくなったときは、債権者は、反対給付の履行を拒むことができないとしています。Bのせいで履行不能になっているので、Bは代金を支払う必要があるのです。

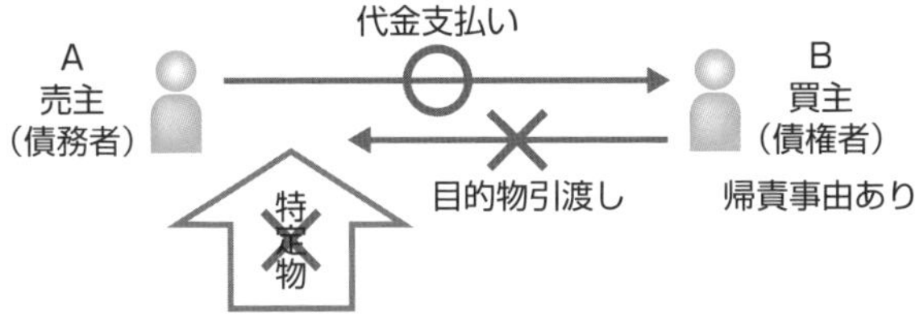

ポイント

双方に帰責性がない場合→債権者は反対給付の履行を拒める（536条1項）
債権者に帰責事由がある場合→債権者は反対給付の履行を拒めない（536条2項）

ミニテスト

1　当事者双方の責めに帰することができない事由によって債務の履行をすることができなくなったときは、債権者は、反対給付の履行を拒むことができない。

解答　1　×　拒むことができます。

080 契約の解除

契約をやめる、契約無し、にすることです

Q 解除って何？
A 契約を消滅させることだよ。

意　義

契約の解除とは、契約の一方当事者の意思表示によって、すでに有効に成立した契約の効力を解消させて、その契約が初めから存在しなかったのと同様の法律効果を生じさせることです。契約関係の遡及的消滅をもたらします。

解除権は、債務不履行を理由とする場合のように、法律の規定によって与えられる**法定解除権**のほかに、売買の手付の場合のように、特約によって与えられる**約定**（やくじょう）**解除権**もあります。

ここでは、**債務不履行による解除**を説明します。

催告による解除

解除は債権者を契約から解放する制度なので、そのような必要性が高い場合に認められます。

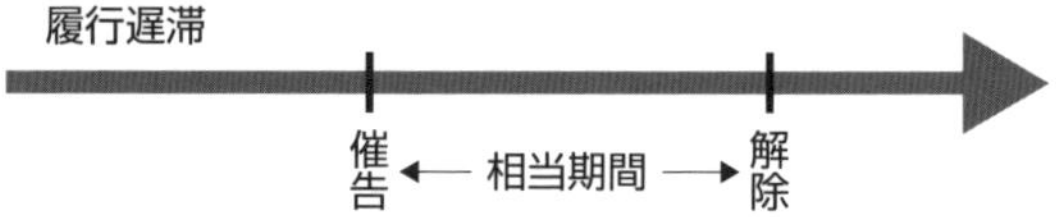

そこで、債務不履行があっても、解除をするためには、原則として、相当の期間を定めて履行の催告をし、その期間内に履行がないことが必要です。催告によって履行のチャンスを与えても履行がないのであれば、もはや履行される可能性が低く、債権者を契約から解放してあげる必要性が高いからです。

相当の期間を定めて履行の催告をするとは、例えば、○日以内に引き渡せなどです。相当の期間は、一律に何日とは決まっていません。当該契約の取引慣行によって決まります。仮に、3日間が相当な場合であれば、その3日が経過した後、解除できます。

ただし、相当な期間を定めずに催告した場合でも、催告の後、客観的にみて相当な期間を経過したときは、契約を解除できます。債権者が、ただ渡せといったような場合でも、結果的に相当な期間が経てば、解除できるのです。

なお、催告期間経過時における債務の不履行がその契約および取引上の社会通念に照らして軽微であるときは、解除することができません。

催告によらない解除

催告をしないで直ちに解除できるのは、例えば次のような場合です。

まず、履行不能の場合です。履行が不可能なので、催告をしても無意味だからです。

次に、債務者がその債務の全部の履行を拒絶する意思を明確に表示したときです。催告しても履行される可能性が低いからです。

また、契約の性質または当事者の意思表示により、特定の日時または一定の期間内に履行をしなければ契約をした目的を達することができない場合（**定期行為**）において、債務者が履行をしないでその時期を経過したときです。例えば、自分の結婚式の日にウェディングドレスを届けてくれるように頼んだのに、当日に届かなかった場合です。後から届けてもらっても意味がないので、催告せずに直ちに解除をすることができます。

また、債務の一部の履行が不能であるときや、債務者がその債務の一部の履行を拒絶する意思を明確に表示したときには、催告をせずに、直ちに契約の一部の解除をすることができます。

債権者の帰責事由による場合

債務の不履行が債権者の責めに帰すべき事由による場合には、債権者は、上記で説明した契約の解除をすることができません。債権者のせいなので、契約から解放してあげる必要はないからです。

ポイント

催告による解除

相当の期間を定めて履行の催告をし、その期間内に履行がないことが必要（541条）。

催告によらない解除

履行不能、履行拒絶の意思を明確に表示した場合、定期行為など（542条）

帰責事由

債務の不履行が債権者の責めに帰すべき事由による場合には、債権者は、契約の解除をすることができない（543条）。

ミニテスト

1 履行不能の場合、相当の期間を定めて履行を催告しなければ解除できない。

2 債務の不履行が債権者の責めに帰すべき事由による場合には、債権者は、契約の解除をすることができない。

解答 1 × 催告なしで解除できます。
2 ○

081 契約の解除の効果

もとに戻す義務が生じます

Q 原状回復ってどういうこと？
A もとに戻すことだよ。

原状回復義務

解除権が行使されると、各当事者は、その相手方を契約前の状態に戻さなければならないという義務を負います。原状に回復させるという**原状回復義務**です。

例えば、売買契約において、すでに受け取っていた代金を買主に返す、受け取っていた目的物を売主に返すということです。

損害賠償請求

契約を解除しても損害が生じる場合もあるので、**損害賠償請求**も可能です。契約を解除して、さらに損害賠償も請求するという場合もあります。

第三者の保護

民法545条１項ただし書は、解除の原状回復義務を理由として**第三者**の権利を害することはできない、と規定しています。

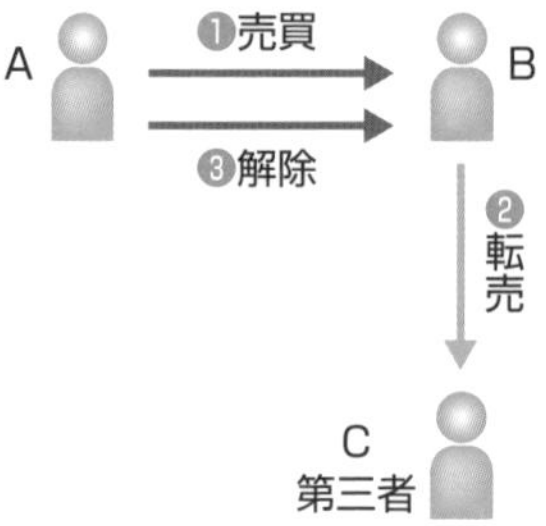

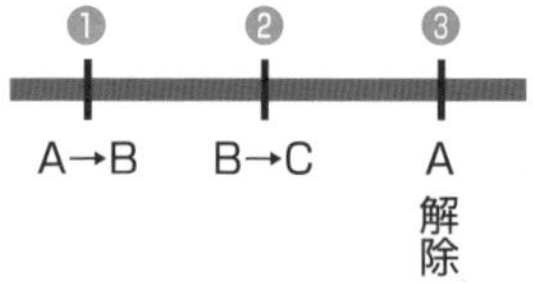

例えば、Bが、Aから土地を買い、まだ代金未払いのうちにCに転売しました。第三者Cが登場します。ところが、結局、BがAに代金を払わなかったため、Aが契約を解除したという場合です。

この場合、条文からは、第三者がただ早く登場すればよいだけにみえますが、判例は、それだけでは不十分だとしています。判例は、第三者が保護されるためには、登記などの**対抗要件**を備えている必要があるとするのです。

本来、解除は契約関係の遡及的消滅なので、ＡＢ間の契約がなかったことになり、ＢＣ間もなかったはずです。それにもかかわらずCを保護するのだから、Cは、保護されるだけのことはすべきだと考え、条文に書かれざる要件を要求したものです。したがって、Cが保護されるためには、登記が必要となります。

なお、第三者の善意・悪意はまったく問題になりません。仮に、CがBから土地を買う段階で善意、悪意を問題にするとしたら、Bの代金不払いについてです。しかし、この段階で、Bの代金不払いを知っていても構わないはずです。Cは、Bが今は不払いでも、その後払うと期待するのが当然だからです。つまり、そもそもCの善意・悪意は問題にならないのです。

複数当事者

当事者が複数の場合には、**全員**から、または、全員に対して契約解除の意思表示をしなければなりません。

例えばA・BがC・Dにモノを売った場合に、仮にAとCの間だけ、契約を解除するとします。すると、BやDはどうなるのか、わからなくなってしまいます。そこで、当事者複数の場合には、法律関係の錯綜、複雑化を防止するために、全員でないと解除できません。例えばA・BからC・Dに対して解除するのです。

ポイント

判例

第三者の権利を害することはできない（545条1項ただし書）。
↓
対抗要件が必要

ミニテスト

1　解除権が行使されると、各当事者は、その相手方を契約前の状態に戻さなければならないとする原状回復義務を負う。
2　契約を解除した場合には、契約は遡及的に消滅するので、さらに損害賠償を請求することはできなくなる。
3　契約を解除することによって、契約の当事者ではない善意の第三者の権利を害することはできない。
4　当事者が複数の場合には、全員から、または、全員に対して契約解除の意思表示をしなければならない。

解答　1 ○
2 × 損害賠償請求もできます。
3 × 善意ではなく、対抗要件を備えた第三者です。
4 ○

082 定型約款

契約条項を全部読まなくても、それに拘束されます

Q 定型約款って何？

A 保険契約の契約条項みたいなやつだよ。

意義

定型約款とは、取引内容を画一的にすることが合理的な場合に、契約内容とするために一方当事者によって準備された条項の総体のことです。例えば、保険契約の契約条項です。契約をするときに渡される分厚い条項集のイメージです。

本来、契約当事者は、契約の内容を認識して意思表示をしなければ、契約に拘束されないのが原則です。しかし、顧客は契約条項を全部は読まないのが普通なので、読んでいない条項にまで拘束されるのかという問題があります。そこで、定型約款の制度が設けられ、契約条項の拘束力等について定められています。

定型約款の合意

定型取引を行うことの合意（定型取引合意）をした者は、①定型約款を契約の内容とする旨の合意をしたとき、または②定型約款を準備した者（**定型約款準備者**）があらかじめその定型約款を契約の内容とする旨を相手方に表示していたときには、原則として、定型約款の個別の条項についても合意をしたものとみなされます。

定型取引とは、ある特定の者が不特定多数の者を相手方として行う取引であって、その内容の全部または一部が画一的であることがその双方にとって合理的なものをいいます。保険契約、鉄道の旅客運送契約、電力会社の電気供給契約などです。

例えば、保険契約をすることを合意した場合に（定型取引をすることの合意）、定型約款を契約内容とする旨の合意か表示があれば（①または②）、実際には個別の条項についての合意がなくても、それらについて合意をしたものとみなされるのです。

定型約款の内容の表示

定型取引を行い、または行おうとする定型約款準備者は、定型取引合意の前または定型取引合意の後相当の期間内に相手方から請求があった場合には、原則として、遅滞なく、相当な方法でその定型約款の内容を示さなければなりません。定型約款は契約の内容になるので、相手方に定型約款の内容

を知る権利を保障しているのです。

定型約款の変更

定型約款準備者は、①定型約款の変更が、相手方の一般の利益に適合するとき、または②定型約款の変更が、契約をした目的に反せず、かつ、変更の必要性、変更後の内容の相当性、この規定により定型約款の変更をすることがある旨の定めの有無およびその内容その他の変更に係る事情に照らして合理的なものであるときには、定型約款の変更をすることにより、変更後の定型約款の条項について合意があったものとみなし、個別に相手方と合意をすることなく契約の内容を変更することができます。例えば、相手方が支払う料金を減額する場合（①）や、法令の変更等により約款の変更が必要になった場合（②）です。

変更は、効力発生時期を定め、それが到来するまでに、定型約款を変更する旨、変更後の定型約款の内容、効力発生時期をインターネット等で周知しなければ、効力を生じません。

ポイント

定型約款の合意

定型約款を契約内容とする旨の合意かあらかじめの表示が必要（548条の2）。

定型約款の内容の表示

定型取引合意の前または定型取引合意の後相当の期間内に相手方から請求があった場合に必要（548条の3）。

定型約款の変更

相手方の一般の利益に合致するか、契約目的に反せず合理的なときは、変更後の条項について合意があったものとみなされる（548条の4）。

ミニテスト

1 定型約款を契約内容とする旨の合意がなければ、個別の条項について合意したものとはみなされない。

2 定型約款準備者が定型約款の変更をした場合、所定の要件を満たせば、変更後の定型約款の条項につき合意があったものとみなされる。

解答 1 × 定型約款準備者があらかじめその定型約款を契約の内容とする旨を相手方に表示していたときでもＯＫです。

2 ○

083 贈与

プレゼントを渡すこと、もらうことです

Q 贈与の具体例は？
A プレゼントだよ。

意義

贈与とは、当事者の一方が相手方に無償で財産を与える契約をいいます。

ただで、物をあげたり、もらったりする契約です。日常的な例では、プレゼントです。

契約類型でみると、片務・無償・諾成の契約になります。

まず、片方しか債務を負いませんので「片務」です。次に、対価的な給付はしませんので「無償」です。さらに、あげます、もらいますだけで成立するので「諾成」です。

成立要件

当事者の一方の財産を無償で与えるという意思表示と、相手方の受諾の意思表示の合致で成立します。

贈与も契約なので、Aのただであげますに対して、Bのただでもらいますによって、成立します。

書面によらない贈与

書面によらない贈与は、各当事者が解除することができます。ただし、履行の終わった部分については解除することができません。

書面によらない＝口約束の場合です。つい気が大きくなって、「～をあげる」と言ってしまうように、贈与は軽率に行われやすいものです。そういう軽率な贈与者を保護するための規定です。したがって、書面によらない贈与は当事者が解除することができます。つまり、あげるのをやめるといえるのです。

そうだとすると、軽率とはいえない場合、すなわち、履行が済んでいる部分、例えば、一部をすでに渡し済みであれば、その部分についての解除は許さないのです。

贈与者の引渡し義務

贈与者は、贈与の目的である物または権利を、贈与の目的として特定した時の状態で引き渡し、または移転することを約したものと推定されます。ただであげる場合なので、そのままの状態で渡せばよいという約束だと推定したのです。

特殊な贈与

①定期贈与

定期贈与＝定期の給付を目的とする贈与は、贈与者または受贈者の死亡によって、効力が失われます。例えば、毎月一定額の学費を与えるような場合です。

②負担付贈与

負担付贈与については、その性質に反しない限り、双務契約に関する規定を準用します。例えば、家屋を贈与する代わりに、その一部を無償で使用させる義務を課すような場合です。

③死因贈与

死因贈与＝贈与者の死亡によって効力を生じる贈与については、その性質に反しない限り、遺贈に関する規定を準用します。例えば、死んだら土地をあげるというような場合です。

ポイント

書面によらない贈与
　→各当事者が解除することができるが、履行の終わった部分については解除できない（550条）。
定期贈与
　→贈与者・受贈者の死亡によって効力が失われる（552条）。
負担付贈与
　→双務契約に関する規定を準用する（553条）。
死因贈与
　→遺贈に関する規定を準用する（554条）。

ミニテスト

1　贈与は、要物契約である。
2　書面によらない贈与は、原則として、当事者が解除することができる。
3　贈与者は、贈与の目的である物または権利を、贈与の目的として特定した時の状態で引き渡し、または移転することを約したものとみなされる。

解答　1　×　諾成契約です。
2　○
3　×　みなされるのではなく、推定されます。

084 売買

皆さんの日々の買い物です

Q 売買の具体例は？
A ショッピングだよ。

意　義

売買とは、当事者の一方がある財産権を相手方に移転することを約し、相手方がこれに対し代金を支払うことを約する契約です。

契約類型でみると、双務・有償・諾成の契約です。両当事者が互いに対価的意味を有する債務を負担するから双務契約です。また、両当事者が対価的な意味のある給付をするから有償契約です。そして、売ります、買いますという意思の合致のみで成立するから、諾成契約です。

手　付

手付は、契約を結んだときに相手方に渡す金銭です。

例えば、契約の締結時に、買主Bが売主Aに10万円渡した場合であれば、この10万円のことを手付、手付金といいます。

手付には、性質で分けると３種類ありますが、これは三択の関係ではないので注意してください。

①証約手付

すべての手付に最低限ある性質として、証約手付としての性質があります。契約締結の証拠となる手付です。ただ、契「約」締結の「証」拠となるだけの手付という性質です。さらに別の性質がある場合も、ない場合もあります。

②解約手付

通常はこれが多いので、民法が特に目的を定めなければこの手付だと推定している、民法に規定がある解約手付です。解除権を留保するための手付です。債務不履行がなくても、つまり理由なくても契「約」を「解」除できるという手付です。

解約手付の場合には、相手方が契約の履行に着手するまでは、買主は手付金を放棄すれば、売主は手付金の倍額を現実に提供すれば、自由に契約を解除できます。特約のない限り、損害賠償責任を負いません。

例では、買主は10万円を放棄すれば足ります。10万円を要らないといえば、解除できます。逆に売主は、最初に10万円をもらっているので、20万円になります。20万円を払えば解除できます。つまり、どちらも手付分だけ損をするだけです。現実的には、より良い条件の売買が可能な場合、Bだと、手付分の10万円を放棄しても、もっと安く同じものが買えるとき、Aだと、20万円を払ったとしても、もっと高く売れるときに、解除します。

③違約手付

強い性質を持つ違約手付という場合もあります。債務不履行があれば当然に没収される手付です。契「約」に「違」反したら没収されるという手付です。

効　力

①売主の義務

売主は、売買の目的である財産権を買主に移転する義務を負います。また、買主に対し、登記、登録などの対抗要件を備えさせる義務も負います。

②買主の義務

買主は代金を支払う義務を負います。

③他人の物の売買契約

他人の物の売買契約も有効です。例えば、Aが売主、Bが買主になってC所有の土地の売買契約をした場合、AB間の売買契約は有効です。

もっとも、Cの物ですから、AB間の契約だけでBの物になるわけではありません。他人物売買契約は、AがBにその土地の所有権を移転する義務を負う旨の約束として有効なのです。Aが義務を果たせなかった場合には、債務不履行の責任を負います。

ポイント

解約手付

相手方が契約の履行に着手するまでは、買主は手付金を放棄し、売主はその倍額を現実に提供すれば、契約を解除できる（557条）。

ミニテスト

1　相手方が契約の履行に着手するまでは、買主は手付金を放棄し、売主は手付金の額を返せば、自由に契約を解除することができる。

2　他人物売買契約は、無効である。

解答　1　×　売主は、手付金の倍額です。

2　×　有効です。

085 売主の担保責任

売主が負う責任です

Q この担保って、貸したお金を確実に返してもらう手段のこと？
A この担保は違うよ。

意　義

売主は、買主に対して、契約内容に適合した物を引き渡す義務を負います。**売主の担保責任**とは、この義務に違反した場合の売主の責任のことです。

物の種類、品質、数量の不適合

和牛肉の売買契約をしたのに輸入牛肉を渡された場合や、量が足りなかった場合のように、引き渡された目的物が種類、品質、数量に関して契約内容に適合しないときは、買主は、債務不履行の規定に基づく損害賠償請求や契約の解除のほか、追完請求や代金減額請求をすることができます。

追完請求の内容は、目的物の修補、代替物の引渡し、または不足分の引渡しの請求です。どの方法にするかは、買主が選べるのが原則です。ただし、売主は、買主に不相当な負担を課すものでないときは、買主が請求した方法と異なる方法による追完をすることができます。

代金減額請求は、契約の解除と同様、催告が必要な場合と不要な場合があります。

契約不適合が買主の帰責事由による場合は、追完請求や代金減額請求をすることができません。なお、契約の解除も同様です。損害賠償請求は、売主に帰責事由がある場合にのみすることができます。

一部が他人の物である場合等

ＡがＢに土地を売却したが、その土地の一部がＣの所有だった場合のように、目的物の一部が他人の物である場合や、売主が買主に移転した権利が契約内容に適合しない場合も、買主は、損害賠償請求、契約の解除、追完請求、代金減額請求をすることができます。

担保責任の期間制限

引き渡された目的物が種類、品質に関して契約内容に適合しないときは、買主は、不適合を知った時から１年以内にその旨を売主に通知しなければ、売主の担保責任の追及（損害賠償請求、契約の解除、追完請求、代金減額請求）をすることができません。種類や品質が契約内容に適合しているかどうかは時間が経つと劣化などによって判断しにくくなるので、期間制限を設けたのです。

ただし、売主が引渡しの時に不適合を知り、または重大な過失によって知らなかったときは、期間制限が適用されません。

以上に対し、引き渡された目的物が数量に関して契約内容に適合しない場合、目的物の一部が他人の物である場合、売主が買主に移転した権利が契約内容に適合しない場合には、期間制限はありません。これらの場合は、短期間で判断しにくくなるという事情がないからです。

担保責任を負わない旨の特約

売主は担保責任を負わない旨の特約をした場合、その特約は、原則として有効です。当事者が合意したのであれば、それはそれでかまわないからです。

ただし、①売主が知りながら買主に告げなかった事実、②売主が自ら第三者のために設定し、または第三者に譲り渡した権利については、責任を免れることができません。例えば、売主が契約に適合しないことを知りながらだまって売買契約を締結した場合、売主は担保責任を負わない旨の特約があっても、売主は責任を負うのです。

ポイント

売主の担保責任（562条〜565条）

①種類・品質の契約不適合、②数量の契約不適合、③一部が他人の物、④権利に関する契約不適合

→損害賠償請求（売主の帰責事由必要）

→解除、追完請求、代金減額請求（買主の帰責事由がある場合はできない）

期間制限（566条）

種類、品質の契約不適合の場合のみ

→買主は、不適合を知った時から１年以内にその旨を売主に通知

ミニテスト

1 引き渡された目的物が種類、品質、数量に関して契約内容に適合せず、そのことについて売主の責めに帰すべき事由があるときは、買主は、損害賠償請求、契約の解除、追完請求、代金減額請求をすることができる。

2 引き渡された目的物が数量に関して契約内容に適合しない場合、買主は、不適合を知った時から１年以内にその旨を売主に通知しなければ、売主の担保責任の追及をすることができない。

解答 1 ○

2 × 数量の不適合の場合、期間制限はありません。

086 消費貸借

お金の貸し借りが典型例です

Q 消費貸借の具体例は？
A お金の貸し借りだよ。

意義

消費貸借は、当事者の一方が同種、同等、同量の物を返還することを約して、相手方から目的物を受け取ることで成立します。

契約類型でみると、借主しか債務を負わない片務契約です。また、物を受け取ることで成立する**要物契約**の１つです。

ただし、書面（電磁的記録も書面とみなされる）でする消費貸借は諾成契約です。当事者の一方が物を引き渡すことを約し、相手方が受け取った物と同種、同等、同量の物を返還することを約することによって成立します。この場合、借主は、貸主から物を受け取るまでは、契約の解除をすることができます。これによって貸主が損害を受けたときは、借主に対して損害賠償を請求することができます。

なお、目的物の所有権は借主に移転します。借主は目的物を消費し、ただ、それと種類などが同じものを返還すればよいのです。

目的物は、米、味噌などでもよいのですが、目的物が金銭であるときは、とくに**金銭消費貸借契約**といいます。つまり、典型例は、ＡがＢに100万円を貸す、逆にいえばＢがＡから100万円を借りる、という場合です。

そのため、日常生活でも、とても重要な契約です。だからこそ民法の特別法があります。消費貸借では、**利息制限法**などの特別法が不可欠なのです。

利息

貸主は、特約がなければ、借主に対して利息を請求することができません。したがって、消費貸借は無償契約が原則ですが、利息の特約があると有償契約になります。

利息の特約がある場合、貸主は、借主が金銭等を受け取った日以後の利息を請求することができます。

目的物の返還時期

①返還の時期を定めなかった場合

貸主は、相当の期間を定めて返還の催告を請求することができます。相当の期間を定めてという点がポイントです。借主は借りた物を使ってしまっているので、すぐに返せるとは限りません。そこで、相当期間を定めて催告する必要があるのです。この場合、履行遅滞になるのは、相当期間を過ぎても返還しなかったときです。412条の3項は期限の定めのない債務は履行の請求を受けた時から遅滞となるとしていますが、その例外になります。

借主は、いつでも返還することができます。

②返還の時期を定めた場合

貸主は、定められた時期が来なければ、返還を請求することができません。当然のことです。

借主は、いつでも返還することができますが、定められた時期の前に返還をしたことによって貸主が損害を受けた時は、貸主は損害賠償を請求することができます。利息の特約がある場合には、期間満了時までの利息相当額を支払わなければならないのです。

ポイント

契約の成立

原則として要物契約（587条）。書面（電磁的記録を含む）による場合は諾成契約（587条の2）。

利息と利率

利息は、原則として発生しない

返還時期（591条）

→時期を定めた場合

貸主は、期間満了後でなければ返還請求できないが、借主は、いつでも返還できる。

→時期を定めなかった場合

貸主は、相当の期間を定めて催告し、その相当期間の経過後に返還請求できる（借主は、いつでも返還できる）。

ミニテスト

1　消費貸借は、要物契約である。

2　返還の時期を定めなかったときは、貸主はすぐに返還せよと請求することができる。

解答　1　×　原則は要物契約ですが、書面（または電磁的記録）による場合は諾成契約です。

2　×　相当の期間を定めて返還の催告をする必要があります。

087 賃貸借

レンタルビデオ店が身近な例ですが…

Q 賃貸借の重要な例は？
A 宅地や建物の賃貸借だよ。

意　義

賃貸借は、当事者の一方（賃貸人）が、相手方（賃借人）に、ある物を使用・収益させることを約し、相手方（賃借人）がこれに対して賃料を支払い、引渡しを受けた物を契約が終了したときに返還することを約する契約です。双務、有償、諾成の契約です。

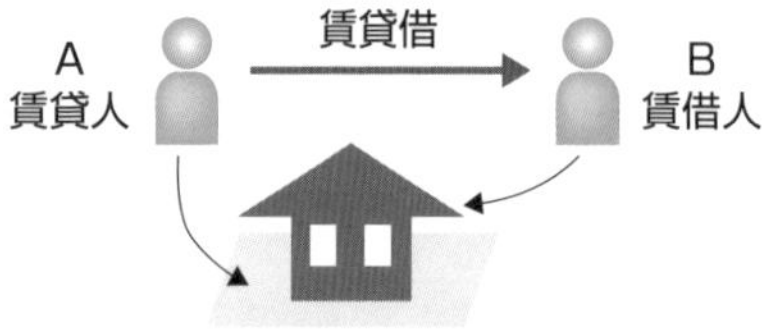

お金を出してモノを貸したり借りたりする契約ですが、**不動産賃貸借**が重要です。土地を借りて家を建てる、建物を借りて住むという借地や借家の契約です。そこに住むために、生活の基盤となるからです。このような不動産賃貸借だと何十年にわたる契約もあります。**継続的契約**です。そこで、当事者間の**信頼関係**がとくに重視されます。

なお、不動産賃貸借では、民法典のみでは実際の法律関係を解決できず、特別法である**借地借家法**が不可欠です。同法は、民法典の内容を修正しています。

効　力

①賃貸人の義務

賃貸人は、賃借人に目的物を使用・収益させる義務を負うほかに、次の義務を負います。まず、賃貸人は、目的物の使用・収益に必要な**修繕義務**を負います。例えば、貸家の雨漏りを直す義務です。雨漏りの修理のように、賃貸人が賃貸物の保存に必要な行為をしようとする場合は、賃借人はこれを拒むことができません。

次に、**費用償還義務**も負います。費用を返すという義務です。本来は、賃貸人が修繕義務を負っていますが、必要に迫られて、賃借人が雨漏りの修理することがあります。その場合には、後で費用を返せといえるのです。費用は、**必要費**と**有益費**に分けられます。必要費は、雨漏りの修理費などのように、保存に必要な費用です。賃借人が必要費を支出したときは、賃貸人は直ちにその費用を償還しなければなりません。本来は賃貸人が直さなければならないからです。有益費は、壁紙の張替費などのように、改良に有益な費用です。賃借人が有益費を支出したときは、賃貸借終了の時において目的物の価格の増加が現存している限り、賃貸人は、その選択により、支出された費用または増価額のいずれかを償還しなければなりません。

②賃借人の義務

賃借人は、賃料支払いの義務、用法を遵守する義務、目的物を保管する義務、返還義務などを負うほかに、**無断譲渡・無断転貸をしない義務**（次テーマ）を負います。

終　了

①期間満了

存続期間の定めのある賃貸借は、更新がない限り、**期間満了**により終了します。

②解約申入れ

存続期間の定めのない賃貸借であれば、各当事者はいつでも**解約申入れ**をすることができ、解約申入れから一定期間経過後に賃貸借は終了します。

また、存続期間を定めた賃貸借でも、当事者が解約権を留保しているときは、いつでも解約の申入れができ、解約申入れから一定期間経過後に賃貸借は終了します。

③解除

民法がとくに解除権を定めている場合（612条２項等）のほか、賃貸人は、賃借人の賃料不払い等の債務不履行や、用法違反等の義務違反を理由に、賃貸借契約を**解除**することができます。

賃貸借を解除した場合は、将来に向かってのみその効力を生じます。契約解除の原則である遡及的消滅の例外です。賃貸借が継続的契約だからです。遡及的消滅を認めたら、賃貸借期間内の法律関係がいたずらに錯綜するからです。

ポイント

賃貸借の効力

賃貸人の義務→修繕義務（606条）、費用償還義務（608条）
賃借人の義務→無断譲渡・無断転貸をしない義務（612条）

ミニテスト

1　賃借人が有益費を支出したときは、賃貸人は直ちにその費用を償還しなければならない。

解答　1　×　直ちに償還しなければならないのは、必要費です。

088 信頼関係の理論

この信頼関係は、日常用語と同じ意味です

Q 無断転貸をすると、必ず解除されるの?

A 解除されない場合もあるよ。

原　則

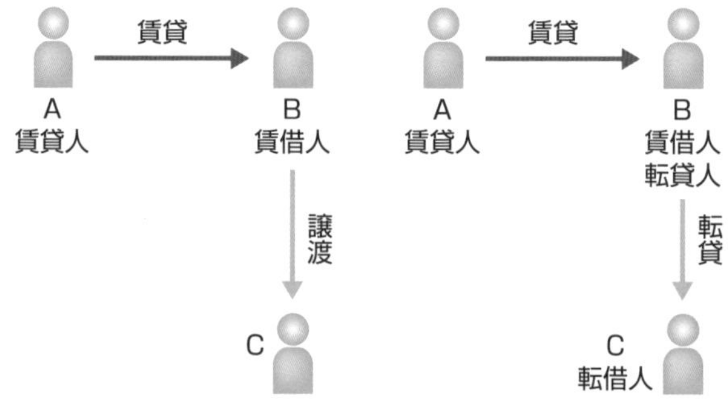

612条1項は、賃借人は、賃貸人の承諾なしに、賃借権を第三者に譲渡したり(賃借権の譲渡)、賃借物を第三者に転貸する(賃借物の転貸)ことができないとしています。無断で行ったら、A・B間の**信頼関係が破壊**されるからです。

それにもかかわらず、**無断譲渡・転貸**をした場合には、612条2項は、賃貸人は契約を解除することができるとしています。つまり、**解除できるのが原則**です。信頼関係が破壊されるからです。Aからみれば、例えばBが無断で又貸しなどをした場合、Bを信頼できないと感じます。通常はこのように考えられます。

例　外

しかし、この612条2項をそのまま形式的に適用した場合、不都合が生じるときがあります。そこで、判例は、この原則を緩和しています。612条2項の適用を制限して、**解除できないとする信頼関係の理論**を考え出しました。具体例で考えましょう。

前記の転貸の例で、賃借人Bが、賃貸人Aに無断でCに転貸しますが、次のようなケースでした。Bが住んでいる家に、親戚の子Cが間借りすることになり、家賃は月1万円でした。つまり、BとCは親戚という特殊な人的関係があり、一部屋を貸しただけという一部の転貸にすぎず、家賃も非常に低額です。このような事情だったので、わざわざ大家さんAに断りを入れなかったという場合です。しかし、無断転貸になります。

612条2項を形式的に適用すると、無断転貸なので、AはBとの賃貸借契約を解除できることになってしまいます。つまり、BもCも出ていかなければなりません。これが不都合ではないかということです。実際に裁判で争われたのは、戦後の住宅事情が悪い時代でした。住んでいる家を出て行けといわれたら、住む家がないような時代です。

そこで、判例は次のように考えます。612条2項が無断転貸の場合に解除できるとしたのは、無断転貸によってA・B間の信頼関係が破壊されるのが通常だからだ。では、通常でないケースならどうだろう。無断転貸であっても、信頼関係が破壊されない特段の事情がある場合、すなわち、背信行為と認めるに足りない特段の事情がある場合なら別のはずだ。以上から、Bの行った無断転貸が、Aに対する**背信行為と認めるに足りない特段の事情がある場合には解除できない**とします。

これは、社会的経済的弱者である借家人側を保護した、温かい判例ですね。

承諾ある転貸

なお、承諾ある賃借物の転貸の場合には、賃貸人と賃借人間の賃貸借契約は残存したまま、新たに賃借人（＝転貸人）と転借人間の転貸借契約関係が生じ、結果として2つの賃貸借契約関係が発生することになります。

この場合、転借人Cは、転貸人Bだけでなく、賃貸人Aに対しても直接に義務を負います。義務を負うだけで権利は持ちません。もちろん、賃貸人Aが、賃借人Bに対して権利行使することは、何ら妨げられません。

ポイント

信頼関係の理論
賃借人の行為が、賃貸人に対する背信行為と認めるに足りない特段の事情がある場合には、解除はできない（判例）。

ミニテスト

1　賃借人の行為が、賃貸人に対する［　　　］と認めるに足りない特段の事情がある場合には、解除はできないとするのが判例である。

解答　1　空欄には、［背信行為］が入る。

089 不動産賃貸借の対抗要件

物権 vs 債権のテーマです

Q 債権が物権に勝てる場合があるの？
A あるよ。

売買は賃貸借を破る

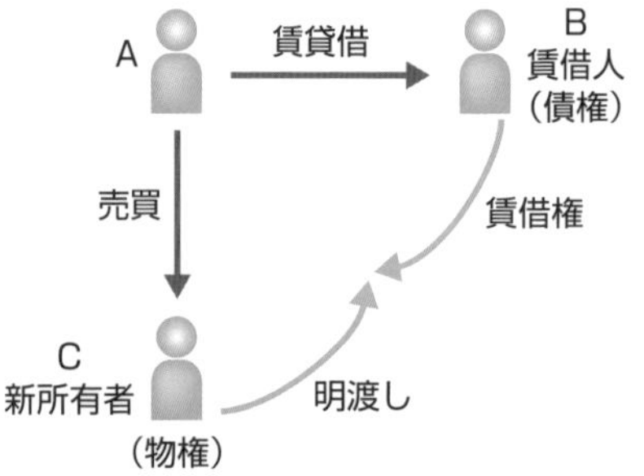

図Aが土地をBに貸して、Bが家を建てて住んでいる場合に、地主Aが土地をCに売却したらどうなるでしょうか。Cは売買契約によって土地の所有権を取得した新所有者なので、誰に対しても主張できる物権を持っています。それに対して、Bは賃貸借契約における賃借人にすぎないので、特定人Aに対してのみ土地を使わせろといえる債権を持っているにすぎません。そこで土地について、CとBが争うと、Cが勝ちます。Cは、Bに対して、建物収去と土地明渡しの請求ができます。物権と債権では、物権が優先するのが原則だからです。

このように、売買契約によって土地の所有権を取得したCは、賃貸借契約によって土地を借りているBに勝つことになります。このことを、**売買は賃貸借を破る**といいます。つまり、物権は債権に勝つ、所有権は賃借権に勝つということです。

民法605条（不動産賃貸借の登記）

このままだと、賃借人Bは安心して住んでいられないことになります。そこで、賃借人Bを保護するために、**民法605条**に1か条だけ条文を置きました。「不動産の賃貸権は、これを登記したときは、その不動産について物権を取得した者その他の第三者に対抗することができる」という規定です。賃借人Bが**不動産賃貸借の登記**という特別な登記をしておけば、その後、賃貸人Aが賃貸不動産を第三者Cに売却しても、賃借人は賃貸不動産を取得した新所有者Cに対しても賃借権を対抗できるということです。

しかし、民法605条は、ほとんど役に立たなかったのです。なぜなら、この登記をするには、賃貸人Aの任意の協力が必要だからです。A・B間の賃貸借なので、手続き上、Aの協力も必要になるということです。つまり、Aが協力してくれないと、この登記はできません。そして、通常、これに協力する賃貸人Aはいません。自分の賃借人の地位を強力にしてしまうからです。以上から、民法605条は、現実的には有名無実でした。

借地借家法10条1項・31条1項（建物の登記・建物の引渡し）

そのため、次のような事態が生じました。地代値上げをBが拒否すると、Aが、「では、誰かに売ろうかな」というわけです。売られてしまうと、Bは、土地を明け渡さなければならないので、やむを得ず、値上げに応じることになります。このように、建物のための土地の賃借権が、あたかも地震でグラグラ揺れるように不安定になってしまいます。そこで、このA・C間の売買のようなものを、地震売買と呼びました。B側はたまりません。値上げに応じるしかなく、たびたび地代を値上げされてしまいます。

そのため、借地人側の社会運動が起き、建物保護ニ関スル法律（建物保護法）という特別法ができました。現在の**借地借家法10条1項**に相当します。すなわち、民法605条の登記がなくても、単に宅地上の**建物の登記**さえあれば、BはCに対抗できます。建物はBの所有物ですから、Bは単独で登記できます。Aの協力は不要です。このように、Bの保護は、民法典では無理で、特別法の制定によって図られることになります。

なお、借家の場合もまったく同様になります。民法605条の登記は有名無実。そこで特別法である借家法ができ、これが現在の**借地借家法31条1項**になります。借家人は**建物の引渡し**さえ受けていれば、新所有者に対抗できます。借地よりも簡便です。

ポイント

「売買は賃貸借を破る」
↓
民法605条（不動産賃貸借の登記）
↓
借地借家法10条1項・31条1項（建物の登記・建物の引渡し）

ミニテスト

1 「不動産の賃貸借は、これを［　　　］したときは、その不動産について物権を取得した者その他の第三者に対抗することができる」（民法605条）

解答 1 空欄には、登記が入る。

090 請負

大工さんが具体例です

Q 請負の具体例は何？
A 建物建築がわかりやすいよ。

意　義

請負(うけおい)とは、当事者の一方がある仕事を完成することを約し、相手方がその仕事の結果に対して報酬を与えることを約する契約です。双務、有償、諾成の契約です。具体例は、建築の請負契約です。Aが、大工さんや建築会社Bに家を建ててもらうという契約です。Aを**注文者**といい、Bを**請負人**といいます。

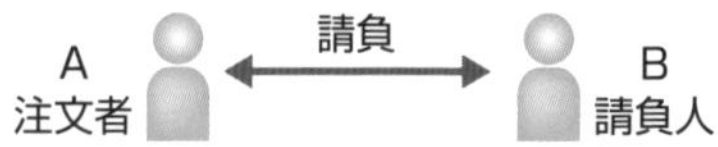

効　力

①請負人の仕事完成義務

請負人の義務として、**仕事を完成させる義務**があります。例えば、家を建てることです。なお、請負の目的は仕事の完成にあるので、誰が完成させても構いません。そこで請負人は、自分で完成しないで、さらに第三者Cに請け負わせることができます。これを**下請負**といいます。

契約の目的が物の製作である場合、請負人は仕事を完成した後、さらにその完成物を注文者に引き渡さなければなりません。建築請負の場合には、請負人Bは家を建てた後、家を注文者Aに引き渡します。

②請負人の担保責任

売主の担保責任の規定が準用されるので（559条）、請負人は、原則的に、売主の担保責任と同様の責任を負います。種類または品質に関する契約不適合の場合のみ１年の期間制限がある点も同様です。

なお、種類または品質に関する契約の不適合の場合、注文者は、注文者の供した材料の性質または注文者の与えた指図によって生じた不適合を理由として、請負人の担保責任を追及することはできません。注文者のせいなので、請負人の責任を問うことはできないのです。ただし、請負人がその材料または指図が不適当であることを知りながら告げなかったときは、この限りではありません。

③報酬

注文者は報酬を支払う義務を負います。支払時期は、仕事の目的物の引渡しと同時ですが、物の引渡しを要しないときは、仕事の完成後です。しがたって、引渡しと報酬支払が同時履行の関係であり、仕事完成と報酬支払は同時履行の関係にありません。仕事完成が先履行です。

なお、注文者の帰責事由によらずに仕事の完成が不能になった場合や、請負が仕事の完成前に解除された場合において、請負人が既にした仕事のうち可分な部分の給付によって注文者が利益を受けるときは、その部分を仕事の完成とみなし、請負人は、注文者が利益を受けた割合に応じて報酬を請求することができます。例えば、2棟の建物の建築請負契約が1棟完成した段階で解除された場合、請負人は、1棟分の報酬を請求することができるのです。

終　了

請負契約は、仕事の完成、引渡しや契約の一般原則による解除によって終了するほか、**仕事未完成の間における注文者の解除**によっても終了します。

すなわち、注文者は、請負人が仕事を完成しない間は、いつでも損害を賠償して契約を解除することができます。事情が変わった場合に、注文者にとってもはや不要となった物を完成してもらっても無意味だからです。

ポイント

請負の効力

請負人の仕事完成義務（632条）と担保責任（636条、637条）
注文者の報酬支払義務（632条～634条）

ミニテスト

1　請負人は、仕事を完成させる前であれば、いつでも損害を賠償して契約を解除することができる。

解答　1　×　解除できるのは、注文者です。

091 委任

弁護士さんやお医者さんが具体例です

Q 委任の具体例は何？

A 身近な例だと、お医者さんだよ。

意　義

委任とは、当事者の一方である委任者が法律行為をすることを相手方受任者に委託し、相手方がこれを承諾することで成立する契約です。諾成契約です。報酬の支払いが要件ではないので、原則として、片務、無償契約ですが、報酬の特約も可能で、この場合には、双務、有償契約となります。

なお、法律行為以外の事務の委託についても委任の規定が準用され、これを準委任といいます。

委任者Aが受任者Bに仕事を任せるという契約です。具体的な職業として、受任者にあたる者は、弁護士とか医師などです。

委任契約では、他人の仕事をするので、信頼関係が大切です。

効　力

①受任者の義務

信頼関係ゆえに厳しい義務を負います。

まず、善管注意義務です。受任者は、委任の本旨に従い、善良な管理者の注意をもって、委任事務を処理する義務を負います。この善管注意義務は、有償・無償を問わずに負います。たとえ無償でもです。

次に、自ら事務を処理する義務です。受任者は、委任者の許諾を得たとき、またはやむを得ない事由があるときでなければ、復受任者を選任することができません。任意代理人の復代理人選任と同様の規定です。他人に仕事を振ってはいけないということです。

その他の付随的義務も負います。委任者の請求があるときは、いつでも委任事務処理の状況を報告しなければならず、委任終了後は遅滞なくその経過および結果を報告しなければなりません。また、委任事務を処理するにあたって、受け取った金銭その他の物および収取した果実を委任者に引き渡さなければなりません。

②委任者の義務

民法上、委任は無償が原則であり、受任者は、特約がない限り、報酬を受けることができません。これはローマ法の沿革に由来しています。ローマ法の時代には、委任は高級労務と考えられ、高級労務にお金をもらうのは卑しいことだと考えられていました。しかし、これは現代の価値観とは違います。高級労務でも、お金はとります。そこで、実際には、明示の特約がなくても、慣習上、当然に報酬支払義務が認められる場合が少なくありません。例えば、弁護士報酬などです。

報酬の特約をする場合には、①委任事務の履行に対して報酬を支払う、②委任事務の履行により得られる成果に対して報酬を支払う（いわゆる成功報酬などのこと）、という2つの種類があります。①の場合は、委任事務を履行した後でなければ報酬を請求することができませんが、期間をもって報酬を定めたときは、期間経過後に報酬を請求することができます。②の場合、成果が引渡しを要するときは、報酬請求は引渡しと同時になります。

その他、委任が有償であるか無償であるかに関係なく、委任者は次の義務を負います。委任事務を処理するについて費用を要するときは、委任者は、受任者の請求により、その費用を前払いしなければなりません。受任者が委任事務の処理に必要と認められる費用を立て替えたときは、委任者に対してその費用および支出日以後の利息の償還を請求することができます。また、受任者が、委任事務を処理するため、自己に過失なく損害を受けたときは、委任者に対して、その賠償を請求することができ、この損害賠償義務は、委任者の無過失責任です。

終　了

委任は、各当事者がいつでも解除することができます。信頼関係が崩れたら、いつでも解除できるのです。相手方に不利な時期に解除した場合や、報酬以外の受任者の利益をも目的とする委任を解除した場合は、相手方に生じた損害を賠償しなければなりませんが、やむを得ない事由があったときは、損害賠償の必要もありません。

その他、委任は、契約の一般原則による解除、委任者の死亡、破産手続開始の決定、受任者の死亡、破産手続開始の決定、後見開始の審判によって終了します。

ポイント

委任契約

→委任は、無償が原則である（648条1項）。

ミニテスト

1　無償委任でも、受任者は、善管注意義務を負う。

解答　1 ○

092 典型契約

その他の典型契約のうち、３つをみます

Q 13個の契約のうち、ほかに重要な契約は何？

A 使用貸借、寄託、和解だよ。

典型契約

民法の典型（有名）契約は、全部で**13種類**あります。

贈与・売買・交換は、移転型の契約です。例えばＡが物をＢにあげれば、所有権がＡからＢに移ります。消費貸借・使用貸借・賃貸借は、～貸借という、貸借型の契約です。雇用・請負・委任・寄託・組合は、仕事型の契約です。終身定期金・和解は、その他です。

使用貸借

①意義

使用貸借は、当事者の一方（貸主）がある物を引き渡すことを約し、相手方（借主）がその受け取った物について無償で使用および収益をして契約が終了したときに返還することを約することによって成立します。片務、無償、**諾成契約**です。ただでモノの貸し借りをすることです。

当事者間には、友だち、親戚などの特殊な人的関係があるのが通常です。

②効力

借主は、目的物を使用、収益できます。

借主は、貸主の承諾なしに目的物を第三者に使用、収益させてはなりません。借主は、目的物の保管につき善管注意義務を負います。

③解除・終了

書面によらない使用貸借の場合、貸主は、借主が借用物を受け取るまでは、契約の解除をすることができます。タダで貸す契約なので、実際に渡すまではやめられるのです。

書面によるかどうかに関係なく、借主は、いつでも契約の解除をすることができます。

使用貸借は、借主の死亡によって終了します。貸主と借主の特殊な人間関係に基づくことが多いからです。

寄　託

①意義

寄託は、当事者の一方（寄託者）がある物を保管することを相手方（受寄者）に委託し、相手方がこれを承諾することによって成立します。原則として、片務、無償、**諾成契約**ですが、特約で有償とすると、双務、有償、**諾成**

契約となります。モノを預かる、預けるという契約です。

②効力

受寄者は保管義務を負いますが、原則である**無償寄託では、自己の財産に対するのと同一の注意義務**で足り、善管注意義務までは負いません。例外である有償寄託の場合のみ、善管注意義務です。ただで預かっているのなら、自分のものと同一でよいということです。

寄託者は、有償寄託の場合には、報酬支払義務を負います。

③寄託物の返還時期

寄託者は、返還時期の定めの有無にかかわらず、いつでも返還請求できます。

受寄者は、返還時期の定めのない場合は、いつでも返還できます。返還時期の定めのある場合は、その時まで保管するのが原則ですが、やむを得ない事由がある場合は、期限前に返還することができます。

和　解

①意義

和解とは、当事者が互いに譲歩して、その間にある紛争をやめる契約をいいます。双務、有償、諾成契約です。例えば交通事故の示談で、被害者は損害額100万円だと主張し、加害者は損害額50万円だと主張して争っている場合に、お互いに譲り合って、損害額を75万円と決め、争いをやめるような場合です。

②効力

合意された内容に法律関係を確定する効力があります。例で、実際には損害額が100万円だったり、50万円だったとしても、75万円に確定します。

ただし、和解の内容が公序良俗や強行法規に反するときは、その和解は無効です。例えば、人を殺すことを条件に和解するなどは、許されません。

ポイント

❶使用貸借（593条）
❷寄託（657条）
❸和解（695条）

ミニテスト

1　使用貸借は、借主の死亡によって終了しない。
2　無償寄託の受寄者は、自己の財産に対するのと同一の注意義務を負う。

解答　1 × 終了します。
　　　　2 ○

093 事務管理

契約関係がないのに、他人の事務を管理します

Q 事務管理は、契約なの？
A 違うよ。

意　義

事務管理とは、隣人の留守中にその屋根が台風で壊れたのを見つけて、別段頼まれたわけではないが修理しておくというように、法律上の義務がないのに他人のためにその事務（仕事）を管理（処理）することをいいます。

例えば、Aが旅行中で留守のときに、台風がきてAの家の屋根が壊れた。そのまま放置すると家の中が水浸しになってしまうので、Aに頼まれていたわけではないが、隣人Bが、いわゆる隣人のよしみで、屋根を修理してあげるといった場合です。

このように、A・B間に契約関係があるわけではありません。頼まれていたわけではないので、委任（準委任）という契約になりません。隣人のよしみといった、社会的相互扶助の理念、つまり社会で生きる人間同士だから助け合おうということから認められた制度です。

登場人物として、Aを**本人**といい、Bを**管理者**といいます。次に見るように、Bは屋根の修理にかかった費用をAに返せといえます。すなわち、契約関係になかったA・B間に債権・債務の関係が生じるのです。

成立要件

①他人の事務を管理すること。Bからみて、Aという他人の屋根の修理ということです。
②他人のためにする意思があること。他人Aのためにやってあげようということです。
③法律上の義務がないこと。契約ではないので、**法律上の義務がない**場合です。法律上の義務があれば、委任契約などになります。
④本人の意思および利益に合致すること。本人Aの意思や利益に合致するようにということです。

義　務

管理者Bの義務は、意外に重いのに、逆に、本人Aの義務は意外に軽いものになっています。これは、事務管理が、ケースによっては、おせっかいだったり、または、社会常識に任せ、法律である民法が干渉・介入しない方がよいからです。

①管理者の義務

管理者は、原則として事務処理について**善管注意義務**を負います。通説は善管注意義務まで負うとしています。

それゆえ、次のような義務が規定されています。

その事務の性質に従って、最も本人の利益になるような方法で事務を管理しなければならない。本人の意思を知っているときやこれを推知できるときは、それに従って事務を管理しなければならない。原則として、できるだけ早く本人に管理開始の通知をしなければならない。いったん事務管理を開始した以上は、本人、その相続人または法定代理人が管理することができるようになるまで、管理を継続しなければならない、などです。

なお、本人の身体、名誉または財産などを急迫の危害から守るために事務管理をしたときには、悪意または重大な過失がなければ、損害賠償の責任を負いません。**緊急事務管理**といわれる場合です。例えば、隣人の家でガス漏れしている場合に、ガスをとめるためにドアを破ったとしても、そのドアについての損害賠償の責任は負いません。

②本人の義務

本人は、管理者が本人の利益となる費用を支出したときは、その費用を管理者に償還しなければなりません。また、管理者が本人の利益となる債務を負ったときは、本人はその債務の弁済または担保の提供をしなければなりません。

例でいうと、屋根の修理費用を返せばいいだけです。それ以上の義務はないのです。したがって、本人は、管理者に報酬を払う必要はありません。

もちろん現実社会では、当然お礼をすると思います。しかし、それはあくまでも常識の話で、民法ではそれを強制していないのです。

ポイント

事務管理
法律上の義務がないのに、他人のためにその事務を管理すること（697条）。

ミニテスト

1　事務管理とは、法律上の義務がないのに他人のためにその事務を管理することをいう。

解答　1 ○

094 不当利得

不当な利得を返還させる制度です

Q 誤ってお金を払ったら、返してもらえるの？
A 返してもらえるよ。

意　義

不当利得とは、正当な理由がないにもかかわらず財産的利益を得て、そのために他人が損失を受けている場合に、その利得の返還を命じる制度です。

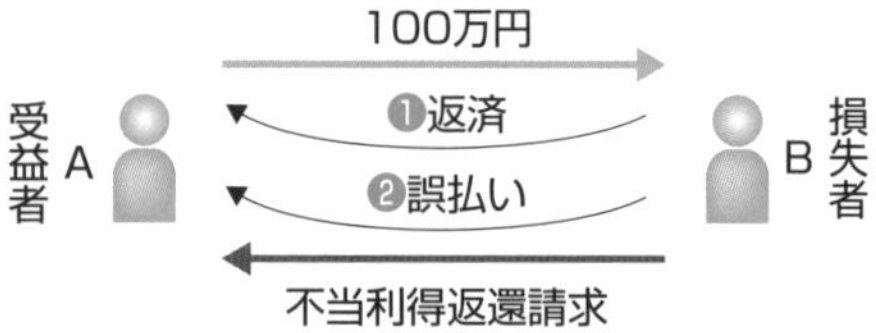

例えば、Aから100万円借りていたBがお金を返すと金銭消費貸借契約は終了します（❶）。にもかかわらず、Bが返済したことをうっかり忘れて、誤って、もう１度100万円を払ったという場合です（❷）。

このような場合に、そのまま放置したら不公平です。そこで、民法は、**公平の観点**から不当利得の返還請求という制度を認めました。BはAに対して、誤払い分の100万円を返せという、**不当利得の返還請求**ができます。Aからみれば、**不当利得の返還義務**があります。A・B間には契約関係がなくなっているので、契約関係がなくても、不当利得返還請求という債権・債務の関係が生じるのです。

成立要件

不当利得の成立要件は、①他人の財産または労務によって利益を受けたこと（**受益**）。②他人に損失を及ぼしたこと（**損失**）。③受益と損失の間に**因果関係**があること。④**法律上の原因がないこと**、の４つです。

具体例に当てはめると、第１に、Aには100万円の受益があります。第２に、Bには100万円の損失があります。第３に、Bの誤払いによって生じていますので、受益と損失の間に原因・結果の因果関係があります。第４に、Aがそのまま誤払い分の100万円を持っていてよいという法律上の原因はありません。以上から、不当利得が成立します。

効　果

受益者は、不当利得の返還義務を負います。返還の範囲は、受益者の善意、悪意で異なります。

①利得が法律上の原因を欠くことを知らなかった善意の受益者は、**現存利益を返還**すれば足ります。具体例に追加すると、Aも、すでに返してもらったことをうっかり忘れていたという場合です。

この場合は、知らない以上、Aが浪費してしまっても仕方がないと考えられます。例えば、Aが、100万円の中の50万円をギャンブルですってしまったら、現在Aの手元に残っている残りの50万円だけをBに返せばよいとしています。善意の受益者の返還の範囲は狭くなっています。

②利得が法律上の原因を欠くことを知っていた悪意の受益者は、受け取った**利益**に加えて、その**利息**をつけて返還しなければなりません。なお損害がある場合には、**損害賠償**もしなければなりません。Aは、すでに返してもらったことを知っていたという場合です。

この場合には、知っていた以上、使うことは許されませんから、100万円全額返すのは当然です。それに利息もつけなければなりません。さらに、場合によってBに損害があれば、その賠償も必要になります。悪意の受益者の返還の範囲は広くなっています。

ポイント

成立要件	❶受益　❷損失　❸受益と損失間の因果関係 ❹法律上の原因なし（703条）
効果	善意の受益者→現存利益（703条） 悪意の受益者→利益全部＋利息＋損害賠償（704条）

ミニテスト

1　不当利得は、他人の財産・労務によって利益を受け、他人に損失を及ぼし、この受益と損失の間に因果関係があり、法律上の原因がない場合に成立する。

2　利得が法律上の原因を欠くことにつき善意の受益者は、現存利益を返還すればよい。

3　悪意の受益者は、受け取った利益に加えて、その利息をつけて返還しなければならないが、損害賠償をする必要はない。

解答　1 ○

2 ○

3 ×　損害がある場合には、その賠償もしなければなりません。

095 不当利得の特則

不当利得の例外の制度なので、返還請求が認められません

Q 不当利得の特則４つのうち、何が１番大切なの？
A 不法原因給付だよ。

債務の不存在を知ってした弁済

債務がないことを知りながら弁済した者は返還請求できません。

簡単な例として、酔狂で弁済したような場合、そのような者を保護する必要はないので、返還請求できないということです。

期限前の弁済

債務者が、まだ弁済期が来ていないのを知っていながら弁済したときは、その弁済した物を返してもらうことはできません。ただし、債務者が錯誤で期限前に弁済したときは、債権者はそれによって得た利益を返還しなければなりません。

弁済期の前、例えば１か月前に100万円の借金を返したという場合です。知っていた場合には、単に前返しただけですから、弁済したお金を返してもらうことは、もちろんできません。

ただし、まだ弁済期が来ていないのに、債務者が間違えて、期限前に弁済した場合は、債権者は、それによって得た利益だけは返さなければなりません。例えば、中間利息です。前返しされた100万円の１か月の利息分です。

他人の債務の弁済

債務者でない者が錯誤で債務の弁済をした場合で、債権者がそれを知らずに、①債権証書を滅失・損傷したり、②担保を放棄したり、③時効でその債権が消滅したりしたときは、弁済者は返還を請求することはできません。もちろん、弁済者は本当の債務者に求償することはできます。

間違えて他人の借金を返してしまった場合ですが、①は、債権者が借用証を破いたなど、②は、抵当権を放棄したなどです。③は、返してもらったと思っているので、消滅時効の完成猶予や更新の措置をとらなかった場合です。

これらの場合、悪いのは間違えた弁済者なので、債権者には返還請求できないとしたのです。

不法原因給付

不法原因給付とは、愛人契約や賭博等、不法の原因のため給付をした場合、原因が無効なのでその給付は法律

上の原因を欠くが、給付者は不当利得として返還請求できないとする制度です。ただし、不法の原因が受益者にだけある場合には、給付者は返還請求ができます。

例えば、A男がB女と愛人契約を結び、B女にマンションを贈与した後、両者の関係が破綻したので、A男がB女にマンションを返せといいました（惜しくなったのですね）。この場合、B女には家をもらった受益があり、A男には家をあげた損失があります。この受益と損失はA男の贈与によって生じたので、因果関係もあります。そして、贈与の原因が愛人契約という公序良俗に違反している無効な契約なので、B女には、そのまま家を持っているという法律上の原因はありません。そうだとすると、A男はB女に、家を返せという不当利得の返還請求ができるように一見思えます。

しかし、それを許さないとしたのが、不法原因給付という制度なのです。英米法の**クリーンハンズの原則**からです。A男は、B女が任意に返さない場合には、結局、裁判所に訴えることになりますが、もし、裁判所が不当利得の返還請求を認めたらどうなるでしょうか。国の機関である裁判所が、A男のように愛人契約のための贈与という、自ら社会的に非難される行為をした者を、その反社会的な行為を理由に救うことになってしまいます。これはおかしいと考えられます。そこで、クリーンハンズ、つまり、国は手のきれいな者しか保護しないという原則の表れとして、不法原因給付の場合には、不当利得として返還請求させないとしたのです。

ただし、不法原因が受益者にだけある場合は別です。わかりやすい例に変えて、身代金誘拐で考えます。Bが誘拐犯人、Aが被害者で、AはBに身代金を渡しました。身代金誘拐は重大犯罪なので、不法な原因のための給付になります。しかし、当然、悪いのは犯人Bだけです。不法の原因は受益者Bにだけあります。よって、AはBに渡した身代金を返せといえるのです。

ポイント

不当利得の特則

不法原因給付をした者は、不当利得返還請求ができない（708条）。

ミニテスト

1　不法の原因のために給付をした者は、常に、不当利得の返還請求ができない。

解答　1　×　不法原因が受益者にのみあるときには、返還請求できます。

096 不法行為

交通事故が典型例です

Q 不法行為が成立するには、何が必要なの？
A 故意・過失などが必要だよ。

意　義

不法行為とは、不法に他人に損害を与えた場合に、加害者（側）にその損害を賠償させる制度です。交通事故が典型例です。運転手Ｂがわき見運転をして、通行人Ａにケガをさせた場合、Ａの治療費などについて、被害者Ａは加害者Ｂに対して**損害賠償請求**ができます。被害者の被った損害を加害者が償わないのは、不公平です。そこで、民法は、このように契約がない場合でも、加害者と被害者の間に債権債務の関係が当然に発生するとして、治療費の支払債務を加害者に負わせたのです。

不法行為には、一般的不法行為と特殊的不法行為の２つがあります。

一般的不法行為の成立要件

まず、原則となる**一般的不法行為**です。加害者の故意・過失による行為を原因として、加害者自らが賠償責任を負う場合です。Ｂのわき見運転でＡがケガをし、Ｂが責任を負うという例です。

①被害者に**損害が発生**していることが必要です。権利または法律上保護される利益が侵害された場合です。例えば、治療費が○円かかったなど。

②損害と加害行為との間に**相当因果関係**があることが必要です。原因・結果という単なる因果関係があればよいとすると、無限の連鎖になってしまうので、相当の因果関係というように、通常の原因・結果の関係が必要です。

③加害行為が加害者の**故意または過失**に基づくものであることが必要です。喧嘩の場合は故意になります。故意、つまり、あえて（わざと）殴ったなどです。過失、つまり不注意でという場合は、わき見運転が例です。

なお、加害者の故意・過失は、被害者側が立証しなければなりません。

④加害行為が**違法**なものであることが必要です。逆に、違法でない場合には不法行為は成立しません。**正当防衛**や**緊急避難**として行われた場合です。

他人の不法行為に対し、自己または第三者の権利または法律上保護される利益を防衛するため、やむを得ず加害行為をした場合には、正当防衛が成立し、その者は損害賠償の責任を負いません。例えば、殴りかかられたので、相手を殴ったという場合です。

他人の物から生じた急迫の危難を避けるため、その物を損傷した場合には、緊急避難が成立し、その者は損害賠償の責任を負いません。民法の緊急避難は、例えば、他人の飼い犬が咬みついてきたので、その犬を殴ったという場合です。他人の飼い犬といった、他人の物を損傷した場合のみです。

⑤加害者に**責任能力**、つまり、自己の行為の責任を弁識する能力が必要です。

民法の規定はありませんが、目安として、判例・学説は、概ね12歳程度の知能と考えています。

まず、未成年者のうち責任能力のない者は、損害賠償の責任を負いません。例えば、幼稚園児が友だちにケガをさせたとしても、その子自身は損害賠償責任を負わないということです。この場合、代わりに、親などが負うことになります。

次に、精神上の障害により責任能力を欠く状態にある間に他人に加えた損害については、損害賠償責任がないのが原則です。その障害者自身は損害賠償責任を負わず、代わりに、後見人などが負います。

ただし、故意または過失で一時的にその状態を招いた場合は、免責されません。この場合は、その本人が損害賠償責任を負います。これを**原因において自由な行為**といいます。次のようなケースです。お酒を飲むと必ず病的酩酊の状態、つまり責任無能力になってしまい、必ず人を殴ってケガをさせるというAがいるとします。こういうAには、お酒を飲んではならないという注意義務があります。それにもかかわらず、不注意でお酒を飲んで、病的酩酊になり、人を殴ってケガをさせたとすれば、過失によって、一時的にその状態を招いた場合です。Aには、原因設定時には自由な意思があったのです。お酒を飲んではいけないと自制できたのです。よって、実行行為時に責任無能力状態であっても関係ありません。Aに責任を負わせます。

ポイント

故意・過失により他人の権利などを侵害した者は、これによって生じた損害を賠償する責任を負う（709条）。

ミニテスト

1　一般的不法行為が成立するには、加害者に責任能力が必要となる。

解答　1 ○

097 特殊的不法行為

一般的不法行為の例外です

Q 特殊的不法行為には、どんなものがあるの？
A 監督義務者責任などだよ。

特殊的不法行為

自分の故意・過失によって、自分自身が責任を負うのではなく、それを修正する**特殊的不法行為**です（使用者責任・土地工作物責任は、次で扱います）。

監督義務者の責任

直接の加害者が**責任無能力者**であるため責任を負わない場合には、その者を監督すべき法定の義務を負う者が責任を負います。ただし、**監督義務者**は、その義務を怠らなかったことなどを証明すれば、責任を免れます。

例えば、幼稚園児Ｂが、友だちＣにケガをさせた場合です。Ｂは責任無能力者なので損害賠償責任を負いません。監督義務者である親Ａが責任を負うことになります。

ただし、免責はあります。親Ａが、監督義務を怠らなかったことを証明できれば責任を免れます。これを**中間責任**といいます。すなわち、親自身の過失に基づくわけではないので、過失責任ではありません。だからといって、無過失でも責任を負うというわけではないので、無過失責任でもありません。過失責任でも、無過失責任でもないので中間責任といわれます。立証できれば免責される責任なのです。

注文者の責任

請負人がその仕事につき第三者に損害を加えた場合は、注文または指図について注文者に過失があったときを除き、**注文者**は責任を負いません。

例えば、注文者Ａが大工さんである請負人Ｂに家を建ててもらうという請負契約の場合、家の完成はＢだけで行うので、Ａが責任を負うことはないというのが原則です。ただ、注文にミスがあって損害が生じたような場合は別です。

動物占有者の責任

動物の占有者またはこれに代わって動物を管理する者は、その動物が他人に加えた損害を賠償する責任を負います。ただし、動物の種類および性質に従って相当の注意をしてその管理をしたことを証明すれば、責任を免れます。

共同不法行為者の責任

数人が共同の不法行為によって他人に損害を加えた場合、または共同行為者のうち誰がその損害を加えたかわからない場合には、共同行為者などは、各自が連帯してその損害賠償責任を負います。

例えば、A・B・C３人でXを殴ったというような場合です。この場合のA・B・Cの負う責任が**共同不法行為者**の責任です。共同行為者中の誰が当該損害を加えたかがわからない場合、例えば致命傷になったのが誰の暴行によるかわからないような場合でも、共同行為者は各自が全額の損害賠償責任を負います。

注意点は、共同行為者には、**教唆者(きょうさ)や幇助者(ほうじょ)も含む**ということです。まず、A・B・CにXを殴れとそそのかした者を教唆者といいます。教唆はそそのかすという意味です。次に、A・B・Cに凶器を貸したなど、手助けをした者を幇助者といいます。幇助は助けるという意味です。A・B・Cをそそのかした教唆者も、またはA・B・Cを手助けした幇助者も合わせて、全員が連帯して損害賠償の責任を負います。いわば同罪ということです。

ポイント

責任無能力者の監督義務者は、原則として責任を負う（714条）。
注文者は、原則として責任を負わない（716条）。
動物占有者は、原則として責任を負う（718条）。
共同不法行為者は、責任を負う（719条）。

ミニテスト

1 責任無能力者が責任を負わない場合には、その者の監督義務者が、必ず代わりに責任を負う。
2 請負人がその仕事につき第三者に損害を加えた場合には、注文・指図について注文者に過失があったとき以外は、注文者は責任を負わない。
3 数人が共同の不法行為によって他人に損害を加えた場合には、共同行為者は、各自が分割してその損害賠償責任を負う。
4 共同不法行為における共同行為者には、実行行為者以外の教唆者や幇助者は含まれない。

解答
1 × 監督義務を怠らなかったことを証明できれば責任を免れます。
2 ○
3 × 分割ではなく、連帯です。
4 × 含まれます。

098 使用者責任と土地工作物責任

使用者などが責任を負います

Q 特殊的不法行為では、何が１番大切なの？
A 使用者責任だよ。

使用者の責任

　ある事業のために他人を使用する者は、**被用者**がその事業の執行について第三者に加えた損害を賠償する責任を負います。ただし、**使用者**は、被用者の選任や監督について相当の注意をしたことなどを証明すれば、責任を免れます。

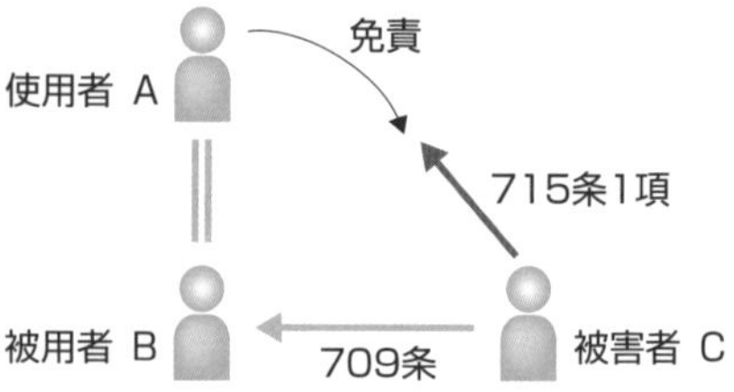

　典型例はトラック事業です。Ａがトラック事業を営んでおり、Ｂを運転手として使用しています。Ａを使用者、Ｂを使用されるので被用者といいます。そのＢが、わき見運転によってＣにケガをさせた場合です。

　まずＢ・Ｃ間をみると、Ｂは自分の過失でＣに損害を加えたので、当然、ＣはＢに対して一般的不法行為の709条で損害賠償請求ができます。

　使用者責任は、Ａ・Ｃ間です。Ｃは、Ｂの使用者であるＡにも損害賠償請求ができるのです。使用者が負う責任なので、使用者責任といいます。これは、報償責任の原理に基づく責任です。つまり、Ａは１人でトラック事業を営むよりも、Ｂを使用した方が、より多くの利益を得られます。その裏返しとして、損害が生じたら、それも負うのが公平だと考えられるのです。そして、使用者責任も中間責任になります。Ａが、証明できれば免責されます。

　最後は、事後処理です。Ａが損害を賠償した後、直接の加害者はＢなので、ＡはＢに賠償額を返せと求償できます。Ａは、Ｂの代わりに払ったにすぎないからです。

土地工作物の責任

　土地の工作物の設置または保存に瑕疵があり、それによって他人に損害を生じたときは、第１次的に、**工作物の占有者**が責任を負います。

　占有者が損害の発生を防止するのに必要な注意をしたことを証明して責任を免れる場合には、第２次的に、その**工作物の所有者**が責任を負います。工作物の所有者のこの責任は無過失責任　　です。

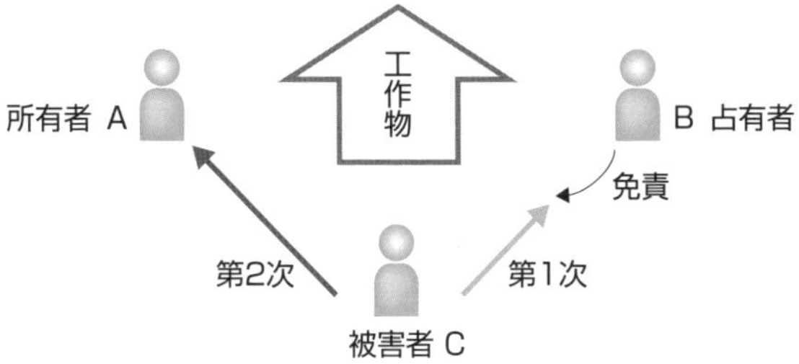

土地の工作物の典型例は、建物です。Aが所有する家をBに貸した場合、家の所有者はAで、家の占有者、つまり家を事実上支配しているのはBです。その家の屋根瓦の取りつけに欠陥があって、瓦が落ちて、通行人Cにケガをさせてしまったとします。

この場合には、まず、現実に支配しているBが損害の発生を防止しやすいだろう、つまり屋根を直しやすいだろうと考えて、第1次的には占有者Bが責任を負うとしています。

ただし、Bには免責があります。自分は屋根を直していたことを証明して免責される場合があります。この場合には、第2次的に所有者Aが責任を負います。この所有者が負う責任は、たとえ無過失でも責任を負うという無過失責任です。これは、危険責任の原理に基づく責任です。危険な物の所有者は、その物から発生した責任を負うべきだと考えるのです。

ポイント

ある事業のために他人を使用する者は、原則として、被用者がその事業の執行について第三者に加えた損害を賠償する責任を負う（715条）。
土地の工作物の設置・保存の瑕疵によって他人に損害を生じたときは、第1次的に、工作物の占有者が責任を負い、占有者が責任を免れる場合には、第2次的に、工作物の所有者が責任を負う（717条）。

ミニテスト

1　使用者は、被用者の選任・監督について相当の注意をしたことを証明しても、責任を免れることはない。

解答　1　×　責任を免れます。

099 不法行為に基づく損害賠償請求

不法行為が成立すると、その効果として損害賠償請求権が発生します

Q 不法行為が成立すると、どうなるの？

A 損害賠償の請求ができるよ。

損害賠償請求の対象

他人の身体、自由または名誉を侵害した場合と他人の財産権を侵害した場合とを問わず、709条によって損害賠償の責任を負う者は、財産以外の損害＝精神的損害に対しても、その賠償をする必要があります。したがって、精神的苦痛を慰謝するという**慰謝料請求**も認められます。

損害賠償の方法

金銭賠償が原則です。お金を払うということです。

しかし、特約がある場合や法がとくに定めている場合には、**原状回復**も認められます。民法は、原状回復が認められる例として、名誉毀損の場合を規定しています。名誉を毀損された場合には、お金をもらうよりも、名誉を回復することの方が大切です。そこで、名誉毀損の場合には、裁判所は、損害賠償に代え、または損害賠償とともに、名誉を回復するのに適当な処分を命じることができます。具体的には、謝罪広告を命じることです。

過失相殺

被害者に過失があったときは、裁判所は、これを考慮して、損害賠償の額を定めることができます。不法行為の**過失相殺**の制度です。

交通事故の例で考えると、被害者の飛び出し事故が典型例になります。つまり、被害者にも飛び出したという過失があった場合、それを考慮するのが公平です。例えば、過失割合が被害者3、加害者7という、3対7だったら、賠償額100万円を70万円にすることができるということです。

請求権者

被害者本人は当然です。

その他、民法は、**胎児**は、損害賠償請求権については、すでに生まれたものとみなす、としています。権利能力に関する胎児の例外の1つです。胎児中に父を殺されたら、生まれた後、加害者に損害賠償請求できることになります。

また、民法は、生命侵害の場合には、被害者の**父母**、**配偶者**、**子**も慰謝料を請求することができる、としてい

ます。生命侵害の場合、本人が死亡しているので、一定の近親者に請求を認めているのです。

損害賠償請求権の発生時期

不法行為に基づく損害賠償債務は、催告を待たず、**損害発生と同時**に遅滞に陥るというのが判例です。例えば、交通事故ならその事故の時点で、すでに履行遅滞になります。判例は、政策的理由から、損害発生と同時としています。どうしても賠償額は低く抑えられがちなので、少しでも被害者を保護するために、損害発生の時点から遅滞だとしたのです。そう考えると、その時から遅延利息が取れるので、少しでも額が多くなるのです。

損害賠償請求権の消滅時効

不法行為による損害賠償請求権は、被害者またはその法定代理人が、損害および加害者を知った時から**3年（人の生命または身体を害する不法行為による損害賠償請求権の場合は5年）で時効消滅**します。不法行為の時から20年を経過したときも消滅します。

不法行為の場合は、基本的に契約関係になかった者の関係なので、早期に法律関係に決着をつけるため、消滅時効期間を知った時から３年にしています。ただし、人の生命または身体を害する不法行為による損害賠償請求権の場合は５年に延長され、不法行為以外による場合（166条、167条）と統一されています。

ポイント

一般的・特殊的不法行為が成立すると、その効果として損害賠償請求権が発生する（709条など）。

ミニテスト

1　損害賠償の責任を負う者は、財産以外の損害である精神的損害に対しても、賠償をする必要がある。
2　損害賠償の方法は、常に金銭賠償の方法による。
3　裁判所は、被害者の過失を考慮して、損害賠償の額を定めることができる。
4　生命侵害の場合には、被害者の配偶者と子のみ、慰謝料を請求することができる。
5　不法行為による損害賠償請求権は、不法行為の時から10年で時効消滅する。

解答　1 ○
2 × 原状回復の方法も認められます。
3 ○
4 × 父母もできます。
5 × 20年です。

100 親族

赤の他人とは違う人々の関係です

Q 親族って何？

A 親子、兄弟、夫婦、親戚のことだよ。

民法における親族

まず、民法における**親族**、つまり民法上、いわゆる赤の他人とは違う身近な関係にあるのは、次の３つの場合です。

①６親等内の血族

血族とは、自然血族と法定血族を総称したものです。

いわゆる血のつながっている自然血族と、養子縁組によってつながる法定血族の２つがあります。

②配偶者

配偶者は、日常用語と同じ意味です。夫からみた妻、妻からみた夫を指します。

③３親等内の姻族

姻族とは、配偶者の血族および血族の配偶者をいいます。配偶者を通した血族ということです。

親　　等

次は、６親等とか３親等という**親等**についてです。

そもそも親等とは、親族の遠近をはかる尺度のことです。「等親」とはいいません。１親等と２親等を比べたら１親等の方が近いということです。

数え方の注意点として、まず、自分と配偶者の間は数えません。夫婦は一体と考えます。

次に、**直系**といわれる、縦の関係、例えば親子などは１世代ずつ数えればよいので問題ありませんが、**傍系**といわれる、横の関係、例えば兄弟姉妹などの数え方が大切です。これは、いったん１つ上にさかのぼって、また１つさがって、というように数えます。

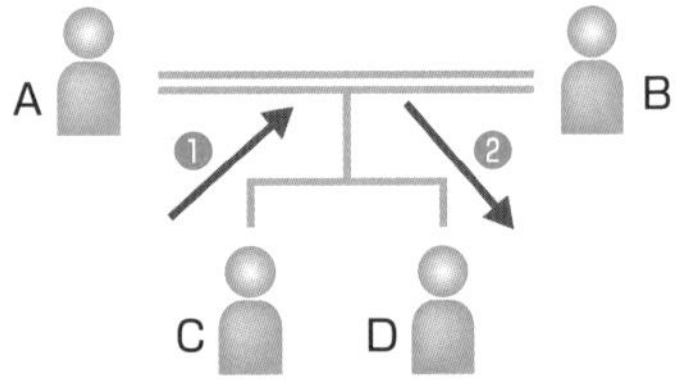

例えばA・B夫婦に子供C・Dがいたとします。兄弟であるC・Dの間は、まず１回上にさかのぼって数えます。すると１になります。次に、さがります。すると２になります。よって、兄弟は２親等ということです。

以上を応用させると、自分から見た、おじ・おば、あるいは、おい・めいが３親等、いとこが４親等になることがわかります。自分の親戚で考えてみましょう！
　その他、自分より先の世代にある者、例えば、父母、祖父母などを**尊属**といい、後の世代にある者、例えば、子、孫などを**卑属**といいます。同世代の者の呼び名はありません。

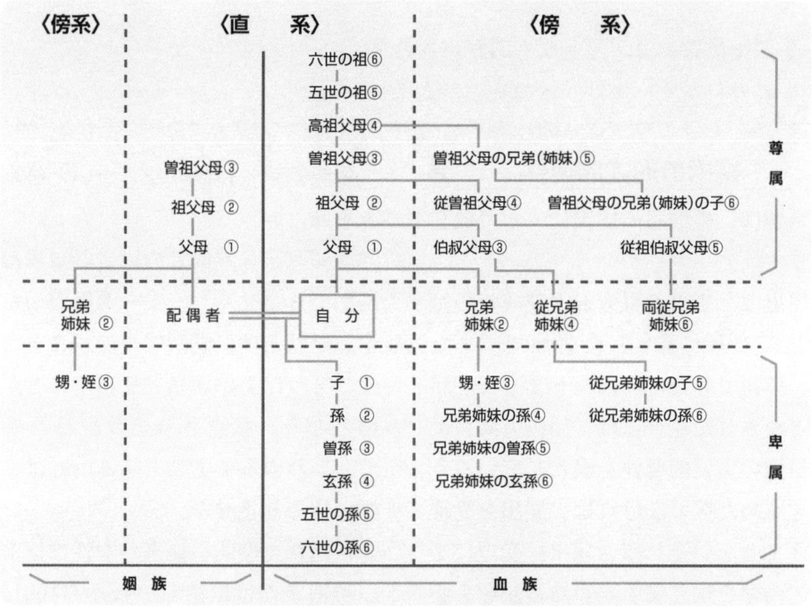

ポイント

親族の範囲（725条）

❶６親等内の血族
❷配偶者
❸３親等内の姻族

ミニテスト

1　血族とは、自然血族と法定血族を総称したものである。
2　姻族とは、配偶者の血族および血族の配偶者をいう。
3　親等とは、親族の遠近をはかる尺度である。
4　兄弟姉妹の配偶者は、姻族３親等となる。

解答　1 ○
2 ○
3 ○
4 × 兄弟姉妹の配偶者は、姻族２親等です。

101 婚姻の成立

婚姻、つまり夫婦の関係です。日常用語の「結婚」は使いません

Q 婚姻障害には、どんなものがあるの？

A わかりやすい例は、年齢制限だよ。

婚姻の形式的要件

婚姻は、婚姻届の**届出**によって成立します。

届出は、当事者双方および成年の証人２人以上が署名した書面で、または、口頭でしなければなりません。届出がなされた場合には、届出方式および婚姻の実質的要件を満たしていることを認めた後でなければ、届出を受理できません。そして、届出は受理によって効力を生じます。戸籍簿記載を必要としません。簡単にいうと、窓口で受け付けてもらえば効力を生じて、その後、ミスで戸籍簿に記載されなくても、有効に効力が生じます。

なお、夫婦としての実質的な生活関係がある場合に、一方が勝手に婚姻届を作成提出した場合でも、他方がその事実を知ってこれを追認したときは、婚姻は追認により届出の当初にさかのぼって有効となります。

婚姻の実質的要件

ある男女に婚姻意思が合致することが前提ですが、次の**婚姻障害**が規定されています。

①**年齢制限**。18歳にならないと婚姻できません。

②**重婚禁止**。配偶者のいる者は重ねて婚姻できません。一夫一婦制だからです。婚姻とは、婚姻届を出すことなので、２つ以上婚姻届けを出すことが重婚となり、禁止されます。したがって、いわゆる事実婚である内縁は、重婚にはなりません。

③**再婚禁止期間**。従来、女性は、前婚の解消または取消しの日から100日を経過しなければ、再婚できないとされていました。嫡出推定が重なるのを防ぐためです。しかし、嫡出推定の規定が無戸籍者問題の原因と指摘されていることから、嫡出推定の規定が見直され、それに伴い再婚禁止期間は廃止されることになりました（令和４年12月改正。令和６年６月までに施行）。

④**近親婚禁止**。まったく別の理由から、２つのケースの近親婚を禁止しています。

第１は、直系血族間および３親等内の傍系血族間の婚姻禁止です。これは医学的な理由からの禁止です。俗に言う血が濃過ぎることを避けるためで

す。直系血族、例えば親と子など。それから、３親等内の傍系血族、つまり、おじ・おば、おい・めいまでです。いとこ同士なら婚姻できます。

ただし、養子と養方の傍系血族の間では婚姻できます。養子であれば、血がつながっていないので、医学的理由が当てはまらないからです。

第２は、直系姻族間、直系法定血族間の婚姻禁止です。これは道徳的、倫理的な理由からの禁止です。親子の男女が夫婦になるのはおかしいということです。直系姻族は、例えば義理の父母、または、婿・嫁の場合です。直系法定血族は、養子縁組による親子である男女の場合です。そして、これらは、その関係がなくなった後も禁止されます。つまり、直系姻族などの関係がなくなった後でも禁止です。以前親子だった男女が、今度夫婦になるというのはまずいだろうということです。

ポイント

婚姻障害

❶年齢制限（731条）
❷重婚禁止（732条）
❸再婚禁止期間（733条　改正法が施行されれば削除）
❹近親婚禁止（734条～736条）

ミニテスト

1　婚姻は、当事者の婚姻する旨の合意によって成立する。

解答　1　×　婚姻は、婚姻届の届出によって成立します。

102 婚姻の無効と取消し

婚姻が完全に有効に成立しない場合です

Q 婚姻が取り消されるのは、どういう場合なの？
A 婚姻障害があったような場合だよ。

無　効

婚姻の無効は、次の２つの場合だけです。

①人違いその他の事由によって当事者間に婚姻する意思がないとき

婚姻意思がない場合とは、実質的な夫婦共同生活関係に入る意思を欠く場合について、条文の例は人違いですが、実際の例としては、子に嫡出子の地位を取得させることのみを目的とする婚姻などです。

②当事者が婚姻の届出をしないとき

婚姻は、婚姻届の届出によって成立するからです。

無効となるのはこの２つだけです。これ以外の欠陥がある場合には、次の取消しの問題になります。

取消し

婚姻の取消しは、必ず家庭裁判所に取消しを請求します。

婚姻が取り消されると、身分関係は将来に向かってのみ解消されます。遡及効のある財産行為の取消しとは違い、婚姻の取消しの効果はさかのぼりません。したがって、例えば、婚姻中に産まれた子は嫡出子としての身分を失わないのです。

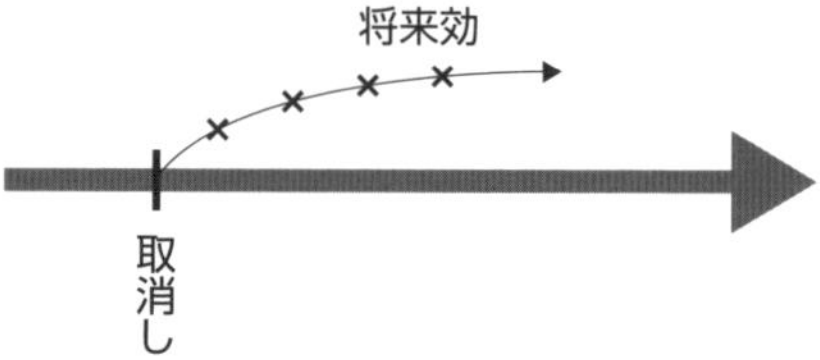

取消原因は、次のような場合です。

①婚姻障害のある場合

これは、前述した婚姻の実質的要件＝婚姻障害の、年齢制限、重婚禁止、再婚禁止期間、近親婚禁止に該当する場合です。

ただし、不適齢者、つまり18歳未満の者が適齢になったときには、取り消せません。ミスによって、17歳なのに届出を受理してしまったようなケースです。

また、再婚禁止期間内の婚姻でも、その期間つまり100日を経過したとき、または、女性が再婚後に出産したときは、取り消せません（再婚禁止期間は令和６年６月までに廃止されます。前テーマ参照）。

②婚姻が詐欺または強迫による場合

詐欺または強迫によって婚姻した場

合です。

ただし、詐欺を発見し、強迫を免れた後3か月を経過したとき、または、追認したときは取り消せません。

ポイント

婚姻の無効（742条）

❶婚姻意思がないとき
❷婚姻届出をしないとき

婚姻の取消し（743条）

❶婚姻障害のあるとき
　年齢制限、重婚禁止、再婚禁止期間（令和６年６月までに廃止）、近親婚禁止
❷詐欺・強迫のとき

ミニテスト

1　配偶者のいる者は重ねて婚姻することはできないので、重婚をした場合は、無効となる。
2　直系血族間や直系姻族間などの近親婚は禁止されているので、禁止されている近親婚をした場合には、無効となる。
3　人違いその他の事由によって当事者間に婚姻する意思がない場合には、婚姻は無効となる。
4　当事者が婚姻の届出をしない場合は、婚姻は無効である。
5　婚姻の取消しは、売買契約などの取消しと違って、必ず家庭裁判所に取消しを請求しなければならない。
6　取消しには遡及効があるから、婚姻を取り消すと、夫婦の関係は過去にさかのぼって消滅することになる。
7　詐欺または強迫によって婚姻した場合には、原則として、婚姻を取り消すことができる。

解答　1　×　取消しです。
2　×　取消しです。
3・4　○
5　○
6　×　将来に向かってのみです。
7　○

103 婚姻の効力

夫婦同氏の原則が有名です

Q 法律上の夫婦は、別姓でもいいの？
A 必ず同じ苗字だよ。

身分上の効力

①**夫婦同氏**。夫婦は、婚姻の際に定めるところに従い、夫または妻の氏を称します。現実には、夫の苗字にするケースが多いです。

②**同居・協力・扶助の義務**。いっしょに住んで、協力して、助け合わなければなりません。

③**貞操義務**。お互いに貞操を守らなければなりません。不倫はダメです。

④**夫婦間の契約取消権**。夫婦間の契約は、婚姻中いつでも夫婦の一方から取り消すことができるのが原則です。円満な夫婦関係に、法律が介入すべきではなく、愛情に任せるべきだからです。

ただし、形式的には婚姻中であっても、実質的には婚姻が破綻している場合には、夫婦間の契約は取り消すことはできません。例えば、離婚間際の夫婦が、離婚した後に養育費を毎月払うなどの約束をした場合、それは取り消せません。

財産上の効力

民法は、夫婦財産契約という特別な契約をしてもよいとしていますが、非常に面倒なので、ほとんど利用されていません。

したがって、現実には、民法が定めている財産制の規定が適用されます。**法定財産制**です。

①**費用分担**。夫婦は、婚姻から生じる費用を、両人の資産、収入その他一切の事情を考慮して分担します。

②**日常家事債務**。夫婦の一方が日常の家事に関して第三者と取引をしてそれによって債務を負担したときは、夫婦両名が連帯して弁済しなければなりません。ただし、夫婦の一方が第三者に対し責任を負わない旨を予告した場合は、この連帯責任を免れます。日常家事債務についての連帯責任の規定です。

例えば、妻Ｂが、スーパーＣ店から、米10キロを１万円で買った場合です。売買契約の買主は妻Ｂなので、本来はＢのみが代金債務を負うはずです。しかし、夫婦なので、経済的にも一体と考えて、夫Ａも１万円支払いの連帯債務を負います。

なお、日常家事の意味は、社会通念で考えます。米を例にしましたが、電化製品などでも構いません。逆に、不動産売買、例えば土地の売却などは日常家事とは考えません。

③**夫婦別産制**。夫婦の一方が婚姻前から持っていた財産および婚姻中に自分名義で得た財産は、その者の特有財産、つまり夫婦の一方が単独で有する財産となります。どちらの財産か不明の物は、夫婦の共有と推定されます。夫婦といえども財産は別ということです。

注意すべきは、婚姻中に自分名義で得た財産は、その者だけの財産になるという点です。いわゆる専業主婦家庭で考えると、現実的な収入は夫だけ、夫が自分名義でもらう給料だけなので、そのお金は全部夫のものだという意味になります。不都合はまったくありません。夫婦関係が円満にいっていれば、費用分担の条文から、夫の収入から夫婦の生活費を出します。もし破綻しても、離婚の際に財産分与といった制度があります。

ポイント

身分上	❶夫婦同氏（750条）❷同居・協力・扶助の義務（752条）❸貞操義務（770条1項1号）❹夫婦間の契約取消権（754条）
財産上	❶費用分担（760条）❷日常家事債務（761条）❸夫婦別産制（762条）

ミニテスト

1　夫婦の一方が日常の家事に関して第三者と取引をしてそれによって債務を負担したときは、常に夫婦両名が連帯して弁済しなければならない。

解答　1 ×　例外があります。

104 婚姻の解消

離婚や死別のことですが、ここでは離婚を扱います

Q 離婚には、どういう種類があるの？
A 協議離婚のケースが多いよ。

離婚の形態

離婚が正しい用語です。婚姻が離れるから離婚です。なお、養子縁組を解消することを、縁組が離れるから離縁といいます。

離婚の形態には、大きく分けて**協議離婚、調停・審判離婚、裁判離婚**の３種類あります。現実的には、協議離婚がほとんどですが、協議離婚はケース・バイ・ケースになるので、次に、裁判離婚を説明します。

裁判離婚

離婚原因として、次のものがあります。

①**不貞行為**。いわゆる不倫です。非常に多いケースです。

②**悪意の遺棄**。見捨てる場合です。

③**３年以上の生死不明**。

④**回復の見込みがない強度の精神病**。昔の民法にはこの規定がなかったため、非常に過酷な結果が生じました。配偶者がこの状況になってしまった場合でも、離婚できず、一生いっしょに生活していかなければならないからです。ただ、裁判所も、これを理由に離婚を認める場合には、その精神障害者の離婚後の療養看護まで考慮しています。

⑤**その他婚姻を継続し難い重大な事由**。その他の事由で多いのは、ドメスティック・バイオレンスです。それから、性異常です。例えばＳＭなどです。

そして、この裁判離婚には、愛人をつくり妻のもとを去った夫など、婚姻関係の破綻につき、もっぱらまたは主として原因を与えた**有責配偶者からの離婚請求**が認められるか否かの論点があります。

判例は、**原則として認められないが、例外的に認められる**場合もあるとしています。夫婦の年齢および同居期間と比べて別居期間が相当長いこと、未成熟の子がいないこと、離婚請求を認めることが著しく社会正義に反すると認められないことを要件として、例外的に有責配偶者からの離婚請求を認める、としています。

以上の要件を満たせば、たとえ有責配偶者からの離婚請求であっても、例外的には認めるという判例です。原則としては認めませんので、あくまでも

例外ということに注意が必要です。有責配偶者からの離婚請求は認めないという有責主義という考え方から、実質的に破綻している婚姻の離婚請求は認めるべきだという破綻主義へ移行したといわれる判例です。

離婚の効果

離婚によって、婚姻の効力は将来に向かって消滅します。

婚姻によって氏を変更した夫または妻は、離婚によって当然に婚姻前の氏に戻るのが原則です。**復氏**です。しかし、離婚の日から3か月以内に届け出れば、離婚の際に称していた氏を名乗ることもできます。原則は旧姓に戻るということです。ただ、都合が悪いような場合には、届け出ることによって、そのままの姓を名乗ることもできます。

また、姻族関係は離婚によって自動的に終了します。例えば、嫁と姑との縁も切れるということです。

そして、離婚した者の一方は、相手方に対して**財産分与**を請求できます。財産分与に関する当事者の協議が不成立または不可能なときは、当事者は家庭裁判所に対して協議に代わる審判を請求できます。

ポイント

裁判離婚の原因（770条1項）

❶不貞行為
❷悪意の遺棄
❸3年以上の生死不明
❹回復の見込みがない強度の精神病
❺その他婚姻を継続し難い重大な事由

ミニテスト

1 裁判離婚における離婚原因として、不貞行為、悪意の遺棄、3年以上の生死不明、回復の見込みがない強度の精神病などが規定されている。

2 愛人をつくり妻のもとを去った夫など、婚姻関係の破綻につき、もっぱらまたは主として原因を与えた有責配偶者からの離婚請求も、原則として認められるとするのが判例である。

3 婚姻によって氏を変更した妻は、離婚によって婚姻前の氏に戻るのが原則である。

解答 1 ○
2 × 判例は、原則として否定しています。
3 ○

105 実親子

親子のうち、血がつながっている実親子関係です

Q **実親子関係には、どういう種類があるの？**

A 大きく分けると、嫡出子と非嫡出子の２種類だよ。

嫡出子

嫡出子（ちゃくしゅつし）とは、法律上の婚姻関係にある男女を父母として生まれた子のことです。婚姻届をしている男女が父母の子を嫡出子といいます。

①婚姻成立後200日経過後または婚姻解消・取消しの日から300日以内に生まれた子

婚姻中に懐胎したと推定し、**夫の子と推定**されます。婚姻中に懐胎したのだから夫の子である可能性が高いと考えたのです。

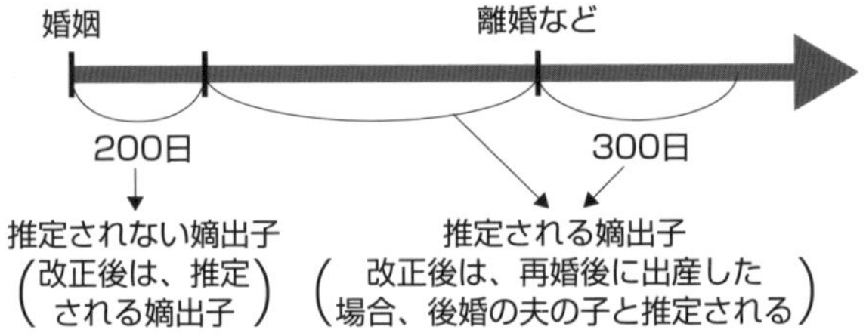

しかし、例えばA男と離婚して110日後にB男と再婚し、離婚から290日後に出産した場合、その子はA男よりB男の子である可能性が高いと考えられます。離婚直前にA男の子を懐胎したとは考えにくいからです。ところが、上記の規定ではA男の子と推定されてしまいます。そこで、令和４年の改正（令和６年６月までに施行）により、懐胎から出生までに２以上の婚姻をしていたときは、**出生の直近の婚姻における夫の子と推定**するとされました。後婚姻の夫の子と推定されるのです。上記の例では、B男と再婚後に出産しているので、B男の子と推定されます。

親子関係が推定される嫡出子の場合、嫡出否認の訴えによらなければ、親子関係を否定できません。この否認の訴えは、改正法施行前は、父だけに与えられ、子の出生を知った時から１年以内に行使しなければなりませんでした。しかし、要件が厳しすぎることが問題とされ、改正法施行後は、夫のほか、子、親権を行う母、前夫も訴えを提起でき、出訴期間も子の出生を知った時から３年（子の場合は、原則として出生から３年）に延長されまし

た。

②婚姻成立後200日以内に生まれた子

改正法施行前は、推定されない嫡出子とされ、要件の緩やかな親子関係不存在確認の訴えにより、親子関係を否定することができます。すなわち、いつでも利害関係のある者なら誰でも訴えを起こすことができます。

改正法施行後は、婚姻前に懐胎したと推定されるものの、婚姻後に出生したので夫の子と推定され、①で述べた嫡出否認の訴えによらなければ、親子関係を否定できなくなりました。

③準正嫡出子

嫡出子に準ずるという意味です。婚姻成立前に生まれたが、後に父の認知と父母の婚姻によって嫡出子の身分を取得した子です。民法は、単に時間がずれただけだと考えました。子の出生の後、父母にあたる男女が婚姻し、父も認知したという場合に、嫡出子に準ずるとします。婚姻と認知の順番は逆でも同じです。

非嫡出子

非嫡出子とは、法律上婚姻関係のない男女を父母として生まれた子です。原則として、母の氏を称し、母の親権に服します。

婚姻届がない男女が父母だという場合になります。わかりやすい例は、いわゆるシングルマザーのケースです。次の認知の制度が重要です。

ポイント

実　子

嫡出子（推定嫡出子・非推定嫡出子※・準正嫡出子）
非嫡出子

※改正施行前

ミニテスト

1　推定嫡出子の場合に子の嫡出性を争うには、親子関係不存在確認の訴えによらなければならない。

解答　1　×　嫡出否認の訴えによらなければなりません。

106 認知

父にあたる男性が、自分の子だと認める場合です

Q 母の認知も必要なの？
A 不要だよ。

意　義

認知とは、血縁はあるが、法律上の親子関係がない父子間、つまり、子が非嫡出子の場合に、法律上の親子関係を発生させる制度です。

民法は、母も非嫡出子を認知できると定めていますが、非嫡出母子関係は分娩（出産）の事実によって当然発生するのが原則です。母と子の関係は分娩の事実で明らかだからです。したがって、原則として母の認知は不要です。

なお、未成年者または成年被後見人も、意思能力さえあれば単独で有効に認知できます。身分行為では、本人の意思を重視するために、たとえ父が未成年者などであっても、単独でできます。法定代理人の同意は不要です。

承諾が必要な場合

認知は、認知される者の意思を問わないのを原則としますが、承諾を必要とする場合が3つあります。

第1は、子が成年の場合です。成年の子を認知する場合は、その子の承諾が必要です。成人した子に食わせてもらうための認知を防ぐためです。

第2は、**胎児認知**の場合の母の承諾です。父は胎児を認知することもできるので、胎児のうちに、自分の子だと認めることができます。この場合には、その胎児の母の承諾を得なければなりません。

第3は、父は、死亡した子に直系卑属があるときに限り、死亡した子を認知できるが、この場合に、直系卑属が成年者であるときは、その者の承諾を得なければなりません。第1のケースの一亜種と考えることができます。まず前提として、死亡した子の認知という内容です。

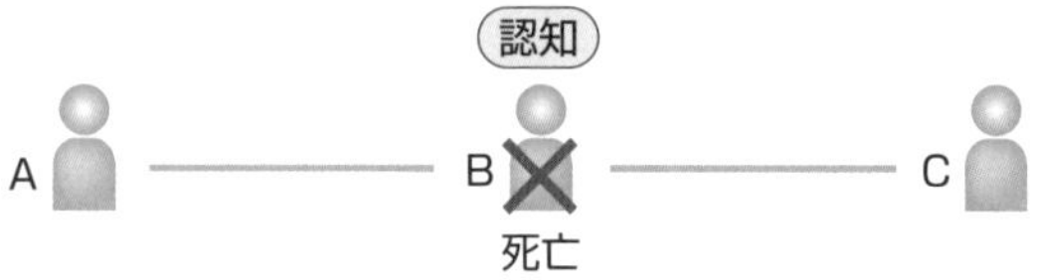

A、その子B、その孫Cという直系で、Bがすでに死亡している場合に、Aは、直系卑属つまり孫Cがいる場合にのみ、子Bを認知できます。**代襲相続**（だいしゅう）という制度によって、Cは、親が死亡している場合に、祖父母の財産を相続できますが、そのためには、Aは、死亡しているBを認知しておかないと、Bを通してCに財産を流せないのです。孫に財産を相続させるために、すでに死んでいる子でも認知できるということです。この場合のCが成年であれば、第1のケースと同様に、Cの承諾が必要になるのです。

認知の方法

まず、認知は、戸籍法の定めるところにより、届け出ることによって行います。なお、父が非嫡出子について嫡出子出生届を出したとき、この届けが受理されれば、認知届としての効力を持ちます。嫡出子出生届としてはもちろん無効です。しかし、父がそういうことをした以上、その子が自分の子だと認めていることになります。よって、認知届としては有効だと考えるのです。

また、**遺言**によっても認知できます。この場合、遺言者の死亡の時にその効力が生じます。

認知の効力

認知の効力は出生時にさかのぼって生じますが、第三者がすでに取得した権利を害することはできません。また、一度なされた認知は取り消すことができません。

なお、子は、父が死亡した場合であっても、死亡の日から3年以内であれば、認知の訴えを提起することができます。また、子の父に対する認知請求権は、放棄することができません。

ポイント

認　知

血縁はあるが、法律上の親子関係がない父子間に、法律上の親子関係を発生させる制度（779条）。

ミニテスト

1　父は胎児を認知することもできるが、この場合には母の承諾を得なければならない。

2　父は、常に、死亡した子を認知することができる。

解答　1 ○

2 × 死亡した子に直系卑属があるときに限ります。

107 養親子

親子のうち、養子縁組によってつながる養親子関係です

Q 養親子関係には、どういう種類があるの？
A 普通養子と特別養子の２種類だよ。

養子（普通養子）

養親子関係は、当事者間における法律行為または家庭裁判所の審判によって創設される親子関係です。**養子**とは、法律上、養親の嫡出子とみなされた子をいいます。**特別養子**と区別する場合には、一般的な養子を特に**普通養子**とよびます。単に養子という場合には、普通養子を指します。

縁組の要件

①届出をすること。届出で行います。
②養親が20歳以上であること。養親の要件としては、20歳以上であればよいので、普通養子の場合の養親は、独身者でも構いません。
③養子が養親の尊属または年長者でないこと。養子の要件として、養親の尊属や年長者ではないことが必要です。年長者で考えると、子が親より年上ということは自然血族ではあり得ないので、養子縁組でも子が親より年長ではおかしいということです。
④後見人が被後見人を養子とする場合。後見人が被後見人（未成年被後見人および成年被後見人）を養子とするには、家庭裁判所の許可を得なければなりません。子が親の食い物になることを防ぐためです。
⑤未成年者を養子とする場合。未成年者を養子とする場合も、家庭裁判所の許可を得なければなりません。ただし、自己または配偶者の直系卑属を養子とする場合には、家庭裁判所の許可は不要です。例えば自分の孫の場合には、愛情があるから大丈夫だろうと考えました。なお、養子となる者が15歳未満であるときは、その法定代理人が、これに代わって縁組の意思表示をします。これを**代諾縁組**といいます。
⑥配偶者のある者が縁組をする場合。まず、配偶者のある者が未成年者を養子とするには、配偶者とともに養子縁組をしなければなりません。**夫婦共同縁組**といいます。片方だけが親になるというのはおかしいからです。ただし、配偶者の嫡出子を養子とする場合または配偶者が意思表示できない場合は別です。例えば再婚相手の連れ子と自分が養子縁組する場合は、再婚相手とその子は実の親子だからです。

次に、配偶者のある者が縁組をする

には（養子・養親のどちらになる場合も）、その配偶者の同意を得なければなりません。ただし、配偶者とともに縁組する場合または配偶者が意思表示できない場合は別です。

縁組の効果

養子は、縁組の日から、養親の嫡出子たる身分を取得します。仮に養親に嫡出子がいても、それと同じ身分ということです。相続なども同じです。

養子と養親およびその血族との間においては、養子縁組の日から、血族間におけると同一の親族関係が生じます。法定の血族ということになります。ここで注意すべきは、養子と実方の父母およびその血族との間の親族関係が終了しないことです。**実方との親族関係は切れません**。例えば、その養子となった子は、養方でも実方でも二重に相続ができます。これが特別養子との大きな違いです。

その他、養子は、原則として、養親の氏を称します。未成年の養子は、養親の親権に服します。

離　縁

養子縁組を解消することです。養子縁組が離れるから、**離縁**といいます。

協議または裁判によって離縁することができます。また、縁組当事者の一方が死亡した後の死後離縁は、家庭裁判所の許可を要します。

養親が夫婦の場合、未成年者を離縁するには、原則として夫婦がともにしなければなりません。

離縁によって、法定嫡出子関係および法定血族関係はすべて消滅します。また、養子は原則として縁組前の氏に復し、養子が未成年の場合は、実親の親権が復活します。

ポイント

特別養子と区別する場合に、一般的な養子をとくに普通養子という。

ミニテスト

1　（普通）養子縁組は、配偶者がない者でも養親になることができる。
2　（普通）養子縁組によって、養子と実方の父母およびその血族との間の親族関係が終了する。

解答　1　○
2　×　終了しません。

108 特別養子

実親との関係が切れます

Q 普通養子と何が違うの？
A 最大の違いは、実親との関係が消滅する点だよ。

意　義

特別養子制度は、育ててくれる親がいない子の福祉と、実子のように育てたいという養親の心情を満たすために作られた制度です。そのため、家庭裁判所が関与して審判という形で行われ、特別養子が認められると、実方との親族関係が終了します。つまり、法律的には実親の子ではなくなり、養親だけの子になるのです。

縁組の要件

①養親となる者には配偶者がなければならず、かつ、原則として夫婦がともに養親とならなければなりません。

まず、必ず配偶者が必要です。独身者はできません。普通養子と違います。そして、原則として夫婦がともに養親となります。**夫婦共同縁組**です。ただし、夫婦の一方が他の一方の嫡出子または特別養子の養親となる場合は別です。例えば、再婚相手の連れ子と特別養子縁組をする場合、その再婚相手と子は実の親子だからです。

②養親は、原則として、25歳以上でなければなりません。

まず養親の方です。原則は、父母が両方とも25歳以上です。ただし、夫婦の一方が25歳以上であれば、他方は20歳以上でよいとされます。例えば夫が25歳、妻が20歳ならできるという例外です。

③養子となる者は、原則として家庭裁判所への請求の時に15歳未満でなければなりません。

次は、養子の方です。原則は請求の時に15歳未満です。令和元年６月７日の改正前は原則として６歳未満でしたが、上限が引き上げられました。

ただし、養子となる者が15歳未満の時から引き続き看護されていて、やむを得ない事由によって15歳になるまでに請求ができなかったときは、15歳以上でも請求できます。

特別養子縁組成立時までに18歳に達すると、特別養子になることができません。手続きが長引いている間に18歳になった場合です。

養子となる者が15歳以上の場合は、その者の同意が必要です。

④原則として、養子となる者の父母の同意がなければなりません。

原則として、実方の方の父母の同意が必要です。ただし、父母が意思表示できない場合または父母による虐待・悪意の遺棄その他養子となる者の利益を著しく害する事由がある場合は、不要です。

⑤養子となる者の父母による監護が著しく困難または不適当であることその他特別の事情がある場合で、子の利益のためにとくに必要があると認めるときでなければなりません。

⑥養親となる者の6か月以上の試験養育期間を経ることが必要です。

⑦養親となる者の請求により、家庭裁判所の審判によって成立します。

この際、普通養子の場合に必要だった家庭裁判所の許可は不要となります。

縁組の効果

原則として、普通養子の場合と同様の効果が生じますが、**養子と実方の父母およびその血族との親族関係は終了します**。実方との関係が切れることに注意です。

離　縁

原則として、離縁は認められません。

しかし、結局は法が認めた親子関係なので、ごく例外的には離縁を認めざるを得ません。そこで、養親による虐待・悪意の遺棄その他特別養子の利益を著しく害する事由があり、かつ実父母が相当の監護をすることができる場合において、養子の利益のためとくに必要があるときに限り、家庭裁判所は、養子・実父母・検察官の請求によって、離縁させることができます。

この場合、養子と実父母およびその血族との間においては、離縁の日から、特別養子縁組によって終了した親族関係と同一の親族関係を回復します。実方との関係が戻るということです。

ポイント

特別養子縁組によって、養子と実方との親族関係は終了する（817条の2）。

ミニテスト

1　特別養子縁組では、養親となる者には配偶者がなければならず、かつ、常に夫婦がともに養親とならなければならない。
2　特別養子縁組の養親は、原則として、25歳以上でなければならない。
3　特別養子縁組の養子は、原則として、審判の請求時に15歳未満でなければならない。

解答　1 × 養子となる者が夫婦の他の一方の実子である場合等、例外があります。
2・3 ○ それぞれの例外にも注意しましょう。

109 親権と後見

親権は、親の未成年の子に対する権利です

Q 親権者がいないときはどうするの？
A 後見人が選ばれるよ。

親権者

親権とは、親が未成年の子に対して有する種々の権利義務です。

①共同親権者

実親子関係においては、その父母が親権者となり、父母の婚姻中は父母が共同してこれを行います。

子が養子となったときは、実親がいても養親が親権者となります。養親が死亡した場合には、実親が存在している場合でも後見が開始します。

父母が共同して親権を行う場合に、父母の一方が他方の意思を無視して共同名義で法律行為をしても原則として有効であり、相手方が悪意の場合に無効となるにすぎません。

②単独親権者

父母の一方が死亡した場合や親権喪失者となった場合等には、他の一方が単独で親権を行使します。

嫡出でない子については、原則として母が単独親権者となります。

父母が離婚する場合は、その一方だけが親権者となります。協議離婚の場合には、協議によって親権者を定めますが、協議が不調または不能の場合は、家庭裁判所が父または母の請求によって審判を行い、いずれか一方を親権者とします。裁判上の離婚の場合には、裁判所が父母の一方を親権者と定めます。

子の出生前に父母が離婚した場合には、母が親権者となります。ただし、子の出生後に、父母の協議で父を親権者と定めることができます。

後見人

後見は、未成年者に対して親権を行う者がいないか、親権者が財産管理権を有しないとき、または、後見開始の審判があったときに開始します。

①未成年後見人

未成年者に対して最後に親権を行う者または親権を行う父母の一方が管理権を有しないときの他の一方は、遺言で未成年後見人を指定することができます。この指定後見人となるべき者がいないときまたは未成年後見人が欠けたときは、家庭裁判所は、一定の者の請求により、未成年後見人を選任します。

②**成年後見人**

家庭裁判所は、後見開始の審判をするときは、職権で、成年後見人を選任します。成年後見人が欠けたときは、家庭裁判所は、一定の者の請求によりまたは職権で、成年後見人を選任します。成年後見人が選任されている場合においても、家庭裁判所は、必要があると認めるときは、請求によりまたは職権で、さらに成年後見人を選任することができます。つまり、複数選任できるということです。

成年後見人を選任するには、成年被後見人の心身の状態、成年後見人となる者の職業、利害関係の有無その他一切の事情を考慮しなければなりません。

なお、法人も成年後見人となれます。

保佐人と補助人

保佐と**補助**は保佐開始や補助開始の審判によって開始します。家庭裁判所は、保佐開始、補助開始の審判をするときは、職権で、保佐人、補助人を選任します。成年後見人の選任などの規定が準用されています。

ポイント

親権者

❶共同親権者（父母）
❷単独親権者

後見人

❶未成年後見人
❷成年後見人

保佐人・補助人

ミニテスト

1　父母が共同して親権を行う場合において、父母の一方が他方の意思を無視して共同名義で法律行為をしたときは、原則として無効となる。
2　嫡出でない子については、原則として母が単独親権者となり、また、父母が離婚する場合は、その一方だけが親権者となる。
3　未成年後見人も成年後見人も、その人数は、１人に限られている。
4　保佐・補助は、保佐開始・補助開始の審判によって開始する。

解答　1 ×　有効です。
2 ○
3 ×　複数選任できます。
4 ○

110 相続

親が死亡すると、その財産は子のものになります

Q 借金も相続するの？
A そうだよ。

意　義

相続とは、ある人が死亡した場合に、その者の財産上の法律関係が、その者と一定の身分関係のある者に包括的に移転することをいいます。

相続は、死亡によってのみ開始し、死亡の時開始します。

相続人は、被相続人の財産に属した一切の権利義務を承継するのが原則です。権利だけでなく、義務も承継します。これに対し、被相続人の一身に専属したものは、相続の対象となりません。例えば、生活保護法の保護受給権や扶養請求権などです。

相続人

①**相続人**には、被相続人の**配偶者**と、**子**、**直系尊属**、**兄弟姉妹**がなり得ます。

配偶者とその他は、別枠で考えます。被相続人つまり死亡した人に配偶者がいれば、配偶者は相続人となります。

これに対し、子以下には順番があり、同時には相続人になりません。まず第１順位として、被相続人に子（孫でもよい）がいれば、子のみが相続人となります。次に、被相続人に子がいなければ、初めて第２順位として、被相続人の父母などの直系尊属が相続人となります。最後に、被相続人に子も直系尊属もいない場合に、初めて第３順位として、被相続人の兄弟などの兄弟姉妹が相続人になります。

配偶者がいれば、配偶者は子以下の誰かと同時に相続人となります。

②**代襲相続**とは、相続開始以前に、相続人である子または兄弟姉妹が死亡、欠格、廃除によって相続権を失っている場合に、その相続人の子（あるいは孫）が代わりに相続する制度です。Ａの子Ｂ、孫Ｃという直系において、Ａが死亡する以前に子Ｂが死亡しているが、孫Ｃがいるという場合、Ｃは、自分の親であるＢがもらうはずだった財産を相続できるという制度です。

代襲相続の原因は、死亡、欠格、廃除の３つだけです。相続放棄の場合には、代襲相続は認められません。

③**相続欠格**は、一定の不行跡事由をなした者について、その者の持っている相続権を失わせる制度です。欠格事由

は、次の5つです。

故意に被相続人または相続について先順位もしくは同順位にある者を死亡に至らせ、また至らせようとしたため、刑に処せられた者。被相続人の殺害されたことを知って、これを告発せず、または告訴しなかった者。詐欺・強迫によって被相続人の遺言の作成、取消し、変更を妨げた者。詐欺・強迫によって被相続人をして相続に関する遺言をさせ、また、その取消し、変更をなさしめた者。相続に関する被相続人の遺言書を偽造、変造、破棄、隠匿した者。最初の例は、ドラマでよくある、被相続人を殺害するケースです。

推定相続人の廃除は、遺留分を有する推定相続人（相続が現在開始されれば相続人になる者）が被相続人に虐待または重大な侮辱を加えたときや、推定相続人に著しい非行があるときに、被相続人の請求により、家庭裁判所が審判により相続権を失わせる制度です。欠格ほどではないが、相当に悪い子だ、といったケースです。

相続の順位

配偶者がいれば相続人になりますので、子などといっしょに共同相続人になります。グループ内（子など）では、原則として平等に相続しますが、同父母の兄弟姉妹は異父母の兄弟姉妹の2倍相続します。なお、改正により、嫡出子と非嫡出子の相続分は同じになりました。

順位	1.原則		2.子孫がいないとき		3.直系尊属もいないとき	
相続人	配偶者	子	配偶者	直系尊属	配偶者	兄弟姉妹
法定相続分	1/2	1/2	2/3	1/3	3/4	1/4

ポイント

ある人が死亡した場合、その者の財産上の法律関係が、その者と一定の身分関係のある者に包括的に移転する（882条、896条）。

ミニテスト

1　相続人になることができるのは、被相続人の配偶者、子、直系尊属である。
2　代襲相続は、相続放棄の場合にも認められる。
3　配偶者と子2人が相続人である場合、それぞれの相続分は、配偶者が2分の1、子が4分の1ずつである。

解答　1 × 兄弟姉妹もなり得ます。
2 × 認められません。
3 ○

第7編 相続

111 相続の承認と放棄

単純承認が、１番多いケースです

Q 相続放棄って何？
A 最初から相続人ではなかった、とすることだよ。

意義

相続の承認と放棄には、３種類あります。１番多いのは、単純承認です。限定承認はほとんど行われません。相続放棄は一定数行われています。

単純承認

単純承認とは、相続人が被相続人の権利義務を無限に承継することです。プラスもマイナスも全部という承継なので、単純な承認といいます。これが１番多いのは、プラス財産の方が大きければ、何の問題もないからです。また、一般人は民法規定を知りませんので、放っておけばこれになるからです。

次の事由があると、単純承認をしたものと扱われます。第１に、相続人が相続財産の全部または一部を処分したとき。第２に、熟慮期間内（相続人が自己のために相続の開始があったことを知った時から３か月以内）に限定承認または放棄をしなかったとき。第３に、相続人が限定承認または放棄をした後でも、債権者の信頼に背く行為があったとき、です。

通常は、第２のケースです。簡単にいうと３か月以内に、限定承認か相続放棄をしなければ、単純承認となります。とくに借金が多くて亡くなったという場合でなければ、そのまま放っておけばよいのです。

限定承認

限定承認とは、相続人が、被相続人の債務および遺贈の弁済を相続財産の限度でのみなすという留保つきで承認することです。

被相続人の財産のプラス、マイナスが不明な場合のために用意された形態です。仮に相続財産が500万円だったとします。もし、後で借金が700万円だとわかっても、500万円払えば責任を負いません。逆に、借金が300万円だったら、200万円はとれます。このように、借金などが多くても、相続財産までしか責任を負わないという承認です。

ただ、手続きが煩雑なのでほとんど利用されていません。限定承認は、相続を放棄した者を除いて、共同相続人全員でしなければならないのです。１

人でも反対する者があればできないのです。

熟慮期間内に家庭裁判所に対して限定承認する旨を申述して行います。

相続の放棄

相続の放棄とは、相続の開始によって生じた不確定な相続の効力を拒絶することです。

これは、被相続人に明らかに借金が多いなど、相続財産のマイナスが多い場合のために用意されたものです。相続は義務も承継するので、放棄しないと借金も相続することになってしまうからです。それゆえ、代襲相続もされません。孫に借金を代襲させても無意味です。

熟慮期間内に家庭裁判所に対して相続を放棄する旨を申述して行います。相続開始前にはできないことに注意です。

相続放棄がなされると、その者はその相続に関して初めから相続人にならなかったものとみなされます。最初から、存在しなかったと扱います。

その他

相続の承認（単純承認と限定承認）や放棄をなすには行為能力が必要です。財産に関する行為だからです。

相続の承認・放棄がなされれば、熟慮期間であっても、これを撤回することはできません。ただし、制限行為能力、錯誤、詐欺、強迫等による取消しまたは無効を主張することは認められます。

第7編
相続

ポイント

単純承認	相続人が被相続人の権利義務を無限に承継（920条）
限定承認	相続人が被相続人の債務等を相続財産の限度でのみなすという留保つきで承認（922条）
相続放棄	相続開始によって生じた不確定な相続の効力を拒絶（939条）

ミニテスト

1　限定承認は、相続人が、被相続人の債務・遺贈の弁済を相続財産の限度でのみなすという留保つきで承認することであるが、相続を放棄した者を除いて、共同相続人全員でしなければならない。

2　相続放棄がなされると、その者は、放棄をした時点から相続人ではないものとみなされる。

解答　1 ○

2 × 初めから相続人にならなかったものとみなされます。

112 遺産分割

遺産を分けることです

Q 相続人間に争いがあって、分割できなかったらどうなるの？
A 裁判所が分割してくれるよ。

意義

遺産分割とは、共同相続財産を相続分に応じて分割し、各相続人の単独所有とすることです。

遺産分割の実行

大きく分けて次の２つです。協議がうまくいけば協議で、ダメなときは裁判で、となります。

①協議分割

まず、協議分割です。共同相続人は、被相続人が遺言で禁じた場合を除いて、いつでも、その協議で、遺産の分割をすることができます。遺産は、共同相続人間に協議が調えば、どのようにでも分割することができます。例えば、３人の子が遺産を３対０対０で分ける遺産分割協議や、「甲地は子Aに相続させる」との遺言がある場合に、甲地を子Aではなく子Bが相続する遺産分割協議も、相続人全員の自由意思によるものであれば有効です。

②裁判分割

次に、裁判分割です。遺産の分割について、共同相続人間に協議が調わないとき、または協議をすることができないときは、各共同相続人は、その分割を家庭裁判所に請求することができます。

遺言による分割方法の指定・分割禁止

被相続人は、遺言で、分割の方法を定め、またはこれを定めることを第三者に委託することができます。

被相続人は、遺言で、相続開始の時から５年を超えない期間を定めて、分割を禁止することもできます。なお、分割の禁止は、遺産の一部または全部についても、相続人の一部または全員に対してもできます。

遺産分割の効果

遺産の分割は、相続開始の時にさかのぼってその効力を生じます。被相続人の死亡した時点からです。ただし、第三者の権利を害することはできません。

相続回復請求権

相続人は、相続開始と同時に、被相続人の財産に属した権利義務を当然に包括承継しますが、先順位の相続人が実は相続欠格であり、そのことが相続時には判明しないこともあり得ます。このような場合に、真正相続人が表見相続人（せん称相続人）に対し正当な相続権を主張して、相続目的物の占有・支配を回復するために認められるのが、**相続回復請求権**です。

例えば、相続人として子Aが相続したのですが、実はAは親を殺していた、つまり欠格であることが後でわかったという場合です。この場合、第2順位の直系尊属が、Aに対して、財産を返せといえるのです。

相続回復請求権を行使できるのは、遺産の占有を失っている真正相続人です。つまり、本当の相続人が、表見相続人に、財産を返せといえる制度です。

なお、相続回復請求権は、相続人またはその法定代理人が相続権を侵害された事実を知った時から５年で、時効により消滅します。または、相続開始の時から20年で消滅します。

ポイント

遺産分割

→遺産の分割は、相続開始時にさかのぼって効力を生じるが、第三者の権利を害することはできない（909条）。

相続回復請求権

→相続人またはその法定代理人が相続権を侵害された事実を知った時から５年で時効により消滅し、また、相続開始の時から20年でも消滅する（884条）。

ミニテスト

1 共同相続人は、被相続人が遺言で禁じた場合を除いて、いつでも、その協議で遺産分割をすることができる。
2 遺産分割について、共同相続人間に協議が調わないときは、各共同相続人は、その分割を家庭裁判所に請求することができる。
3 遺産分割は、遺産分割の時に、その効力を生じる。
4 相続回復請求権は、相続人またはその法定代理人が相続権を侵害された事実を知った時から10年で時効により消滅し、または、相続開始の時から20年で消滅する。

解答
1 ○
2 ○
3 × 相続開始時にさかのぼってその効力を生じます。
4 × 10年ではなく、５年です。

113 遺言

ある人の最終意思です

Q どう読むの？
A 法律家は「いごん」と読むけど、もちろん「ゆいごん」でもいいよ。

意　義

遺言とは、一定の方式で表示された死者の生前の最終意思として法的効果を与えられる単独の意思表示です。

遺言は、方式に従って意思を表示すれば、それだけで遺言者の死後に効力を生じるため、遺言によってなしうる事項は、法律によってとくに許されたものに限られます。例えば、認知、相続人の廃除、遺産分割の禁止等、民法に定める事項のほか、包括遺贈や特定遺贈などです。したがって、法定の事項にあたらない内容の遺言は、無効となります。

遺言の能力

15歳に達した者は、単独で遺言をすることができます。したがって、未成年者でも15歳以上なら遺言ができることになります。また、制限行為能力者も単独で遺言をすることができます。その者の最終意思だからです。

ただし、遺言も意思表示である以上、遺言者は遺言をする時に意思能力、すなわち遺言能力を有することが必要です。とくに、成年被後見人が遺言をするには、事理弁識能力を一時回復したときに、医師２人以上の立会いが必要となります。

遺言の方式

遺言は、民法に定める方式に従わなければ、これをすることができません。民法は、普通の方式については３種類、特別の方式については４種類を定めています。

①普通の方式

第１は、自筆証書遺言です。遺言の全文・日付・氏名を自書、つまり手書きして、これに押印して行います。自筆が要求されるので、自筆証書遺言といいます。作成年月日のないものや、日付を「令和５年10月吉日」と記載した自筆証書遺言は無効になります。吉日では日付が特定できないからです。また、録音やワープロ書きも許されません。

ただし、自筆証書に財産目録を添付する場合には、その財産目録は自書であることを要しません。登記や預金通帳のコピーなどでもよいのです。

第２は、公正証書遺言です。 証人

２人以上の立会いの下、遺言者が遺言の趣旨を公証人に口授し、これを公証人が口述筆記し、公正証書にして行います。公正証書にするので公正証書遺言といいます。公証役場という公の機関に行って、公証人に書いてもらうというものです。

第３は、**秘密証書遺言**です。封印した遺言書を公証人に提出して行います。内容が秘密なので秘密証書遺言といいます。なお、秘密証書遺言としての要件を欠いていても、自筆証書遺言としての方式を備えていれば、自筆証書遺言として有効とされます。秘密証書遺言より要件の緩やかな自筆証書遺言として有効という、無効行為の転換の例です。

②特別の方式

まず、一般危急時遺言（死亡危急時遺言）があります。疾病その他の事由によって死亡の危急に迫られた者が遺言をしようとする場合の規定です。

次に、その他の特別の方式としては、**危急時遺言**として、難船危急時遺言が、また、隔絶地遺言として、伝染病隔離時遺言と在船時遺言が定められています。

③その他

自筆証書遺言では証人や立会人は不要ですが、他の方式では証人または立会人の立会いが必要となります。未成年者その他一定の親族等は、遺言の証人や立会人となることはできません。

遺言は、２人以上の者が、同一の証書ですることができません。したがって、たとえ夫婦であっても、同一の証書により遺言することはできないことになります。遺言は、各人の最終意思だからです。

ポイント

普通方式

❶自筆証書遺言（968条）
❷公正証書遺言（969条）
❸秘密証書遺言（970条）

ミニテスト

1　14歳に達した者は、単独で遺言をすることができる。
2　作成の日付を「令和５年10月吉日」と記載した自筆証書遺言は、有効である。
3　秘密証書遺言としての要件を欠いていても、自筆証書遺言としての方式を備えていれば、自筆証書遺言として有効とされる。

解答　1　×　15歳です。
2　×　無効です。
3　○

114 遺言の効力と撤回

遺言はいつでも書き直すことができます

Q 遺贈（いぞう）って何？
A 「遺」言による「贈」与だよ。

遺言の効力

遺言の効力発生時期については、遺言は、遺言者の死亡の時からその効力を生じます。

遺　贈

①意義

遺贈とは、遺言による財産処分をいいます。次の２種類です。

遺言者は、包括遺贈または特定遺贈をすることができます。

包括遺贈とは、遺産の全部または一部を一定の割合で示してする遺贈をいい、遺産の全部または一部を割合として取得するから、権利のほか義務も負うことがあります。わかりやすい例は、遺産全部をＡにあげるという場合です。したがって、包括受遺者は、相続人と同一の権利義務を負います。注意が必要です。

これに対し、特定遺贈とは、遺贈される財産が特定されている遺贈をいい、権利のみを与える遺言処分です。例えば、甲土地をＢにあげるなどです。

②遺贈の放棄

特定受遺者は、遺言者の死亡後、いつでも遺贈の放棄をすることができます。Ｂが、甲土地をいらないといえばよいのです。

これに対し、包括受遺者は、相続人と同一の権利義務を有するので、自己のために遺贈があったことを知った時から３か月以内に放棄しなければなりません。

なお、遺贈の放棄は、遺言者の死亡の時にさかのぼって効力を生じます。

遺言の撤回

①遺言撤回の自由の原則

遺言者は、いつでも、遺言の方式に従って、その遺言の全部または一部を撤回することができます。遺言撤回の自由の原則です。遺言は最終意思なので、遺言者の気が変わったらいつでも撤回できるのです。

撤回の方式は、遺言者の撤回意思を明確にするため、遺言の方式によらなければなりませんが、撤回される遺言と同一の方式でなくても構いません。したがって、公正証書遺言を自筆証書遺言の方式で撤回することもできます。

②法定撤回

前の遺言と後の遺言とが抵触するときは、その抵触する部分については、後の遺言で前の遺言を撤回したものとみなされます。新しい遺言が優先します。したがって、被相続人の死後に矛盾する内容の遺言が2通出てきた場合には、後の遺言が効力を有することになります。日付が後の方です。

また、遺言者が故意に遺言書を破棄したときも、その破棄した部分については、遺言を撤回したものとみなされます。

遺言者が故意に遺贈の目的物を破棄したときも同様です。

③遺言撤回権の放棄の禁止

遺言者は、その**遺言の撤回権を放棄することができません**。

遺言は最終意思だからです。したがって、いつでも撤回したくなれば撤回できるのです。

ポイント

遺言の効力

遺言は、遺言者の死亡の時から効力を生じる（985条）。

遺言の撤回

遺言者は、いつでも、遺言の方式に従って、その遺言の全部または一部を撤回することができるので（1022条）、その遺言の撤回権を放棄することができない（1026条）。

遺　贈

❶包括遺贈は、遺産の全部または一部を一定の割合で示してする遺贈
❷特定遺贈は、遺贈される財産が特定されている遺贈

ミニテスト

1　包括受遺者は、遺産の全部または一部を割合として取得するから、権利のほか義務も負うことがあるので、相続人と同一の権利義務を負う。
2　特定受遺者は、遺言者の死亡後、いつでも遺贈を放棄することができる。
3　遺言者は、いつでも、遺言の方式に従って、その遺言の全部または一部を撤回することができる。
4　遺言者は、その遺言の撤回権を放棄することができる。

解答　1　○
2　○
3　○
4　×　遺言の撤回権は放棄できません。

115 遺留分

必ず相続人に残さなければならない財産です

Q 遺留分（いりゅうぶん）を持つのは誰？
A 兄弟姉妹以外の相続人だよ。

意　義

遺留分とは、相続財産中、必ず相続人に残さなければならない財産の割合をいいます。

例えば、夫であり、父であるAが、奥さんと子どもがいるにもかかわらず、自分の財産をすべて愛人さんにあげてしまったとしたらどうでしょうか。残された妻や子はたまりません。

このような場合に、残された配偶者などが困らないために、最低限取れる財産として、遺留分という制度があります。

遺留分権利者と遺留分の割合

①遺留分権利者

遺留分権利者は、相続人たる子、配偶者、直系尊属です。

したがって、兄弟姉妹には遺留分はありません。兄弟姉妹以外の相続人になります。

②遺留分の割合

遺留分は、直系尊属のみが相続人であるときは、相続財産の３分の１で、それ以外の場合には、２分の１です。

簡単にいえば、原則として、２分の１ということになります。例えば、前述のAの財産が1000万円であったとします。そうすると、残された配偶者と子の遺留分は500万円になります。これを、相続分の割合で分けるので、配偶者と子の遺留分はそれぞれ250万円ずつになります。

遺留分侵害額の請求

遺留分権利者は、受遺者（遺贈を受けた者）または受贈者（遺贈を受けた者）に対し、遺留分侵害額に相当する金銭の支払いを請求することができます。例えば、前述のAが、愛人に1,000万円全額を贈与した場合、残された配偶者と子はそれぞれ250万円の支払いを請求することができます。

遺贈や贈与された財産が金銭以外でも同じです。例えば、Aの財産が1,000万円の土地であり、それを愛人に贈与した場合でも、配偶者と子は、土地の現物の返還ではなく金銭の支払いを請求することになります。

遺留分の放棄

相続開始前の**遺留分の放棄**は、家庭裁判所の許可を受けたときに限り、効力が認められます。

相続放棄との違いに注意が必要です。遺留分の放棄は、相続開始前にもできますが、相続放棄は相続開始前にはできません。

共同相続人の１人がした遺留分の放棄は、他の共同相続人の遺留分に影響を及ぼしません。共同相続人の１人が遺留分を放棄しても、他の者の遺留分が増えるわけではないということです。前述のＡが処分できる範囲が広がるだけです。

ポイント

遺留分権利者（1042条）

子・配偶者・直系尊属○
兄弟姉妹×

遺留分の割合（1042条）

直系尊属のみが相続人　3分の1
上記以外　2分の1

遺留分侵害額の請求

遺留分権利者は、受遺者または受贈者に対し、遺留分侵害額に相当する金銭の支払いを請求することができる（1046条）。

遺留分の放棄

相続開始前の遺留分の放棄は、家庭裁判所の許可を受けたときに限り、効力が認められ、また、共同相続人の1人がした遺留分の放棄は、他の共同相続人の遺留分に影響を及ぼさない（1049条）。

ミニテスト

1　遺留分権利者は、相続人たる子、配偶者、直系尊属および兄弟姉妹である。
2　遺留分は、直系尊属のみが相続人であるときを除き、相続財産の2分の1である。
3　遺留分権利者は、受遺者または受贈者に対し、遺留分侵害額に相当する金銭の支払いを請求することができる。
4　相続開始の前に遺留分を放棄することは、許されない。
5　共同相続人の1人がした遺留分の放棄は、他の共同相続人の遺留分に影響を及ぼす。

解答　1 ×　兄弟姉妹には遺留分はありません。
2 ○
3 ○
4 ×　家庭裁判所の許可を受ければできます。
5 ×　影響を及ぼしません。

索引

た

memo

面白(おもしろ)いほど理解(りかい)できる民法(みんぽう)〔第5版〕

2010年11月15日　初　版　第1刷発行
2023年8月21日　第5版　第1刷発行
2024年8月1日　第5版　第2刷発行

編著者　株式会社早稲田経営出版（民法研究会）
発行者　猪野　樹
発行所　株式会社　早稲田経営出版
〒101-0061
東京都千代田区神田三崎町3-1-5
神田三崎町ビル
電話 03(5276)9492（営業）
FAX 03(5276)9027
組版　株式会社　グラフト
印刷　今家印刷株式会社
製本　株式会社　常川製本

ISBN 978-4-8471-5041-8
N.D.C. 327

書籍の正誤に関するご確認とお問合せについて

書籍の記載内容に誤りではないかと思われる箇所がございましたら、以下の手順にてご確認とお問合せをしてくださいますよう、お願い申し上げます。
なお、正誤のお問合せ以外の**書籍内容に関する解説および受験指導などは、一切行っておりません。**
そのようなお問合せにつきましては、お答えいたしかねますので、あらかじめご了承ください。

1 「Cyber Book Store」にて正誤表を確認する

早稲田経営出版刊行書籍の販売代行を行っている
TAC出版書籍販売サイト「Cyber Book Store」の
トップページ内「正誤表」コーナーにて、正誤表をご確認ください。

CYBER BOOK STORE TAC出版書籍販売サイト

URL:https://bookstore.tac-school.co.jp/

2 1の正誤表がない、あるいは正誤表に該当箇所の記載がない ⇒ 下記①、②のどちらかの方法で文書にて問合せをする

★ご注意ください★

お電話でのお問合せは、お受けいたしません。
①、②のどちらの方法でも、お問合せの際には、「お名前」とともに、
「対象の書籍名(○級・第○回対策も含む)およびその版数(第○版・○○年度版など)」
「お問合せ該当箇所の頁数と行数」
「誤りと思われる記載」
「正しいとお考えになる記載とその根拠」
を明記してください。
なお、回答までに1週間前後を要する場合もございます。あらかじめご了承ください。

① ウェブページ「Cyber Book Store」内の「お問合せフォーム」より問合せをする

【お問合せフォームアドレス】

https://bookstore.tac-school.co.jp/inquiry/

② メールにより問合せをする

【メール宛先　早稲田経営出版】

sbook@wasedakeiei.co.jp

※土日祝日はお問合せ対応をおこなっておりません。
※正誤のお問合せ対応は、該当書籍の改訂版刊行月末日までといたします。

乱丁・落丁による交換は、該当書籍の改訂版刊行月末日までといたします。なお、書籍の在庫状況等により、お受けできない場合もございます。
また、各種本試験の実施の延期、中止を理由とした本書の返品はお受けいたしません。返金もいたしかねますので、あらかじめご了承くださいますようお願い申し上げます。

早稲田経営出版における個人情報の取り扱いについて
■お預かりした個人情報は、共同利用させていただいているTAC(株)で管理し、お問合せへの対応、当社の記録保管にのみ利用いたします。お客様の同意なしに業務委託先以外の第三者に開示、提供することはございません(法令等により開示を求められた場合を除く)。その他、共同利用に関する事項等については当社ホームページ(http://www.waseda-mp.com)をご覧ください。

(2022年7月現在)